Gelebte Utopie

T0311239

jovis

Herzlichen Dank all jenen Personen und Institutionen, welche die Entstehung dieses Buches mit finanziellen Mitteln ermöglicht haben:

Land Steiermark, Abteilung 9
Land Steiermark, Abteilung 12
Land Steiermark, Abteilung 16
Stadt Graz, Kulturamt
Dekanat Architektur, Technische Universität Graz
HDA – Haus der Architektur, Graz
Verein Prenninger Gespräche, Deutschfeistritz
einszueins architektur, Markus Zilker, Wien
Gisela Qasim, Berlin

Gelebte Utopie

Die Terrassenhaussiedlung der
Werkgruppe Graz

Eugen Gross | Andrea Jany [Hg.]

architektur + analyse 9

Eugen Gross, Andrea Jany

EINLEITUNG

„Unsere Maxime ist, dass der Bau eigentlich nicht als abgeschlossen gesehen werden kann, wenn er fertiggestellt ist. Er ist immer eine offene Struktur, die weitergeht, die erst dadurch realisiert wird, indem er gebraucht und genutzt wird und zu einer Form des Lebens selbst wird. Damit ist gemeint, nur eine Struktur festzulegen, aber dem Einzelnen zu gestatten, innerhalb dieser Struktur selbst lebendig zu sein, zu spielen und diese Struktur zu aktivieren. Wenn es sein muss, die Struktur auch wieder abzubauen oder zu erweitern."
Eugen Gross, Gedanken über Beton: die Architekten der Werkgruppe Graz, Österreichischer Rundfunk, am 29.10.1980

Die Terrassenhaussiedlung im Bezirk St. Peter in Graz, Österreich, stellt eine international bekannte Ikone der brutalistischen, strukturalistischen und partizipativen Wohnbauarchitektur der Nachkriegsmoderne dar. Von der Werkgruppe Graz (Eugen Gross, Friedrich Groß-Rannsbach, Hermann Pichler und Werner Hollomey) in Zusammenarbeit mit Walter Laggner und Peter Trummer 1965 geplant und von 1972 bis 1978 errichtet, entstand sie in Zeiten des Aufbruchs und der Neuorientierung. Ein vielfältiges, verdichtetes System mit Dachgärten und Terrassen für jede Wohnung lieferte einen Gegenentwurf sowohl zur voranschreitenden Zersiedelung durch Einfamilienhäuser als auch zum monotonen Massenwohnbau der Nachkriegszeit. Ihre optische Erscheinung in schalungsrohem Beton, die partizipativen Gestaltungsmöglichkeiten der Bewohner:innen in der Planungsphase sowie die während der Entstehung durchgeführten wissenschaftlichen Begleitstudien begründeten das bis heute anhaltende Interesse an diesem „Demonstrativbauvorhaben", das den Anstoß für den innovativen Wohnbau des „Modell Steiermark" der 1980er Jahre gab. Im Bewusstsein der hohen historischen Bedeutung der Terrassenhaussiedlung leitete das Bundesdenkmalamt 2021 schließlich ein Verfahren zur Unterschutzstellung der gesamten Anlage ein.

Bisher lag für die Siedlung keine Monografie vor, die der Bedeutung der Anlage gerecht würde. Die vorliegende Publikation gliedert sich in drei wesentliche Bereiche, um die Fülle der existierenden Materialien zu strukturieren. Das erste Kapitel diskutiert das Bauwerk im wissenschaftlichen Kontext. Diese Sammlung enthält wissenschaftliche Analysen und Reflektionen verschiedener Disziplinen und Blickwinkel und bettet den utopischen Ansatz und den Entwurf in die Entstehungsgeschichte sowie in den regionalen und städtebaulichen Kontext ein. Des Weiteren setzt sie sich mit der Rezeptionsgeschichte und der architektonischen Komplexität auseinander und rückt die Materialität und die Dichte der Siedlung in das Zentrum. Zudem gewinnen Leser:innen Einblicke in die aktuellen Lebenswelten der Bewohner:innen, ausgehend vom partizipativen Prozess und der Vielfältigkeit der Grundrisse bis hin zur Selbstverwaltung und Organisation der Anlage. Abschließend wird aus wissenschaftlicher Perspektive die energetische Ausrichtung beleuchtet und im Zusammenhang mit dem aktuellen Verfahren des Bundesdenkmalamtes diskutiert.

Das zweite Kapitel zeigt historische Dokumente, Pläne und Fotografien. Abschließend präsentiert das dritte Kapitel die Siedlung im künstlerisch-medialen Kontext und zeigt den prägenden Schriftzug an der Fassade, ein Fest für die Bewohnerschaft, ein Musikstück, ein Video, ein Interview der Werkgruppe aus dem Jahr 1980 und einen literarischen Text.

Alle Beiträge verstehen sich als kaleidoskopische Stücke einer bisher national und international viel beachteten und rezipierten Geschichte der Terrassenhaussiedlung in Graz-St. Peter.

Vor 50 Jahren, im Jahr 1972, wurde mit dem Bau begonnen. Bei der Konzeption war es den Architekten bereits ein bedeutendes Anliegen, dass sich die Siedlung stets den Bedürfnissen der Bewohner:innen anzupassen in der Lage sein soll. Die Belebung und Weiterentwicklung dieser Utopie stellt keine einfache Aufgabe dar, aber eine lohnenswerte im Sinne der mannigfachen Impulse, welche durch das Bauwerk und seine Bewohner:innen bisher gegeben wurden.

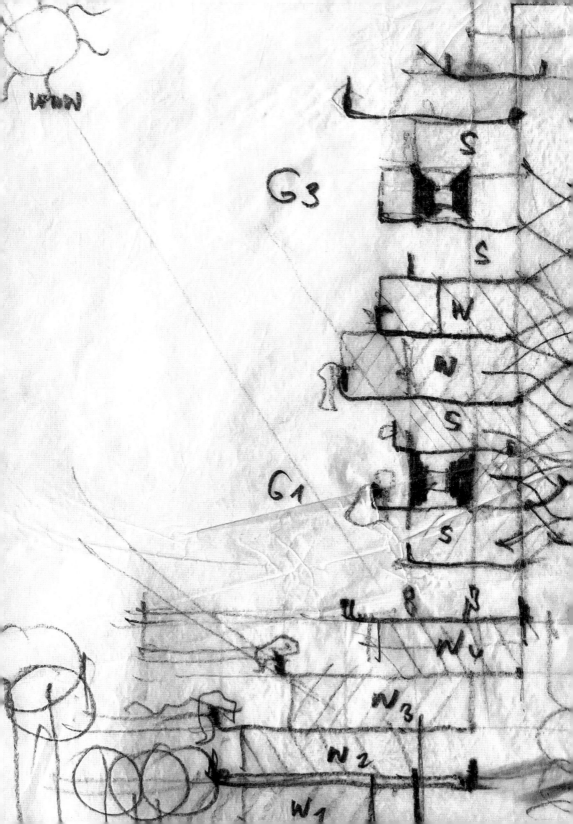

I.
DIE TERRASSENHAUSSIEDLUNG IM WISSENSCHAFTLICHEN KONTEXT

Eugen Gross

DIE TERRASSENHAUSSIEDLUNG
ALS KONKRETE UTOPIE

Unter dem Titel „Die Wirklichkeit der Utopie im Städtebau" verfasste ich 1968 in der Zeitschrift *Informationen* der Zentralvereinigung der Architekten Steiermark einen Text, der mit dem Satz endet: „Die Utopie als Phänomen ist kein Ausflug in eine zukünftige Welt. Sie ist vielmehr die kompromissloseste Formulierung von Ansprüchen, die an die Gegenwart gestellt werden." [1]

Nach einer Darstellung idealer Stadtvorstellungen der Antike – Athen als „offene" und Atlantis als „geschlossene" Stadt – habe ich am Beispiel der von Thomas Morus verfassten Schrift *Utopia*, einer versteckten Gesellschaftskritik an der Herrschaft des englischen Königs Heinrich VIII., das Wesen der Utopie in Form eines Gegenbildes zur landläufigen Stadtvorstellung als Synthese von Insel und Struktur bezeichnet. Der Gegensatzgedanke findet sich schon in der Wortschöpfung der Utopie als Verbindung des U mit dem Topischen, der Verneinung des Ortes in der Sinnbezeichnung des Ortes, den es nicht gibt, den wir aber ersehnen und erträumen. [2]

Schon Morus' ideale Stadt ist auf einer Insel angesiedelt, die eine eigenständige Stadtentwicklung erlaubt. Ein Seemann berichtet darüber und über die gesellschaftlichen Strukturen, die eine von herrschaftlichen Zwängen befreite demokratische Gesellschaft entwickeln konnte, um das Gemeinwohl vor dem individuellen Interesse in den Vordergrund zu rücken. Dieser Anspruch ist heute wie damals gültig und hat auch das Planungskonzept der Terrassenhaussiedlung Graz-St. Peter bestimmt.

Bereits 1966/67 hatte die Österreichische Gesellschaft für Architektur eine Ausstellung mit Katalog unter dem Titel „Neue städtische Wohnformen" [3] ausgerichtet. Diese ging nach Erstpräsentation in Wien in die Bundesländer, um die programmatischen Forderungen bekannt zu machen. Am 18. Juli 1966 wurde die Ausstellung im Forum Stadtpark Graz präsentiert.

[1]   Gross 1968, 9.
[2]   Vgl. Kerényi 1964, 11.
[3]   Vgl. Österreichische Gesellschaft für Architektur 1966.

Die Forderungen waren:

- Eine neue Gesetzgebung für neue Wohnbauformen im Rahmen neuer Konzepte des Städtebaus
- Mischung der Stätten des Wohnens, des Arbeitens, der Erholung und der Bildung entsprechend den natürlichen Lebensfunktionen des Menschen
- Verflechtung privater und öffentlicher Funktionen für gemein-schaftsbildende Kontaktmöglichkeiten
- Horizontale und vertikale Konzentration der Bebauung als Voraus-setzung neuer urbaner Bauformen
- Trennung der Verkehrsebenen aus der Forderung nach ungestör-ten Fußgängerbereichen
- Das Einfamilienhaus als Inspirationsquelle familiengemäßen Wohnens
- Wissenschaftliche Erforschung industrieller Vorfertigungsmetho-den für die wirtschaftliche Realisierung neuer Ideen
- Schöpferische Aktivierung der Bewohner:innen als Möglichkeit zur Selbstverwirklichung der Persönlichkeit
- Der Wohnbau als verantwortungsvolle Bauaufgabe unserer Zeit erfordert höchste künstlerische Qualität

Die Terrassenhaussiedlung der Werkgruppe Graz wurde im Katalog erstmals vorgestellt. In dem bereits 1965 entworfenen Projekt wur-den die Forderungen als Zukunftsvorstellung teilweise realisiert, da mit diesem Jahr und der Gründung der Österreichischen Gesellschaft für Architektur eine Ideenfindungs-phase begründet wurde, an der es mir gegönnt war, als erstes steirisches Mitglied mitzuwirken. So kam es zur Vernetzung von Entwurfsvorstellungen und sozialen Program-men, die für die gesellschaftspolitische Aufbruchsphase der 1960er Jahre charakteristisch waren.
Die Arbeiten der österreichischen Architekt:innen suchten einerseits einen Bezug zu im Einleitungteil vorgestellten experimentellen Pro-jekten von Vertretern der klassischen Moderne der 30er Jahre wie Le Corbusier, Frank Lloyd Wright, Henry Sauvage, Tony Garnier sowie den Österreichern Adolf Loos und Oskar Strnad, andererseits zu euro-päischen baulichen Traditionen wie Hang- und Teppichterrassenbau-ten, Wohnpyramiden, verdichteten Flachbauformen und urbanen Rasterbebauungen, die der frühen Nachkriegsarchitektur zuzuordnen sind. Schließlich wurden „utopische Projekte" gezeigt, die als Aus-hängeschild der holländischen Strukturalisten und der japanischen Metabolisten gelten. Den von der Österreichischen Gesellschaft für Architektur vertretenen Forderungen suchten die 28 Architekten be-ziehungsweise Architektengruppen in ihren Projekten zu entsprechen,

wobei die Spannweite der Planungen von theoretischen Ansätzen bis zu konkreten Bauaufgaben reichte. Bemerkenswert ist, dass die meisten der Projekte nur eigenverantwortliche Entwürfe waren, für die erst Bauträger gesucht werden mussten.

Gemeinsam war den Plänen primär die programmatische Unterstützung der Änderung der gegebenen gesetzlichen Grundlagen und die Forderung nach einer Bindung des im römischen Recht begründeten Eigentums an neue gesellschaftliche Erfordernisse. Ohne diese wären viele Projekte nicht realisierbar gewesen oder hätten Einschränkungen hinnehmen müssen. Zugleich sollte durch Anwendung von qualitativen Maßstäben eine Verbesserung der Lebensbedingungen für die Bewohner:innen erreicht werden. Indem durch Überwindung des auf Trennung der Lebensfunktionen gerichteten Funktionalismus eine lebendige Funktionsmischung erzielt werden konnte, wurde eine Voraussetzung für kommunikative Prozesse im Städte- und Wohnungsbau erfüllt. Deutlich erkennbar war der kritische Aspekt, der die Politik ansprach und in der gesellschaftspolitischen Diskussion zunehmend Gewicht erlangte. Auch wurde eine Weiterentwicklung des Wohnbaus durch Anwendung serieller Baumethoden gefordert, um durch Kostenverbilligungen mehr Menschen einen leistbaren Wohnbau zu bieten. Noch wenig ausgeprägt war die ökologische Ausrichtung des Wohnbaus, da die Energie relativ billig war und nach dem damaligen Stand der Technik entsprechende Dämmmaßnahmen sekundär waren. Jedoch wurde eine Reihe von Bautypen vorgeschlagen, die den Grünraum einbezogen, was vor allem auf Terrassenhäuser zutraf.

Zahlreiche der zu dieser Zeit in Österreich engagierten Architekt:innen reichten ihre Entwürfe zur Ausstellung ein: die Mitglieder der Arbeitsgruppe 4, Fritz Kurrent, Johannes Spalt, Wilhelm Holzbauer, mit einem Funktionsmischung zeigenden „Wohnberg"; in ähnlicher Weise erscheinen verdichtete Wohnbaucluster bei Hubert Hoffmann, Hans Hollein, Karl Hack, Viktor Hufnagl, Herbert Prader und Franz Fehringer. Helmar Zwick schlägt schräg geneigte Wohnwände mit vorgefertigten Bauelementen vor. Hofartige Bebauungsformen scheinen bei Rupert Falkner und Hermann Czech auf. Eugen Wörle, die Gruppe C aus Bregenz, Ottokar Uhl sowie Hans Puchhammer und Gunter Wawrik befürworten Terrassenhäuser in Hang- beziehungsweise Flachverbauung. Gustav Peichl bringt Hochbauten mit Containerelementen ins Gespräch. Johann Georg Gsteu, Anton Schweighofer sowie Wolfgang und Traude Windbrechtinger sehen im industriell gefertigten Wohnbau Potenziale für den zukünftigen Wohnbau. Peter Schmid und Günther Feuerstein nähern sich diagrammatisch dem Thema, indem raumplanerische Aspekte hervorgekehrt werden. Schließlich greifen Günther Domenig und Eilfried Huth auf die Ausstellung „Struktureller Städtebau" von Bernhard Hafner von 1966 zurück, wobei die städtebauliche Dimension auf dreidimensionale Raumstrukturen erweitert wird.

(1) Hubert Hoffmann, Werner Hollomey, Peter Trummer, Walter Laggner, Wettbewerb Innsbruck Völs, Besprechung am Wettbewerbsmodell, 1963

Der utopische Ansatz der städtebaulichen Planungen der Werkgruppe Graz wie auch der Terrassenhaussiedlung wird in einem komplexen Beziehungsgefüge von urbaner Verdichtung = Nähe und landschaftlicher Auflockerung = Weite gesehen. Die Komplementarität von Insel und Struktur ist im Zusammenhang der Utopie-Diskussion der 60er Jahre zu sehen, hat aber einen kulturhistorischen Hintergrund als demokratisches Postulat einer offenen Gesellschaft.

Der aufgezeigte gesellschaftspolitische Anspruch an Architektur, der aus der Kritik am überwiegenden Wohnbau dieser Zeit erwuchs, ließ uns folgende Fragen stellen:

- Welche Wünsche richten Menschen an eine zeitgenössische Architektur, wenn sie in einer humanen Umwelt leben möchten?
- Wie können eine Vielzahl von Bewohner:innen von Wohnanlagen im urbanem Umfeld Heimat finden, indem die Gestaltung einer Großform ein kommunikatives Gruppenverhalten fördert?
- Wie können Menschen in Verwirklichung eines eigenen Gestaltungswillens ihre persönliche Lebensumwelt als Beteiligung am Entwurfsprozess, der zugleich Verantwortung einschließt, mitgestalten?

Die Genealogie der Terrassenhaussiedlung ist nicht ohne ein bereits 1963 vorhergehendes Wettbewerbsprojekt der Werkgruppe Graz zu verstehen, das eine Wohnanlage als Stadterweiterung in Innsbruck-Völs (→1) betraf. Darin wurde die Anlage als urbaner Raumentwurf aufgefasst, der in signifikanter Form eine dichte, höhenabgestufte Wohnbebauung mit den vorgefundenen natürlichen Elementen eines umgrenzenden Hügels und einer künstlichen Wasserfläche verbindet.

(2) Werkgruppe Graz, Wettbewe
Innsbruck-Völs, Baustruktur mi·
künstlichem See, Modell, 1963

Ein teils zugeschütteter Teich wird aktiviert und um ein Gerinne erweitert, das in bewegter Form das Gelände durchzieht. Durch die
Hervorhebung der natürlichen Elemente und deren Einbeziehung in
das Wohnumfeld sollte eine Identifikation der Bewohner:innen mit ihrem konkreten Lebensraum erreicht werden.

Die in Bögen konzipierte Großform von mehrgeschossigen, höhenab-
gestuften Wohnblöcken, die, von Fixpunkten für die Vertikalerschließ-
ung ausgehend, sich in differenzierten Baugliedern zeigt, überbrückt
die Wasserflächen (→2). Das gesamte Gebiet wurde fußläufig geplant, indem eine zentrale Parkgarage nahe der Zufahrt den PKW-
Verkehr von der Siedlung abhält. Der aus dem Aushubmaterial über
der Garage aufgeschüttete Hügel wird in Flachbauweise mit einer
terrassierten Bebauung (→3), wie sie der an der TH Graz lehrende
Hubert Hoffmann, dessen Assistent ich war, vehement vertrat, versehen. Ein den Ort markierendes Hochhaus für Singlewohnungen wird
im Zufahrtsbereich durch eine Schule und eine Kirche ergänzt. Das
Angebot zahlreicher Wohnungstypen sollte zugleich mit dem flexiblen
Ausbau der Wohngeschosse einhergehen, wie ihn die holländischen
Strukturalisten postulierten. Denen sahen wir uns verwandt, seit wir
1959 am CIAM-Kongress teilgenommen hatten und die Verbindung
pflegten.

Bedauerlicherweise wurde der optimal der Landschaft angepasste
Entwurf nicht prämiert, da die Jury eine fantasielose Zeilenbauweise
ohne erkennbare Raumbildung auswählte. Zudem wurde die besondere Gestaltungsidee, die in einem sorgfältig gestalteten Modell zum
Ausdruck kam, nicht der Jury zur Kenntnis gebracht, da dieser ein
unangepasstes Nachbaumodell vorgelegt wurde.

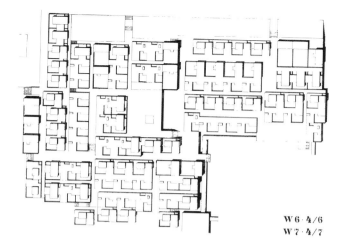

W 6 · 4/6
W 7 · 4/7

(3) Werkgruppe Graz, Wettbewerb
Innsbruck-Völs, Teppichbebauung
über Garagenhügel, Grundriss, 1963

(4) Industriebrache Graz-St.Peter,
Brunnenhügel, mit Andrea Gross,
1965

In Überwindung der Enttäuschung über die Ablehnung des Entwurfs entschlossen wir uns, auf einem Areal eines stillgelegten Ziegeleibetriebes in Graz-Südost die Terrassenhaus-Wohnanlage zu planen, die die konzeptionellen Ideen des Wettbewerbsentwurfs aus Innsbruck-Völs aufnimmt. Das als Brache erkennbare ehemalige Industriegebiet in Graz-Südost (→4), das Grigor Doytchinov [4] in seinem Beitrag beleuchtet, forderte zu einer Planung heraus, die auf die landschaftliche Situation der aus dem Tal aufsteigenden Murterrassen am östlichen Grazer Beckenrand Bezug nimmt. Die zentrumsnahe Lage bot sich an, dem Wunsch nach Urbanität im Sinne der Forderungen der Österreichischen Gesellschaft für Architektur zu entsprechen.

Von Anfang an war es mir daran gelegen, für die städtebauliche Planung eine theoretische Grundlage zu finden, wobei die Einladung zu einem Lichtbildervortrag bei den Kärntner Hochschulwochen 1972 dazu Anlass bot. Mit dem Titel „Architektur als Ausdruck von Sozialstrukturen" [5] versuchte ich, soziale Strukturen als Grundlage räumlicher Gestaltung unserer gebauten Umwelt darzustellen. Dabei griff ich auf eine Interpretation von Architektur als Sprache im Sinne der strukturalistischen Sprachanalyse zurück, indem ich dem komplexen Bedeutungsgehalt von Ausdruck nachspürte. Dabei kann man einen Text einmal als definitive Niederschrift – als endgültigen Druck – verstehen, das andere Mal als Prozess der Entstehung neuer sensueller Ausdrucksformen – als spontane Geste – mit dem Potenzial anregender räumlicher Wahrnehmung auffassen.

[4]   In diesem Band 70–83.
[5]   Vgl. Gross 1971.

Diesen Januscharakter von Architektur wandte ich beispielhaft auf urbane Situationen an, die einmal als funktionale, das andere Mal als kommunikative Räume erfahren werden. Dafür zog ich neben historischen Beispielen ein Projekt der Werkgruppe Graz, das Atelierhaus (→5) des Forum Stadtpark aus 1966, heran. Der Entwurf wurde als programmatisches Konzept einer Neugestaltung aufgefasst – erstmals in der Personalausstellung „Kristallisationen" [6] (→6) im Forum gezeigt, das einen komplexen Baugedanken zum Ausdruck bringt: den Bau als „Leib" aufzufassen, der sich zugleich nach innen und außen entfaltet, der konzentrische und exzentrische Tendenzen in einer Weise in Einklang bringt, dass sich Menschen darin selbst erkennen. Der Entwurf entstand als selbst gestellte Aufgabe für eine Gruppe von Künstler:innen, die zugleich Konzentration für ihre Arbeit suchen und sich nach außen gegenüber Besucher:innen öffnen. Das in den natürlichen Materialien Stahlbeton und Holz errichtete und damit den „brutalistischen" Codex reflektierende Haus wurde in terrassierter Form einem Hanggrundstück am östlichen Grazer Beckenrand eingefügt. Es umfasst zwölf Ateliereinheiten, als „Kerne" gesehen, die von einer fachwerkartigen Raumstruktur als „Schale" umhüllt werden. Diese folgen einem „Avocadoprinzip" (→7), das dem Gedanken der „fraktalen Selbstähnlichkeit" gleichend, den Austausch von Kern und Schale bis ins Unendliche vollzieht.

(6) Werkgruppe Graz, Personalausstellung, Forum Stadtpark, 1967

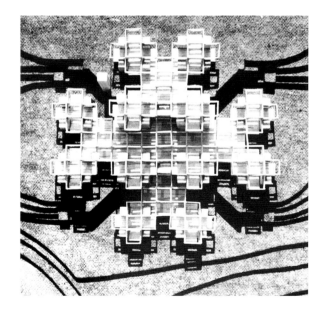

(5) Werkgruppe Graz, Atelierhaus Forum Stadtpark, Modellansicht, 1966

[6]   Vgl. Werkgruppe Graz 1967.

Immer haben Architekt:innen versucht, Bauen im Einklang mit dem Kosmos zu sehen und damit auf eine universelle Grundlage zu stellen. Was in der westlichen Tradition der konkreten Philosophie beim Theologen und Philosophen Romano Guardini [7] als „Gegensatzprinzip" zur Geltung kommt, welches er in den christlichen Ritualen erkennt, tritt ebenso in der japanischen Ästhetik hervor. Der Schweizer Architekturtheoretiker Gaudenz Domenig hat das Wegverhalten bei der Annäherung an einen heiligen shintoistischen Schrein untersucht und das „Prinzip der progressiven doppelten Verneinung" formuliert. [8] Er sieht es in der Folge von Wegphasen, bei denen immer im Überwinden eines Hindernisses, beispielweise eines Flusslaufes über eine Brücke, ein neues Raumerleben zustande kommt, das zwischen Nähe und Ferne zum Heiligtum pendelt. Erst mit dem Erreichen des Ziels schlägt die Bewegung in Ruhe um, die Glückseligkeit mit sich bringt. Bei jedem Weghindernis, immer durch Ankommen und Weggehen gekennzeichnet, ist diese nur in Unvollkommenheit erfahrbar.

(7) Avocado-Frucht, Selbstähnlichkeit des Kernwachstums

[7]   Vgl. Guardini 1955.
[8]   Domenig 1968, 324.

(9) Werkgruppe Graz, Terrassenhaussiedlung, Ansicht von West
ca. 1985

(10) Werkgruppe Graz, Terrassen
haussiedlung, Blick in den Hof
Richtung Osten, ca. 1985

Dieser Beziehung von Weg und Ort bin ich im Text mit der Bezeichnung „Das Umkehrprinzip" [9] auf der Website der Werkgruppe Graz nachgegangen und habe dieses in den Projekten der Werkgruppe Graz aufzufinden gesucht. Vergleichbar ist es dem System der russischen Matrjoschka-Puppen, bei dem in progressiver Folge die kleinere aus der größeren hervorgeht, die daraufhin wieder zur größeren wird. Darin ist ein Spannungsmoment eingeschlossen, das in Maßstabssprüngen bis ins Unendliche führt.

Dem Text „Architektur als Ausdruck von Sozialstrukturen" [10] habe ich ein Bild hinzugefügt, das im Ausdruck der japanischen Schrift, der Kalligrafie (→8) diesen Spannungsbogen von der hochformalen Gestaltung – dem Shin-Stil – bis zum bewegten Ausdrucksverhalten – dem So-Stil – abbildet, wobei im dem der Alltagssprache entsprechenden Gyo-Stil eine kommunikative Vermittlung stattfindet. Auf die Architektur bezogen ist es die Spannung zwischen dem öffentlichen und privaten Raum, der im halböffentlichen Raum vor allem das Kommunikationsbedürfnis befriedigt.

Betrachtet man den Planungsprozess der Terrassenhaussiedlung, findet sich diese wechselseitige Beziehung in der Wahrnehmung der signifikanten Außenerscheinung als Großform der Insel, aber auch der empfindungsmäßig wichtigen Kleinform, die die Wohnungen betrifft und eine für ständige Veränderungen offene Struktur zeigt.

Die äußere Erscheinung der Terrassenhaussiedlung tritt schon von Weitem als Abgrenzung einer charakteristischen Bauform gegenüber der Umgebung hervor, die sich als höhenabgestufte Silhouette wie bei alten Städten abbildet. Bei näherer Betrachtung erkennt man den Umraum als Mischung eines verlassenen Industriegebietes mit einer neuzeitlichen Nachkriegsbebauung, womit der Inselcharakter noch stärker gegenüber der inhomogenen Nachbarschaft hervortritt. Im Architekturführer der Stadt Graz von 2003 wird der Terrassenhaussiedlung in ihrer differenzierten Kompaktheit daher eine Leitfunktion

(8) Japanische Schrift, Stilforme
Shin, Gyo, So

[9]   Vgl. Gross 2009.
[10]   Vgl. Gross 1971.

(11) Werkgruppe Graz, Terrassenhaussiedlung, interne Straße,
4. OG, 2021

für die Entwicklung des Stadtteiles Graz-Südost (→9) zugesprochen. [11] Im Weiteren hebt sich die Großform in Sichtbeton, dem
das Material hervorhebenden Brutalismus zuordenbar, gegenüber
den Umgebungsbauten in überwiegender Ziegelbauweise hervor.
Schließlich wird das Grünland des östlichen Grazer Beckenrandes,
der Eustacchiopark, in die „Freie Mitte" (→10) der Terrassenhaussiedlung, das Fußgängerplateau, hereingezogen.

Die Architektur als soziale Struktur, die eine Gesellschaft zum Ausdruck bringt, zeigt sich vor allem in der Typologie eines skulptural
gegliederten Wohnbaus, der eine Vielfalt von Wohnungstypen in differenzierten Lagen und mit angebotenen halböffentlichen Räumen
zeigt, damit auch soziale Beziehungen möglich macht. Sie erscheint
deutlich in der Terrassierung, die aus der Orientierung abgeleitet wurde und zwei dominante Blickrichtungen aufweist – nach Nordwest
zur Stadt und Südost zur umgebenden Landschaft. Angesprochen
werden damit zugleich die Menschen betreffend ihrer Präferenzen,
als Abend- und Morgenmenschen. Deutlich wird sie auch in der ab-
getreppten Längsrichtung der einzelnen Baublöcke, die gegeneinan-
der versetzt sind, um die Verschattung auszugleichen, andererseits
in der ebenso abgestuften Querrichtung, die Bezüge nach innen zur
Fußgängerebene und außen zum Grünraum erlaubt. Mit der Zäsur im
4. Obergeschoss, der teilweise über Brücken führenden „fliegenden
Passage" (→11), wechseln die einseitig belichteten Terrassenhäuser
zu den zweiseitig belichteten Geschosswohnungen, vorrangig den
Maisonetten mit zweiseitiger Orientierung.

[11]   Szyszkowitz/Ilsinger 2003, I19.

(12) Offene Treppenhausarkade i
Grazer Altstadt

(13) Werkgruppe Graz, Terrassen
haussiedlung, offener Treppentu
Haus 29, ca. 1985

Das Erlebnis der Rauminanspruchnahme bei der Terrassenhaussiedlung wird durch Wegführungen unterstützt, die von der Garage bis
zu den Wohnungen und Dachterrassen reichen. Die Wegführung ist
in ihrer Wahrnehmung und im Wegverhalten auf die Abwechslung
von Nähe und Weite eingestellt, was urbanen Räumen entspricht.
Ich nenne es *time pattern*, [12] ein Netzwerk, das durch reduzierte Ge-
schwindigkeit der Bewegung gekennzeichnet ist und unterschiedliche städtische Situationen auszeichnet.

Die bauliche Ausformung der eine demokratische Gesellschaft dar-
stellenden Utopie, als Lebensgefühl verstanden, zeigt sich in ihrer
Ausformung als Primär-, Sekundär- und Tertiärstruktur, die den öffentlichen, halböffentlichen und privaten Raum charakterisiert. Diese
entspringt der strukturalistischen Haltung, die sich die Werkgruppe
Graz aufgrund der Biografie ihrer Mitglieder zu eigen gemacht hat.
In meinem Text „Wie beeinflusste der Strukturalismus die Grazer

---

[12]   Vgl. Gross 1988.

Schule?"[13] habe ich herausgestellt, dass gerade in Graz der Strukturalismus auf guten Boden fiel. Entsprechend dem pannonischen Klima wurde besonders eine räumliche Offenheit gepflegt, die in offenen Treppenarkaden in der Altstadt aufzufinden ist und in den offeneren Treppentürmen der Terrassenhaussiedlung (→12, 13) ihren regionalen Niederschlag findet.

Als einziges Projekt in Österreich und aufgrund des Innovationsgehaltes ist die Terrassenhaussiedlung damit ausgezeichnet worden, im Zuge der Erklärung zum Demonstrativbauvorhaben [14] durch die Republik Österreich im Jahre 1964 einen begleitenden Forschungsprozess einzuleiten. Mit der Betrauung der Forschungsgesellschaft für den Wohnungsbau mit der Durchführung war zugleich eine wichtige Zusatzförderung für Verbesserungen gegenüber den geltenden Normen gegeben.

Die Forschungsprojekte waren:

* Netzplan und Zeitkontrolle
* Soziologische Untersuchungen
* Hygienische Aspekte
* Wohnbaupsychologische Studie
* Wohnwertvergleiche und Bewertung verschiedener Wohnungstypen
* Grüngestaltung von Terrassen, Flachdächern und Freiräumen
* Bauphysik und Gebäudeklimatologie
* Technischer Ausbau und Wirtschaftlichkeitsberechnungen zur Ver- und Entsorgung
* Schutzraumanlage
* Projektorganisation und Projektkontrolle

Von der Forschungsgesellschaft wurde mit Ignaz Holub ein Prüfingenieur bestellt, der die Projektentwicklung begleiten sollte, um eine neutrale Kontrollinstanz zu gewährleisten. Mit den Architekten, die auch mit der Ausschreibung und Bauleitung beauftragt waren, wurde ein Stufenplan erstellt. Dieser betraf primär die Baureifmachung des Geländes, das aufgrund mangelnder Tragfähigkeit – zwei Drittel waren mit Bauschutt aus dem Zweiten Weltkrieg ausgefüllte Lehmgruben der ehemaligen Ziegelei – eines tragfähigen künstlichen Geländes bedurfte. Dieses wurde analog zum „Bauen am Wasser" durch einen Stahlbetonrost erzeugt, der auf Bohrpfählen ruht. Auf diese Weise wurde auf einen Keller verzichtet, wodurch der weitere Funktionsentwurf deutlich bestimmt wurde.

[13]   Vgl. Gross 2012.
[14]   Vgl. Forschungsgesellschaft für Wohnen, Bauen und Planen 1975.

Die zugesagte stufenweise öffentliche Förderung durch das Land Steiermark veranlasste zu mehreren Bauetappen, wobei der Rost vorauslaufend in einem Zug errichtet wurde. Nach Ausführung des Rostes konnte der Hochbau errichtet werden. Als innovative Anlage wurde weiterhin in Vorausschau ein Rückhaltebecken geplant, da mit einem hohen Anfall von Regenwässern zur Entwässerung der ausgedehnten Wohn- und Dachterrassen zu rechnen war. Zur Projektorganisation und Projektkontrolle gehörte auch eine für Österreich erstmalige Verfassung eines Ausschreibungsverzeichnisses auf EDV-Basis, das eine lückenlose Kostenkontrolle, beginnend mit einem werkleistungsbezogenen Ausschreibungsspiegel, ermöglichte. Um eine den vorgesehenen Bauetappen zeitlich entsprechende Bauabwicklung zu gewährleisten, wurde von dem Informatikbüro Dr. Pircher, Graz, ein Netzplan erstellt, der alle Gewerke erfasste. Er diente sowohl zur vorausblickenden Projektkoordination mit den Auftragnehmern, einer Arge von Baufirmen, den Subunternehmern und sonstigen Firmen als auch der von den Architekten übernommenen Bauleitung zur Zeitkontrolle. Er musste elastisch gehalten werden, um allfällige Abweichungen aufzufangen. Die von Anfang an angestrebte Mitbeteiligung der Bewohner:innen am Planungsprozess verlangte eine Trennung von Rohbau- und Ausbauplanung. Entsprechend wurden in einer ersten Phase als Primärstruktur die konstruktiven Pläne erstellt, die das aufgehende Betonmauerwerk in Schottenbauweise, die Stahlbetondecken und die Treppenanlagen samt Brücken umfassten. Dazu wurde für die Raumzellen eine Schaltechnik als „Tischmodul" erstellt, das geeignet erschien, den Vor- und Rücksprüngen gerecht zu werden. Als Vorkehrung der technischen Infrastruktur wurden weiters zwischen Wohnungen vertikale besteigbare Installationsschächte angeordnet, die flexible Anschlüsse erlauben.

Den Wohnungsinteressierten wurden auszugsweise die auf ihre gewählte Wohnung bezogenen Rohbaupläne zur skizzenmäßigen Eintragung ihrer bevorzugten Wohnungsteilung ausgehändigt. Die Auswahl konnten sie anhand eines Modells treffen, wobei eine Beratung an einem ausgelagerten Standort des Architekturbüros am Grundstück in St. Peter erfolgte. Nach Vorliegen der individuellen Wünsche wurden diese in die Ausbaupläne eingetragen, die einer Bearbeitung durch die technischen Fachplaner:innen beziehungsweise Firmen unterworfen wurden. Nach Vorliegen mussten die Wohnungsinteressierten diese zur Zustimmung unterschreiben, wenn keine weiteren Korrekturen angemeldet wurden. Die den individuellen Wünschen entsprechende Sekundärstruktur diente der Modifizierung der Wohnungstypen, die verschiedene Ausbaumöglichkeiten einschließlich der Fassaden in Modulbauweise aufwiesen.

Ein über die Minimaldefinition hinausgehendes Volumen bei Wohnungen, Dachterrassen und Gemeinschaftsbereichen wurde einem Ausbau als Tertiärstruktur vorbehalten. Dafür boten sich die Atelierwohnungen im 4. Obergeschoss zum Einbau von Galerien, die den Wohnungen zugeordneten Dachterrassen für die Aufstellung von Pools samt Badehaus und die offenen Gemeinschaftsräume in den Kopfbauten am „Walkway" für temporäre Installationen an. Der Ausbau konnte erst nach Übergabe erfolgen und wurde unterschiedlich aufgenommen. Generell ist festzuhalten, dass der Projektablauf von sechs Jahren exakt eingehalten wurde und das Gesamtobjekt nach sechsjähriger Bauzeit 1978 den Eigentümer:innen übergeben werden konnte.

Soziologische Untersuchungen, durchgeführt von Kurt Freisitzer, Universität Graz [15]

Der Gutachter erkannte Übereinstimmungen hinsichtlich der Wohnungspräferenzen und Wohnwertbestimmung mit der folgenden wohnpsychologischen Studie, betonte aber die Schwerpunktbildung auf wohnbaupolitischen Zielsetzungen, die eine generelle Erhöhung der Wohnqualität im österreichischen Wohnbau im Auge hatten. Dieses sollte methodisch durch ein umfassendes Befragungsprogramm von Wohnwerbenden geschehen, zugleich wurden Bezüge zu jüngst ausgeführten Wohnbauten hergestellt, die das für Österreich relativ neue Modell des Terrassenhauses wie die Siedlung „Goldtruhe" in Brunn am Gebirge, geplant von Hans Puchhammer und Gunther Wawrik, betreffen. Die Studie sollte in zwei Stufen von je 250 Wohnwerber:innen durchgeführt werden: jenen, die schon einen Vertragsabschluss hatten und jenen, die es vorhatten und später die Wohnung beziehen würden. Dadurch sollten schon Aussagen im Zwischenbericht vor Fertigstellung der Anlage möglich sein, während die Gesamtauswertung in digitaler Form dem Endbericht im Sinne einer Anregung für weitere Wohnbauvorhaben vorbehalten wurde. In beiden Fällen war beabsichtigt, eine Gruppe von Außenstehenden zum Vergleich demselben Befragungsprogramm zu unterziehen. Die hier angeführten Aussagen entsprechen dem Bericht aus 1975, gerade nach Bezug des ersten Bauabschnittes. Sie erfüllen daher nicht das Gesamtinteresse des Forschungsprojektes, geben aber die Tendenz der Veränderungen der Wohnvorstellungen in der Auseinandersetzung mit neuen Bauformen an. Dieses betrifft vor allem das Terrassenhaus mit größer bemessenen Freiräumen gegenüber dem standardisierten Wohnbau.

Der Kriterienkatalog des Befragungsprogramms, durchgeführt von Studierenden der Soziologie, umfasste Sozialstruktur, Wohnwünsche, Wohnbedürfnisse, Wohneinstellungen, persönliche Interessen und Wohnerfahrungen. Diese Aussagen sollten fokussiert auf das

[15]   Vgl. Freisitzer 1975.

im Projekt enthaltene differenzierte Wohnungsangebot erfolgen. Zur Sozialstruktur ist anzumerken, dass der überwiegende Anteil der Wohnungsinteressierten Familien mit mehreren Kindern waren. Das Alter der Wohnungswerber:innen lag dominant zwischen 30 und 40 Jahren. Dieser Altersstruktur entsprach auch das erhöhte Nettohaushaltseinkommen von 9.000,00 bis 16.000,00 Schilling im Monat. Die potenziellen Bewohner:innen sahen sich als aufstrebende Mittelschicht. Diese Schicht gab an, derzeit mit ihrer Wohnsituation nur mäßig zufrieden zu sein und den Wunsch nach einem Wechsel zu haben. Die idealisierten Wohnerwartungen bestanden in einer höheren Freiraumnutzung wie bei einem Einfamilienhaus mit Garten. Dies betraf die Wohnungswerber:innen als auch Außenstehende. Die zukünftige Wohngegend St. Peter wurde allgemein als gut bezeichnet. Die Analyse der Wohnwünsche ergab, dass dem Außenbereich der Wohnung für verschiedene Tätigkeiten große Bedeutung zugemessen wurde: Entspannung und Erholung, geselliges Beisammensein, Spiel der Kinder, gemeinsames Essen. Dafür wurde eine Reduktion des Innenbereichs bei der Diele und den Schlafzimmern in Kauf genommen. Die Wohninteressierten der Terrassenhaussiedlung nannten als noch zusätzliche Vorteile große Außenbereiche – Loggien und Dachterrassen eingeschlossen –, das Anpflanzen von Blumen und anderen Gewächsen, Fitness pflegen, im Freien sonnen und Tätigkeiten wie Lesen und Schreiben. Als Wohnbedürfnisse im Umraum wurden mit Priorität bezeichnet: öffentliche Verkehrsmittel, größere Grünflächen, Sportanlage, Apotheke, Arzt, Schule, Kindergarten, Kinderspielplatz und Lebensmittelnahversorger. Postamt, Schwimmbad, Bank und Café wurden nachrangig genannt. Das hauptsächliche Wohnbedürfnis einer selbstbestimmten Lebensführung konnte in der Terrassenhaussiedlung beziehungsweise mit einer Erreichbarkeit von 10 Minuten befriedigt werden.

Das Angebot der Architekten, im Rahmen der Mitbestimmung Änderungen innerhalb der Wohnung in Anspruch zu nehmen, wurde von einer überwältigenden Zahl von 78 Prozent der befragten Wohnungswerber:innen positiv bewertet. Bei der Kontrollgruppe der Außenstehenden lag diese bei nur 50 Prozent, was darauf zurückzuführen ist, dass sie das Projekt nicht hinreichend kannten. Die Änderungswünsche betrafen überwiegend den Grundriss, in geringerem Maß die Fenster- und Türöffnungen und die Sanitäranlagen. Realisiert wurden diese Wünsche in freien Raumteilungen innerhalb des Schotensystems von 7 Metern in der Anwendung der modularen Fassade mit Fenster- und Türöffnungen und der Lage der Küche – Innen- oder Außenlage – sowie der Ausbildung der Sanitärgruppe mit Installationsanschluss an die besteigbaren Installationsschächte zwischen den Wohnungen. Eine abschließende Fragestellung zur Erfüllung der Änderungswünsche, soweit sie durchführbar waren, wurde von den Bewohner:innen als zufriedenstellend beurteilt. Wo sich Änderungswünsche nicht als voll erfüllbar zeigten – aus Kosten- oder technischen Gründen – wurde Verständnis gezeigt. Am Bauareal war von den Architekten ein Beratungsbüro eingerichtet worden, um das Mitbestimmungsmodell zu realisieren und einen reibungslosen Ablauf der mit sechs Jahren präliminierten Bauführung – nach einer Planungszeit von sieben Jahren – zu gewährleisten. Schließlich zeigte das Forschungsprojekt SONTE nach 40-jähriger Nutzungszeit, dass bei einer über den Zeitraum erkennbaren Fluktuation der Bewohnerschaft von 30 Prozent eine Generationenfolge für den bis heute gegebenen hohen Identifikationsgrad stark maßgebend ist. [16]

Hygienische Aspekte, bearbeitet von Manfred Haider, Universität Wien, in Zusammenarbeit mit Christof Riccabona und Michael Wachberger [17]

Die Forschungsarbeit richtete sich auf den Typ des Terrassenhauses, der für die Großwohnanlage hinsichtlich des Anteils solcher Wohnungen charakteristisch ist. Dabei wurden allgemeine Anforderungen an Terrassenhäuser und die Form der Stapelung im Hinblick auf Besonnung und Beschattung untersucht. Eingangs wurde die generelle Forderung formuliert, dass die Vorteile eines Terrassenhauses in der verfügbaren Freifläche von mindestens 10 Quadratmetern bei einer Terrassentiefe von 2,5 Metern liegen. Bei der Terrassenhaussiedlung ist das gegeben, während die darüber liegenden Geschosswohnungen bei geringeren Freiflächen der Loggien als Ausgleich eine zweiseitige Besonnung haben. Die Verschattung durch diese höheren Bauteile wurde als relativer Mangel angesehen, jedoch stellt die „Talsituation" durch das V-Profil des Querschnitts zweier gegenüberliegender Häuser infolge der Versetzung und Abtreppung keine nennenswerte Beeinträchtigung der Terrassenwohnungen dar. Diese wurde zugleich als Verbesserung der Sicht nach Südost bzw. Nordwest, zur Landschaft und zur Stadt, geplant. Aus umwelthygienischer Sicht werden Schallschutzmaßnahmen angesprochen, die eine Abschirmung für den Terrassenraum bringen. Dieses betrifft die Neigung der Blumentröge nach außen, eine alternative Lösung mit Neigung nach innen kommt nicht zur Anwendung. Im 4. Obergeschoss sind die Tröge kastenförmig ausgebildet.
Eine Reihe weiterer Anforderungen wurden genannt, die den Wohnbau allgemein betreffen: Mindestens ein Hauptaufenthaltsraum muss zur Winterzeit eine einstündige Einstrahlzeit der Sonne aufweisen, auf die Schalldämmung gegen äußere Beschallung ist Bedacht zu nehmen,

[16]   Vgl. Institut für Wohnbauforschung 2018.
[17]   Vgl. Haider 1975.

für die einzelnen Zimmer muss ein ausreichender Luftwechsel (3–8 Mal pro Stunde) gewährleistet sein, die Wahl der Baustoffe soll den Anforderungen an Bauteile (innen und außen) und dem Stand der Technik entsprechend erfolgen. Heute würde die Forderung hinzukommen, dass sie möglichst ökologisch wirksam und umweltverträglich sein sollen.

Ein eigenes Kapitel wurde der Form der Stapelung von Terrassenwohnungen gewidmet, wobei der Abtreppungswinkel unterschiedlich sein kann. Daraus ergibt sich die Größe der Terrassenfreifläche. Die vorhandene Literatur gibt darüber hinreichend Aufschluss. Generell ist festzuhalten, dass bei einer zweiseitigen Abtreppung wie bei der Terrassenhaussiedlung innere Hohlräume entstehen, die für Lager, Depots, technische Räume oder Sondernutzungen verwendet werden können. Zur Zeit der Errichtung des Hauses waren noch Atombunker vorgesehen, die Platz fanden und in der Folge für Werkstätten verwendet wurden.

Anfängliche Befürchtungen von Bewohner:innen, dass sich durch die Dichte der Stapelung der Terrassenhäuser (Winkel: 45 Grad) eine optische und akustische Belästigung ergeben würde, haben sich nicht bestätigt. Im Gegenteil wurde die Kommunikation gesteigert, was zu Freundschaften und gegenseitigen Hilfsmaßnahmen führte. Aus Eigeninitiative wurde eine überdeckte Fläche im 4. Obergeschoss als „Public-Viewing-Space" eingerichtet, auf der Fußgängerebene bietet ein temporäres Café Mehlspeisen und Kaffee an. Ebenso wird ein Kräutergarten auf einer allgemeinen Dachfläche betrieben.

Wohnbaupsychologische Studie, bearbeitet von Giselher Guttmann, Universität Wien [18]

Die Studie hatte eine Untersuchung der Erwartungen von Wohnungsinteressent:innen an die Wohnsituation in der Terrassenhaussiedlung im Vergleich zu den Erfahrungen in einer bisherigen Wohnung und den Idealvorstellungen, die sie haben, als Ziel. Dazu wurden Stichproben gemacht, die Wohnungswerber:innen für St. Peter (86 Personen) und Neutralpersonen, denen die Siedlung nur in Bildern bekannt gemacht wurde (48 Personen), betrafen. Die Planungsvorstellungen der Architekten wurden dazu in Vergleich gesetzt.

Im Fokus des Interesses stand der Ausdruckswert der Wohnanlage, der im Besonderen durch die Terrassierung bestimmt ist. Diese war zum Zeitpunkt der Erhebung für Österreich in dem Ausmaß weitgehend Neuland. Methodisch wurde dafür ein in der visuellen Ästhetik zur Anwendung kommendes Polaritätsprofil gewählt, das quantitative

[18]   Vgl. Guttmann 1974.

Aussagen in der Gegenüberstellung von Eigenschaftspaaren, zwischen denen differenziert wird, erlaubt. Die Auswahl der Gegensatzpaare, auf die Terrassenhaussiedlung angewendet, folgte der „Valenz" (wie schön oder hässlich), der „strukturellen Ordnung" (wie schlicht oder überladen) und der „Stimulation" (wie modern und altmodisch). Insgesamt wurden 21 Bestimmungen den Versuchspersonen vorgelegt.

Das Ergebnis der Einstufung nach den formulierten Kriterien zeigte eine deutliche Unterscheidung der Bewertung der Ausdruckswirkung zwischen den Wohnungsinteressierten, die sich näher mit der innovativen Wohnanlage befasst hatten, und außenstehenden Personen, die nur eine eingeschränkte Kenntnis des Planungsangebotes hatten. Während die Interessierten die Wohnerwartungen nahe einer Idealvorstellung sahen, die durch hohen Wohnwert bestimmt ist, hatten die Neutralpersonen negative Vorstellungen von einer möglichen Bewohnung. Die Anlage wird als „kalt, ungemütlich, fremdartig und hässlich" beurteilt. Dieses beruht vor allem auf dem Ausdruckscharakter des Sichtbetons, der in Österreich in den Medien geringgeschätzt wurde und Menschen stark beeinflusste. Dazu trägt auch der stilistische Ausdruck Brutalismus bei, der in unrichtiger Interpretation des franz. *beton brut* (Rohbeton) nicht wie bei Le Corbusier als natürliches Material verstanden wird, das in Bezug zur Landschaft steht. Dass andere Materialien wie Ziegel, Stahl, Holz ebenso dem Brutalismus, der heute eine neue Wertschätzung erfährt, zugerechnet werden, ist nicht im Bewusstsein verankert.

Die Gruppe der Wohnungsinteressierten hebt dagegen den „Nestcharakter" hervor, der in der kleingliedrigen Strukturierung der Baumassen liegt, die Nähe bei gebotener Distanz bietet. Die Einbeziehung der Natur und die Sicht- und Wegbeziehungen zur umgebenden Landschaft werden als weiterer Grund für das Interesse an einer Bewohnung genannt. Schließlich war die gute soziale Infrastruktur und Erreichbarkeit mit öffentlichen Verkehrsmitteln mit entscheidend für die bemerkenswert positive Bewertung.

Wohnwertvergleiche und Bewertung einzelner Wohnungstypen, bearbeitet von Christof Riccabona und Michael Wachberger [19]

Die Gutachter wiesen darauf hin, dass nach einer Phase eines quantitativen Wohnungsfehlbestandes in Österreich die Wohnungsqualität immer mehr Bedeutung erlangt. Dies nicht nur in bautechnischer Ausführung, sondern als genereller Wohnwert einer individuellen Bedürfnisbefriedigung. Diesen versuchten sie in zweifacher Hinsicht

[19]   Vgl. Riccabona/Wachberger 1975.

zu bewerten: einmal als quantitative Bemessung der bei der Terrassenhaussiedlung auftretenden Wohnungstypen hinsichtlich der Raumgrößen, zum anderen als Beurteilung der Flexibilität der Wohnungen im Innenausbau (innere Flexibilität) und hinsichtlich der Erweiterung (äußere Flexibilität).

In erster Hinsicht wurde ein Kriterienkatalog erstellt, der zur Messung wohnkultureller Qualitäten herangezogen werden konnte. Grundlage war der bestehende Planungsbestand der Einreichplanung, der konstruktive Einschränkungen hinsichtlich Veränderungen aufzeigt. Zugleich war in Betracht zu ziehen, dass die vorgesehene Mitbestimmung der Bewohner:innen eine Anpassung der Grundrisse an die Bewohnerwünsche in einem bestimmten Maß ermöglicht.

Generell vertraten die Gutachter die Auffassung, dass die anlassbezogene Erarbeitung eines Bewertungsinstruments den Vorteil bringt, dass vorliegende Nutzungserfahrungen über einen Zeitraum durch Wohnwertvergleiche zur öffentlich anerkannten Qualitätssteigerung des Wohnbaus beitragen können. Der in Vorschlag gebrachte Kriterienkatalog versuchte Raumzusammenhänge signifikanter Wohnbereiche innerhalb einer Wohnung anhand Erschließungs- und Funktionswegen darzustellen, wobei diese als günstig und ungünstig eingestuft wurden. Dies wurde auf Wohnungsgrößen von ca. 40–140 Quadratmetern bezogen, die zugleich eine Aussage über die Anzahl der Wohnungsnutzer:innen beziehungsweise Familienmitglieder erlauben. Ziel war es, Mindestgrößen zu definieren, die auch länderspezifisch abweichen. Bemerkenswert ist, dass die angelsächsischen und skandinavischen Länder einen geringeren Raumbedarf als Mitteleuropa aufweisen. Das kann an der Wohnkultur liegen, die auf eine intensivere Nutzung des Raumes wie auf einem Boot gerichtet ist. Diese diagrammatische Analyse wurde auf einzelne Wohnungstypen angewandt.

Die Wohnungsgrößen wurden zum überwiegenden Teil Familien mittlerer Größe (ca. 60 Prozent), zu einem geringeren Teil Großfamilien (ca. 30 Prozent) und zum geringsten Teil Kleinfamilien oder Singles (ca. 10 Prozent) vorbehalten. Dieser Schnitt mit der Dominanz der Großfamilien-Wohnungen entspricht der Zielgruppe von Personen, die eine enge Nähe zur Natur suchen, was in den Terrassen, Loggien und Balkonen zum Ausdruck kommt. Es hat sich auch bestätigt, dass das Projekt die Interessenslage zahlreicher Personen angesprochen hat, die politisch alternative Lebensformen und Anliegen der Grün-Bewegung vertreten.

Die in zweiter Hinsicht angesprochene Ermöglichung einer inneren Flexibilität wird als hoch bewertet, was in der Analyse mehrerer Wohnungstypen zum Ausdruck kommt. Sie ist vor allem dadurch gegeben, dass zwischen den tragenden Schoten der Betonkonstruktion im Abstand von 7 Metern die freigespannten Plattendecken variable Wandstellungen erlauben. Auch das gewählte modulare Fassadensystem einer Leichtkonstruktion entspricht dem Konzept. Die jeweils zwischen Wohnungen angeordneten besteigbaren Installations-schächte bieten die Freiheit der Anordnung der Küche im Innenbereich ebenso wie im natürlich belichteten Fassadenbereich. Die teilweise Verschiebung der Außenwände im Loggienbereich hat weiters zu variantenreichen Außenerscheinung der Anlage beigetragen.

In geringerem Maß hat sich das Projekt im Vergleich zu Skelettbau-ten hinsichtlich einer äußeren Flexibilität geeignet, da die Betonschei-ben den Rhythmus vorgegeben haben. Auch die Ausweitung zum Terrassenbereich war aus statischen und rechtlichen Gründen ein-geschränkt, da die Bemessung der Bau- und Betriebskosten auf der anfangs festgelegten Pazifizierung der Eigentumswohnungen beruht. In geringem Maß hat diese dennoch stattgefunden, allerdings als der Außenfassade vorgesetzte Wintergärten.

Zukunftsgerichtete Studien im universitären Bereich haben alternative Möglichkeiten äußerer Flexibilität durch über mehrere Geschosse hi-nausgehende Raumzusammenfassungen aufgezeigt, die besondere konstruktive Maßnahmen fordern würden.

Zusammenfassend kamen die Gutachter zum Ergebnis, dass die differenzierten Wohnungen der Anlage den Anforderungen gut ent-sprechen, wobei die innere Flexibilität im Zusammenhang der reichen Typenwahl die Einschränkungen einer äußeren Flexibilität aufheben. Eine deutliche Wohnwerterhöhung der Terrassenhausanlage gegen-über anderen Wohnanlagen hat sich durch die über 40-jährige Wohn-zufriedenheit der Bewohnerschaft und die Identifizierung mit ihrem Haus bestätigt.

Grüngestaltung von Terrassen, Flachdächern und Freiräumen, bearbeitet von Friedrich Woess, Hochschule für Bodenkultur, Wien [20]

Die Hauptaufmerksamkeit richtete sich auf die „Plaza", die freie Mitte im 1. Obergeschoss, die die größte zusammenhängende Grünzone, in zwei Höfe geteilt, darstellt. Sie verbindet zudem den östlichen Hangbereich des Grazer Beckens, zum öffentlichen Park ausgebaut, mit der locker bebauten Zone des ehemaligen Dorfes St. Peter, das den Kernbereich des Bezirks darstellt. Die zwischen den versetzten Blöcken der Terrassenhaussiedlung ausschließlich Fußgänger:innen vorbehaltene Zone wurde vom Gutachter mit einer „Talsituation" verglichen, die neben der ebenen Fläche der Hauszugänge auch die aufsteigenden Terrassen mit ihrer Begrünung einbezieht.

[20]   Vgl. Woess/Zeitlberger/Loidl 1975.

Dadurch sah er vorteilhaft eine kleinklimatische Situation, die einerseits einer Aufheizung von Fassaden im Sommer entgegenwirkt, andererseits die Luftbewegung von Ost nach West fördert.

Der ca. einen Meter hohe Erdkörper der Auffüllung der umgekehrten Kassettendecke der darunterliegenden Garage ist geeignet, neben Büschen auch Bäume mittlerer Höhe aufzunehmen, die eine Beschattung der Gehwege gewährleisten. Gutachterlich wurde ein schichtweiser Bodenaufbau mit Drainagen vorgeschlagen, wobei jedes Kassettenfeld entwässert wird. Die flachwurzelnden Bäume hatten im Hinblick auf die Standsicherheit, die sich in 40-jähriger Nutzung bestätigt hat, eine Mindestdistanz zu den Kassetten aufzuweisen. In jedem der beiden Hofteile wurde ein Kassettenfeld als Kinderspielpool ausgebildet, was zudem kleinklimatisch vorteilhaft ist. Gerade diese Zone, die im Übergang der beiden Höfe mit Zugang zum Gemeinschaftszentrum ausgeweitet ist, hat sich als hauptsächlicher Kommunikationsbereich mit vorteilhafter Aufsichtsmöglichkeit der Kinder erwiesen.

Neben der öffentlichen Fußgängerebene sind auch die den erhöhten Fußweg im 4. Obergeschoss begleitenden Blumentröge kleinklimatisch sehr wirksam, wenn eine über das Jahr durchgehende dichte Bepflanzung gegeben ist. Daher wurde dort eine künstliche Entwässerung installiert, die Trockenperioden ausgleichen kann. Die Initiativbepflanzung mit Gräsern und Sträuchern wurde bei Bezug der Wohnungen von einem Gärtner durchgeführt, Empfehlungen einer weiteren Bepflanzung als Ergebnis der Forschung wurden an die Bewohnerschaft gerichtet.

Neben den Blumentrögen der Wohnungsterrassen, die ebenso gärtnerisch bearbeitet wurden, stellte die Ausgestaltung und Bepflanzung der Atrien im Erdgeschoss eine besondere Forschungsaufgabe dar. Hier wurden verschiedene alternative Vorschläge von offener Gestaltung und dichter Bepflanzung eingebracht, jedoch blieb es den Bewohner:innen der Atriumwohnungen freigestellt, wie sie ihren Freibereich ausgestalten wollten. Auch kleine Bäume waren nicht ausgeschlossen, da der Erdkörper es erlaubt. Schließlich sind auch von Jalousien überdeckte Terrassenbereiche individuell zur Ausführung gekommen. Die Empfehlung teils durchbrochener Wände wurde nicht aufgenommen, um uneingeschränkte Privatheit zu gewährleisten. Eine besondere Beachtung verdienten die Dachterrassen, die teils allgemein zugänglich sind, teils privat als Abschluss der obersten Wohnungen genutzt werden. Um generell eine höhere Deckenbelastung zu ermöglichen, wurden die rechnerischen Deckenlasten auf 1000 Kilopond pro Quadratmeter erhöht. Ebenso wurde die Brüstungshöhe auf 1,20 Meter festgelegt, um Schüttungen oder sonstige Aufbauten zu ermöglichen. Von der Möglichkeit, die Flachdächer auszubauen, haben die Bewohner:innen ausgiebig Gebrauch gemacht. Davon zeugt die Dachlandschaft, die reichlichen Bewuchs auf Erdschüttungen (bis 60 Zentimeter) und teils geschlossene Dachaufbauten zeigt, die eine temporäre Ausweitung des Wohnbereichs erlauben. Für die ausreichende Bewässerung wurden Zapfsäulen auf allen Dächern eingerichtet. Im Zuge der nun mehr als 40-jährigen Nutzung hat die Bepflanzung durch Wachstum, auch von Bäumen, ein Ausmaß angenommen, das Richtlinien der Selbstverwaltung erforderte. Hochbeete auf öffentlichen Terrassen werden von einzelnen Bewohner:innen für den eigenen Bedarf an Gemüse und Kräutern gepflegt.

Bauphysik und Gebäudeklimatologie, bearbeitet von Werner Pfeiler [21]

Das Gutachten stellte eine wichtige Grundlage im Rahmen der Realisierung der Terrassenhaussiedlung als Demonstrativbauvorhaben dar, um durch erhöhte Maßnahmen des Schall- und Wärmeschutzes über bestehende Normen hinaus den Wohnwert zu steigern und Erfahrungen für künftige Wohnbauvorhaben zu gewinnen. Dabei sollte das weite Gebiet der Bauphysik, das bislang im Wohnbau stiefmütterlich behandelt worden war, umrissen werden, wobei in speziellen Bereichen Planungsempfehlungen auszusprechen waren.
Schwerpunktmäßig waren in der Phase der Detail- und Ausführungsplanung Planungsempfehlungen für Außen- und Innenwände, Fassadenelemente und Fenster sowie Geschossdecken auszusprechen. Eingeschlossen sollte die Lärmschutzplanung werden, die in der Veringerung der Lärmemissionen durch den Verkehr im Umgebungsbereich bestand. Die gewählte Sichtbetonbauweise brachte besondere Probleme für den Wärmeschutz, da bei Innendämmung die erhöhte Neigung zur Kondenswasserbildung, die Gefahr von Schallleitungseffekten und die Bildung von Wärmebrücken in den Wand- und Deckenanschlussbereichen zu beachten sind. Dazu wurden kritische Anschlussbereiche schematisch grafisch dargestellt. Vorgeschrieben wurden die Planung einer Dampfbremse wie Alufolie unterhalb der Innendämmung mit Heratecta-Platten und die Verwendung von dünnflächigen Oberflächen und nichtpressenden Gipskartonfugen zur Vermeidung von Schallleitungseffekten im Wandbereich. Im Wand- und Deckenübergangsbereich waren generell elastische Anschlussfugen zur Aufnahme von Durchbiegungen und an den Fassaden durch fachgerechte Ausbildung die Vermeidung von Wärmebrücken vorgesehen. Dazu wurde ein Rechenverfahren herangezogen, das den Verlauf der Oberflächentemperatur im Decken- und Anschlussbereich zeigt, um das Ausmaß der in den Beton einzubringenden Wärmedämmung zu bestimmen. In einem auf das Gesamtbauvorhaben bezogenen Kostenvergleich wurde eine wesentliche Einsparung durch die Anwendung der bauphysikalischen

[21]   Vgl. Pfeiler 1975.

Methoden zur Optimierung des Wärmehaushalts genannt. Als besonders wichtig wurde die Wahl der Fenster und Türen in der modularen Fassadenkonstruktion (Sandwichplatten mit Eternit und Innendämmung) bezeichnet, wobei Prüfverfahren nahegelegt wurden.

Das ist auch geschehen, indem verschiedene Fensterarten im Laborversuch auf Wärme- und Schallschutz untersucht wurden. Daraus ist ein Holzfenster mit Zweifachisolierverglasung (schwedisches Modell) hervorgegangen, das mit Priorität für die Ausführung versehen wurde. Am Rande wurde die Lösung von Brandschutzproblemen angesprochen. Zusammenfassend folgert der Gutachter, dass in einer zweiten empfohlenen Forschungsphase die Ergebnisse durch weiter entwickelte Rechenmethoden zu überprüfen wären, um generelle Empfehlungen auch durch gesetzliche Vorgaben mit Vorteil für den Wohnbau abzusichern.

Technischer Ausbau und Wirtschaftlichkeitsberechnungen zur Ver- und Entsorgung, bearbeitet von Helmut Gradischnik [22]

Die Thematik betraf die Optimierung des Heizungssystems, der Warmwasseraufbereitung, der Elektroinstallation und der Lüftung, insbesondere der Sammelgarage. Nachdem von den Architekten im Einvernehmen mit der Stadt Graz, die einen Vertrag mit einem Heizwerk hatte, die Entscheidung zur Fernwärmeversorgung für Heizwärme und Heißwasser gefallen war, musste eine Optimierung des Wärmebedarfs auf die Besonderheit des Terrassenhauses Bezug nehmen. Gegenüber normalen Wohnbauten war in Entsprechung der planerischen Konzeption im strukturalistischen Sinn mit einem höheren Fensterflächenanteil zu rechnen, der ebenso in der Einflussnahme der Wohnwerber:innen auf die Grundriss- und Fassadengestaltung begründet lag. Der Gutachter stellte daher eine Kurvenrelation dar, die einen rechnerischen Wärmebedarf in Abhängigkeit von einem Fensterflächenanteil von 25–50 Prozent aufweist. Damit war eine Planungsgrundlage gegeben, die erst eine Gesamtanalyse nach Fertigstellung des Bauwerks ermöglichen sollte. Als wirtschaftlichstes Heizungssystem der Fernwärmeversorgung wurde ein Einrohrsystem mit dezentralem Wärmetauscher vorgeschlagen. Für die Warmwasserversorgung ergab sich, dass eine zentrale Warmwasseraufbereitung mit gleitendem Fernwärmestrang und Elektrozusatzheizung in den Sommermonaten als wirtschaftlichste Lösung beurteilt wurde. Hinsichtlich der Elektroinstallation wurde eine

---

[22]   Vgl. Gradischnik 1974; Gradischnik Technischer Ausbau I 1975; Gradischnik Technischer Ausbau II 1975; Gradischnik Technischer Ausbau III 1975; Gradischnik Technischer Ausbau IV 1975; Gradischnik Wirtschaftlichste 1975; Gradischnik/Friedrich 1975; Gradischnik 1980.

Ausführung mit Stegleitungen befürwortet. Als Messsystem der Wärmeversorgung wurde eine dezentrale Messung vorgeschlagen. Für die Garagenlüftung war eine Frischluftvorwärmung auf der Basis des Rücklaufstranges der Fernwärmeversorgung in Vorschlag gebracht worden. Zusammenfassend wird vom Gutachter angemerkt, dass die erstmalige Beurteilung der Terrassenhaus-Großwohnanlage nur vorläufige Ergebnisse bezüglich der Wirtschaftlichkeit bieten kann, da die unterschiedlichen Typen von Terrassenhäusern – einseitige/zweiseitige – verschiedene Anforderungen stellen. In jedem Fall liegt die kompakte Anlage der Terrassenhaussiedlung im günstigen Bereich.

Schutzraumanlagen, bearbeitet von Erich Panzhauser, Technische Universität Wien [23]

Zum Zeitpunkt der Baueinreichung waren in Österreich für alle Wohn-Neubauten Schutzraumanlagen vorgeschrieben. Zu untersuchen waren die konstruktiven Voraussetzungen zur Anordnung von Strahlenschutzräumen im Hohlraum des 3- bis 4-geschossigen Terrassenhaussockels, die Zugangs- und Fluchtmöglichkeiten, die erforderliche Dimensionierung der Umfassungsbauteile, die Lüftungsvoraussetzungen und die Festlegung der erforderlichen Schutzraumplätze. Grundlage stellten die Bestimmungen der Steiermärkischen Bauordnung und die österreichischen Richtlinien für Schutzraumbauten dar. Bei 509 geplanten Wohnungen waren 1800 Schutzraumplätze auszuweisen, für die die Aufenthalts- und Liegeräume sowie Versorgungsräume zu dimensionieren waren. Ebenso sollte berücksichtigt werden, dass die Räume auf Dauer anderen Nutzungen wie Waschküchen, Depots und Clubräumen zugeführt werden. Aufgrund der horizontalen Gliederung der Baumasse, bestimmt durch die Treppenfixpunkte, fiel die Entscheidung auf 11 Schutzraumgruppen, die von einem internen Verbindungsgang im Erdgeschoss erschlossen werden. Dadurch sind externe Nutzungen möglich. Die Dimensionierung der Schutzraumwände wurde mit 25–30 Zentimetern, jene der Decken je nach Lage ebenso mit 25–30 Zentimetern bestimmt, was einer Trümmerlast von 1000 Kilogramm pro Quadratmeter entspricht. Für die Eingänge wurden feuerhemmende und gasdichte Stahltüren geplant, zur Lüftung Schutzfilter mit einer Förderleistung von 1,5 Kubikmeter pro Minute und als Fluchtwege unterirdische Rettungswege von 80 × 160 Zentimetern bis zu trümmersicheren Ausstiegsschächten.

[23]   Vgl. Panzhauser 1975.

Bibliografie

Domenig, Gaudenz: Weg – Ort - Raum. Versuch der Analyse der Bewegung im architektonischen Raum, in: Bauen + Wohnen 22 (1968), 321–326

Forschungsgesellschaft für Wohnen, Bauen und Planen: Demonstrativbauvorhaben Graz-St.Peter, zusammenfassender Schlussbericht, Arbeitsunterlage A-798, Wien 1975

Freisitzer, Kurt: Soziologische Untersuchungen, untersucht am Demonstrativbauvorhaben Graz-St. Peter (Schriftenreihe der Forschungsgesellschaft für Wohnen, Bauen und Planen 64), Wien 1975

Gradischnik, Helmut: Demonstrativbauvorhaben Graz-St. Peter. Technischer Ausbau II – Meßtechnische Untersuchung hinsichtlich des Einflusses der Regelung der Raumtemperatur auf den Wärmeverbrauch (Schriftenreihe der Forschungsgesellschaft für Wohnen, Bauen und Planen 80), Wien 1980

Gradischnik, Helmut: Technischer Ausbau I. Optimierung des Heizungssystems, untersucht am Demonstrativbauvorhaben Graz-St. Peter (Arbeitsunterlage Forschungsgesellschaft für Wohnen, Bauen und Planen A-789, 1), Wien 1975

Gradischnik, Helmut: Technischer Ausbau II. Optimierung des Heizungssystems. Weiterführung der gebäudespezifischen Untersuchungen (Schriftenreihe der Forschungsgesellschaft für Wohnen, Bauen und Planen 66), Wien 1975

Gradischnik, Helmut: Technischer Ausbau III. Optimierung des Systems der Tiefgaragenent- und -belüftung (Arbeitsunterlage Forschungsgesellschaft für Wohnen, Bauen und Planen A-789, 3), Wien 1975

Gradischnik, Helmut: Technischer Ausbau IV. Optimierung des Systems der Warmwasseraufbereitung (Arbeitsunterlage Forschungsgesellschaft für Wohnen, Bauen und Planen A-789, 4), Wien 1975

Gradischnik, Helmut: Vergleichende Kostenuntersuchungen von Terrassenhäusern auf dem Gebiet der Heizungs-, Sanitär und Elektrotechnik (Schriftenreihe der Forschungsgesellschaft für Wohnen, Bauen und Planen 56), Wien 1974

Gradischnik, Helmut: Wirtschaftlichste Form der Heizkostenaufteilung. Demonstrativbauvorhaben Graz-St. Peter (Schriftenreihe der Forschungsgesellschaft für Wohnen, Bauen und Planen 62), Wien 1975

Gradischnik, Helmut/Friedrich, K.: Technischer Ausbau II. Optimierung des Elektroteiles (Arbeitsunterlage Forschungsgesellschaft für Wohnen, Bauen und Planen A-789, 2), Wien 1975

Gross, Eugen: Architektur als Ausdruck von Sozialstrukturen, in: Sauer, Franz (Hg.): Kunst als Lebensgestaltung im Zeitalter der Technokratie, Siebzehnte Kärntner Hochschulwochen 1970, Berichte Heft 16, Graz 1971

Gross, Eugen: Beirut of tomorrow, Vortragsmanuskript Amerikanische Universität Beirut, 1988

Gross, Eugen: Das Umkehrprinzip, Weg und Ort, die Erschließung des Raumes (2009), www.werkgruppe-graz.at (letzter Zugriff: 28.06.2022)

Gross, Eugen: Die Wirklichkeit der Utopie im Städtebau, in: Informationen 3–22 (1968), 4–11

Gross, Eugen: Wie beeinflusste der Strukturalismus die Grazer Schule der Architektur?, in: Wagner, Anselm/Senarclens de Grancy, Antje (Hg.): Was bleibt von der „Grazer Schule"? Architektur-Utopien seit den 1960ern revisited, Berlin 2012, 214–225

Guardini, Romano: Der Gegensatz. Versuche zu einer Philosophie des lebendig Konkreten, Mainz 1955

Guttmann, Giselher: Terrassensiedlung Graz-St. Peter. Wohnbaupsychologische Studie (Arbeitsunterlage Forschungsgesellschaft für Wohnen, Bauen und Planen A-783), Wien 1974

Haider, Manfred: Hygienische Aspekte, untersucht am Demonstrativbauvorhaben Graz, St. Peter. Endbericht (Schriftenreihe der Forschungsgesellschaft für Wohnen, Bauen und Planen 63), Wien 1975

Kerényi, Karl: Ursinn und Sinneswandel des Utopischen, in: Vom Sinn der Utopie, Eranos Jahrbuch 1963, Zürich 1964, 9–29

Österreichische Gesellschaft für Architektur (Hg.): Neue städtische Wohnformen, Ausst.-Kat., Wien 1966

Panzhauser, Erich: Gutachten über die Schutzraumanlage der Terrassenhaussiedlung Graz-St. Peter (Arbeitsunterlage Forschungsgesellschaft für Wohnen, Bauen und Planen A-784), Wien 1975

Pfeiler, Werner: Bauphysikalische Beurteilung und Dimensionierung des Bausystems und der Bauteile, untersucht am Demonstrativbauvorhaben Graz-St. Peter (Schriftenreihe der Forschungsgesellschaft für Wohnen, Bauen und Planen 65), Wien 1975

Riccabona, Christof/Wachberger, Michael: Ermittlung optimaler Freiflächengrößen von freien Terrassenbauten in Abhängigkeit von Grundrißtiefe, Belichtung und Neigungswinkel, untersucht am Demonstrativbauvorhaben Graz-St. Peter (Schriftenreihe der Forschungsgesellschaft für Wohnen, Bauen und Planen 61), Wien 1975

Szyszkowitz, Michael/Ilsinger, Renate (Hg.): Architektur_Graz. Positionen im Stadtraum. Mit Schwerpunkt ab 1990, Graz 2003

Werkgruppe Graz: Baubeschreibung der Terrassenhaussiedlung als Innenraum, Umraum und Zeitraum, Demonstrativbauvorhaben, Archiv Werkgruppe Graz, Mai 1975

Werkgruppe Graz: Kristallisationen, Ausst.-Kat. Forum Stadtpark, Graz 1967

Woess, Friedrich/Zeitlberger, Horst/Loidl, Hans: Dachgärten und Pflanztröge (Schriftenreihe der Forschungsgesellschaft für Wohnen, Bauen und Planen 58), Wien 1975

Abbildungsnachweis

Werkgruppe Graz: 1, 2, 3, 4, 5, 6, 7, 8, 9, 10, 11, 12, 13

Andrea Jany

STEIRISCHE PERSPEKTIVEN UND ENTWICKLUNGEN

Mit dem Ausklang der 1960er Jahre endete der Wiederaufbau in Österreich. Das große Ziel – die Beseitigung der Wohnungsnot – war erreicht. [1] Bis dahin unterlag der Wohnbau in Zahl und Ausstattung einem ständigen Wachstum. [2] Die Wohnungszählung 1971 wies statistisch nach, dass die Behebung des quantitativen Wohnungs-fehlbestandes geschafft war. Die etablierten Organisations- und Planungsprozesse blieben an diesem Wendepunkt jedoch bestehen: „Zu sehr hatte man sich schon daran gewöhnt, dass der Erfolg woh-nungspolitischer Maßnahmen an der Wohnungsanzahl gemessen wird, Ziffern und nicht Inhalte prägten das Denken und Handeln […]." [3] In den Vordergrund rückten daher immer deutlicher die Beseitigung der Qualitätsmängel an Grundrissen und Ausstattung der Wohnungen. [4] In einer Reflexion über den Wohnbau der Nachkriegszeit stellten Kurt Freisitzer, Robert Koch und Ottokar Uhl 1987 in ihrem gemeinsamen Buch *Mitbestimmung im Wohnbau* das Fehlen eines zukünftigen Ziels im Wohnbau fest: Nach der Beseitigung der Wohnungsnot hätte man das eine große Ziel durch ein anderes Ziel gleicher Dimension, näm-lich die Verankerung sozialer Demokratie im Bereich des Wohnens, ersetzen müssen. [5] Die Kritik am vorhandenen Planungs- und Bauwesen wurde durch inter-nationale Stimmen gegen die funktionale Trennung in den Städten unterstützt. Die Charta von Athen, die durch den CIAM-Kongress im August 1933 vorgelegt worden war, hatte zum einen eine strenge

[1]   Vgl. Freisitzer/Koch/Uhl 1987, 25.
[2]   Vgl. Karner 2000, 462.
[3]   Freisitzer/Koch/Uhl 1987, 25.
[4]   Vgl. Hugelmann u. a. 1974, 74.
[5]   Vgl. Freisitzer/Koch/Uhl 1987, 25.

funktionale Zonierung der Städte in Wohnen, Arbeiten, Verkehr und Freizeit und zum anderen einen einzigen Typus städtischer Wohnbebauung in Form von hohen, weit auseinanderliegenden Appartementblocks gefordert. [6]

„[…] damals hatte es die Kraft eines mosaischen Gesetzes und lähmte die Suche nach anderen Formen des Wohnbaus." [7] Die Publikationen *Die Unwirtlichkeit unserer Städte. Anstiftung zum Unfrieden* und *Proteste* von Alexander Mitscherlich aus dem Jahr 1965 griffen die Charta ebenfalls an und gaben den Grazer Architekturstudenten Nährstoff zur Diskussion. [8] Mitscherlich kritisiert in seinen Büchern die städtebaulich dominanten, an funktionalistischen Prinzipien orientierten Strategien zur räumlichen Trennung der Stadtareale. [9] Konkret richtet er seine Kritik zum einen auf die Monotonie der Wohnblocks, die im Rahmen des sozialen Wohnungsbaus der 1950er Jahre entstanden waren. Zum anderen kritisiert er die Zersiedelung des Umlandes durch die Einfamilienhäuser. Beide Punkte sind durch die Grazer Architekten im Rahmen ihrer eigenen Projekte und Theorien aufgegriffen und umgelegt auf den Grazer Stadtraum und das steirische Umland im Rahmen des „Modell Steiermark" und dessen Vorläuferprojekten bearbeitet worden.

Ein weiterer Einfluss auf die Grazer Architekturschaffenden kam von Yona Friedmans Protest gegen das Konzept der funktionalen, gegliederten Stadt. [10] Friedmann bezog ebenfalls eine Gegenposition zur Charta von Athen. Er sah die Zukunft der Stadt als ein Netzwerk beziehungsweise eine Superstruktur. [11] Weitere Vorbilder waren das Team X unter der Wortführung Aldo van Eycks. Im Zentrum der Diskussion stand hier ebenso die Ablehnung des Funktionalismus der Stadt. Die Grazer Architekten, unter anderem Friedrich Groß-Rannsbach und Eugen Gross, lernten diese Vorstellungen in Folge von Stipendien, Seminaren und Studienreisen kennen. Weiteren Einfluss hatten die Arbeiten von Archigram und den japanischen Metabolisten mit der Verbreitung der urbanen Großstruktur. [12] Alle Ansätze verfolgten das Ziel, ein Umdenken bezüglich der Strenge der modernen Architektur herbeizuführen, da diese zu einer Verarmung der städtischen Umgebung geführt hatte. [13] Überregional und öffentlich thematisierte die neu gegründete Österreichische Gesellschaft für Architektur (ÖGFA) in Wien die

[6]   Vgl. Frampton 1987, 230.
[7]   Frampton 1987, 230.
[8]   Vgl. Interview mit Eugen Gross, geführt von Andrea Jany, Graz,
        21.11.2013 und Interview mit Eilfried Huth, geführt von Andrea Jany,
        Graz, 30.09.2014.
[9]   Vgl. Mitscherlich 1965, 9–20.
[10]   Vgl. Dimitriou 1993, 22.
[11]   Vgl. Interview mit Eilfried Huth, geführt von Andrea Jany, Graz,
        30.09.2014.
[12]   Vgl. Gross 2012, 217f.; Frampton 1987, 239; Dimitriou 1993, 22.
[13]   Vgl. Frampton 1987, 243.

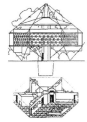

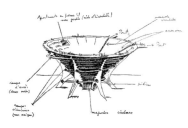

(1) Österreichische Gesellschaft für Architektur: „Neue städtische Wohnformen", Wien 1966

(2) Henri Sauvage, Terrassenbebauung, 1929

(3) Richard Buckminster Fuller, „Dymaxion"-Haus, 1927

(4) Walter Jonas, Trichterhaus, um 1958

gebaute Wohnrealität. In der ersten Architekturausstellung der ÖGFA mit dem Titel „Neue städtische Wohnformen" (→1) im Jahr 1966 drückte sich deren Kritik aus. Im ersten Teil der zweiteiligen Ausstellung wurden internationale Bemühungen zum Problem des städtischen Wohnens gezeigt. Beiträge stammten unter anderem von Le Corbusier, Henri Sauvage (→2), Buckminster Fuller (→3), Walter Jonas (→4), Archigram, Yona Friedmann und Frei Otto.

Die vorgestellten Projekte präsentierten visionäre Gedanken zur Vorstellung des Wohnhauses und der Wohnung. Viktor Hufnagl als Mitkurator der Ausstellung sprach in seinem Vortrag davon, „[…] freiwillig, jenseits politischer und konfessioneller Begrenzungen urbane Gemeinschaften einzugehen […]". [14] Weiterhin sprach er den Wunsch aus, dass Menschen durch das gemeinsame Erlebnis des Bauens und des selbstgestalteten Zusammenlebens Versuchssiedlungen entwickeln. Der Anspruch der beiden Ausstellungen war es, die Begeisterung der Bevölkerung und der Architekt:innen hieran zu wecken. [15]

[14]   Österreichische Gesellschaft für Architektur 1966.
[15]   Vgl. Österreichische Gesellschaft für Architektur 1966, Gross 1966.

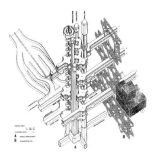

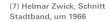
(5) Domenig/Huth, Wohnverbauung
Ragnitz-Graz, 1965–1969

(6) Günter Feuerstein, Siedlung,
um 1966

(7) Helmar Zwick, Schnitt
Stadtband, um 1966

(8) Hermann Czech, Blockrand-
bebauung, um 1966

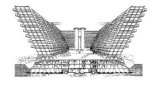

Der zweite Ausstellungsteil präsentierte Vorschläge österreichischer Architekten zur Veränderung der gegenwärtigen Situation im Wohnungsbau. Es wurden 28 visionäre Ideen zum Thema des Wohnbaus und Lebens in urbanen Regionen vorgestellt. Beiträge lieferten unter anderem Günther Domenig zusammen mit Eilfried Huth (→5), Günther Feuerstein (→6), Helmar Zwick (→7), Hubert Hoffmann, Ottokar Uhl, Hans Hollein und Hermann Czech (→8). Die Annäherung an das Thema geschah über die theoretische Ebene sowie in der Entwicklung von räumlichen Prinzipien. Gemeinsam haben die präsentierten Ideen den Ansatz der städtischen Verdichtung mit gleichzeitiger Rücksicht auf die soziale Komponente sowohl in Austausch, Entfaltung als auch Rückzug des Individuums. [16]

Im Jahr 1969 drückte der Architekt und Karikaturist Gustav Peichl Kritik an dem System des Wohnbaus unter seinem Pseudonym „Ironimus" aus. Die Karikatur *Der Wohnbaubomber* (→9) stellt die hügelige Steiermark mit einem überquerenden Flugzeug dar. Das Luftfahrzeug, betitelt als Wohnbaugenossenschaft „Schöne Heimat", wirft monotone Einheitswohnbauten über der Landschaft ab. Diese variieren in ihrer Größe, gleichen sich jedoch in der Typologie. Die Karikatur

[16]   Vgl. Österreichische Gesellschaft für Architektur 1966.

(9) Ironismus, Der Wohnbaubomber, Karikatur, 1969

kann im zeitlichen Zusammenhang der 68er–Generation verstanden
werden. Das Aufbegehren der Jungen gegen bestehende Systeme,
Denkweisen und Ansichten ist ein Sinnbild des gesellschaftlichen
Generationenkonflikts dieser Zeit, welcher sich auch in der Politik der
Steiermark niederschlug.

Auf fruchtbaren Boden fiel das Aufbegehren in der Steiermark aufgrund einer fast traditionellen Anti-Wien-Positionierung und der
daraus entstandenen eigenständigen Kulturszene. Historisch zählen
Graz und die Steiermark „zum Fundament des Staates Österreich". [17]
Graz war Residenzstadt des Kaisers bis zum Umzug des Hofes nach
Wien im Jahr 1619. Im 19. Jahrhundert profitierte die Stellung der
Steiermark vom Spannungsverhältnis zwischen Kaiser Franz in Wien
und seinem Bruder Erzherzog Johann in Graz. Erzherzog Johann entwickelte und förderte die Steiermark unter seinen vier „Is"– Indus-
trialisierung, Innovation, Institutionalisierung und Intervention – zur

[17]   Österreichische Gesellschaft für Architektur 1966, 22f.

Eigenständigkeit. [18] Seine Frontstellung und Kritik am Wiener zentralistischen System wurde hierdurch untermauert. [19] Diese steirischen Charakteristika bildeten einen Nährboden für Initiativen und einen Gegenpol zur Bundeshauptstadt. [20]

In der Nachkriegszeit stand die Steiermark in den 1950ern bis Ende der 1960er Jahre unter der Regierung der ÖVP mit Josef Krainer sen. (→10) als Landeshauptmann. Gemeinsam mit der SPÖ und der wesentlich kleineren FPÖ ergab sich ein politisches Dreieck, in dem die beiden Großparteien dominierten. [21] Im Vergleich mit den anderen Bundesländern war die Steiermark in der Durchsetzung ihrer Landesinteressen gegen Bundesinteressen meist führend und oft initiativ. [22] Krainer förderte die Eigenständigkeit der Steiermark und opponierte gegen den Wiener Zentralismus.

(10) Josef Krainer sen., Landeshauptmann der Steiermark 1948–1971

Der Wahlerfolg der SPÖ mit Bruno Kreisky als Spitzenkandidat bei den Nationalratswahlen im März 1970 bescherte Österreich den ersten sozialistischen Bundeskanzler. Kreisky, ab 1971 mit einer absoluten Mehrheit ausgestattet, lud kritische Wähler:innen ein, „ein Stück des Weges mitzugehen". [23] Diese Zäsur in der österreichischen Nachkriegsgeschichte brachte nachhaltige gesellschaftliche Veränderungen und Umbrüche im Land mit sich. Die Opposition der ÖVP gegen Kreisky und das „rote Wien" beflügelte die steirische Haltung. [24] Die Steiermark baute die traditionelle Anti-Wien-Positionierung aus und nützte sie, um ein starkes politisches und föderalistisches Gegengewicht zu bilden. [25] Das Grundmuster, bestehend aus Landesbewusstsein, Föderalismus und einem Konzept von Einheit in der Vielfalt, wurde seit jeher gepflegt. [26] In den 1970er Jahren positionierte sich die steirische ÖVP unter Landeshauptmann Friedrich Niederl (1971–1980) (→11) weiter gegen Wien. [27] Mit den Vorarbeiten unter Krainer sen. und bereits der Unterstützung von Josef Krainer jun. (→12) fällt in die Amtszeit von Niederl die erstmalige Präsentation der erarbeiteten Zukunftsvorstellungen der ÖVP – das „Modell Steiermark". [28] Der Antriebsfaktor der steirischen Bemühungen entstand aus dem Konkurrenzgedanken gegenüber den sozialistischen Reformen der Bundesregierung unter Kreisky in Wien und verstand sich als bürgerliche Reformalternative. [29] Die Positionierung und Gestaltung erfolgte maßgeblich über kulturelle Themen.

(11) Friedrich Niederl, Landeshauptmann der Steiermark 1971–1980

(12) Josef Krainer jun., Landeshauptmann der Steiermark 1980–1996

[18]   Vgl. Österreichische Gesellschaft für Architektur 1966.
[19]   Vgl. Ableitinger/Binder 2002, 557.
[20]   Vgl. Wagner 2019, 216.
[21]   Vgl. Karner 2000, 393.
[22]   Vgl. ebd., 399.
[23]   ebd., 415.
[24]   Vgl. ebd., 418.
[25]   Vgl. ebd., 415.
[26]   Vgl. ebd., 23.
[27]   Vgl. ebd., 394.
[28]   Vgl. ebd., 419.
[29]   Vgl. ebd., 418.

Als Neuausrichtung der bis dahin durch ehemalige Nationalsozialisten dominierten Grazer Kulturszene schuf Landeshauptmann Krainer sen. bereits im Jahr 1957 das Kulturressort der Steiermark unter der Leitung von Hanns Koren. Dies verlieh dem künstlerischen und kreativen Potenzial im Land einen hohen Stellenwert. [30] Es war der Beginn einer „[…] losen Annäherung von Künstlern und Wissenschaftlern an die steirische ÖVP und des Versuchs einer Veränderung auf dem Fundament des Traditionellen." [31] In Anlehnung an den politischen Grundtenor der Steirer, einen Gegenpol zur Machtzentrale in Wien darzustellen, achtete Koren bei der steirischen Kulturszene speziell darauf, dass diese eigenständig und nicht in Anlehnung an Wien oder Salzburg agierte. Die Kunst wurde nur wenig in ihrer Ausübung reguliert, was eine Modernisierung des kulturellen Lebens in der Steiermark ermöglichte. [32] „Die avantgardistische Kulturpolitik […] wurde Teil der steirischen Identität als einer Symbiose von Weite, Enge und Tiefe, von Tradition und Moderne." [33] Der von der Kulturpolitik geförderte Diskurs ermöglichte der Kulturszene eine Plattform des offenen und künstlerischen Austauschs. [34] Dieser manifestierte sich unter anderem in der Künstlervereinigung Forum Stadtpark. Das Forum Stadtpark entstand 1959 als eine Aktionsgemeinschaft von Grazer Künstlern, Wissenschaftlern und Kulturschaffenden mit dem verbindenden Wunsch nach einer dauerhaften Räumlichkeit für Kunstveranstaltungen.

Im Frühjahr 1967 fand im Rahmen einer Ausstellung im Forum Stadtpark eine öffentliche Präsentation und Diskussion der Arbeiten der Planungsgruppe Domenig/Huth und der Werkgruppe Graz statt. Die Werkgruppe Graz thematisierte unter dem Titel „Kristallisationen" einen Querschnitt durch ihre Projekte aus den Jahren 1963–1966. [35] Die Planungsgruppe Domenig/Huth nannte ihren Beitrag „Propositionen". Sie zeigte erstmals öffentlich ihr Projekt *Stadt Ragnitz*, wobei es sich um eine weiterentwickelte Bebauungsstudie für das Ragnitztal in Graz handelte, die ursprünglich im Auftrag der GWS erarbeitet worden war. Diese Ausstellung regte einen Diskurs über die Grenzen einzelner architektonischer Projekte hinaus an. Es wurde „eine neue Position gesellschaftlich relevanter Planung eröffnet". [36]

[30]   Karner 2000, 470.
[31]   ebd., 470.
[32]   Vgl. ebd., 399 und 471; Dachs/Gerlich/Müller 1995, 321.
[33]   Karner 2000, 394.
[34]   Vgl. Werkgruppe Graz 2009, Karner 2000, 472.
[35]   Vgl. Werkgruppe Graz 2009.
[36]   ebd.

Die 68er-Generation

Mitte der 1960er Jahre wurden große Reformen durchgeführt, welche unter anderem zur Wohlstandsgesellschaft führten. [37] Als Basis hierfür definierten Politik und Wirtschaft den Grundsatz des Fortschritts: „Technologischer Fortschritt führt zu mehr Wirtschaftswachstum, das steigert den Konsum, der wiederum Wohlstand und weiteren Fortschritt schafft." [38] Im Haushaltsalltag äußerte sich der Fortschritt durch neue, arbeitssparende Technologien in Form von elektrischen Haushaltsgeräten, wie zum Beispiel Mixer, Waschmaschine und Kühlschrank. [39] Ende der 1960er Jahre formte sich außerdem eine Gesellschaft, die Werte einforderte, die im rücksichtslosen Massenkonsum zu verschwinden drohten. [40] Der Widerstand gegen bestehende politische Systeme erwachte: Die 68er-Generation wurde geboren. Es entstand ein neues Lebensgefühl, in der die persönliche Entfaltung durch die Jugend gefordert wurde, welche sich bezüglich Mode und Lebenshaltung an Musikidolen orientierte. Das Aufbegehrende und Unberechenbare faszinierte. [41] So wie in vielen westlichen Ländern und Städten war der Umbruch durch die 68er-Bewegung auch in der Steiermark, vor allem in Graz spürbar. [42] Mit dem Aufbegehren entwickelte sich ein neuer Geist. Das Jahr 1968 war durch die Studentenproteste und einen gesellschaftlichen Aufbruch in ganz Europa gekennzeichnet. [43] Die Bewegung richtete sich im Speziellen gegen die ideologische und politische Kontinuität in Kunst und Politik. [44] Die Student:innen begannen, sich als Stand zu begreifen, der sich gegenüber der offiziellen Politik artikulieren muss und programmatische Forderungen stellt. [45]

Im bestehenden Wohnbausystem griffen die Architekt:innen den Mangel an Vielfalt in ihren Protesten auf. „Pragmatische Mechanismen des Wohnbaus, technokratische Normen und industrielle Bauvereinfachung hat eine notwendige und lebendige Varietät im sozialen Wohnbau zerstört." [46] Die Architektengemeinschaft der Werkgruppe Graz formulierte retrospektiv: „Es war nicht die Zeit, auf einen Auftrag zu warten, er [der Entwurf] musste als ‚innerer Auftrag' aufgefasst werden." [47] Die Werkgruppe Graz vertrat die Auffassung,

[37]   Vgl. Karner 2000, 415.
[38]   Karner 2000, 461.
[39]   Vgl. ebd., 460.
[40]   Vgl. Prisching 1998, 639ff.
[41]   Vgl. Karner 2000, 460.
[42]   Vgl. ebd., 410.
[43]   Vgl. Werkgruppe Graz 2009.
[44]   Vgl. Karner 2000, 410.
[45]   Vgl. Werkgruppe Graz 2009.
[46]   Huth/Pollet 1976, 9.
[47]   Werkgruppe Graz 2009.

dass die Auseinandersetzung mit der Gesellschaft ein Auftrag der Architekt:innen sei und auf dieser Basis Architektur entstehe. Die zukünftigen Bauaufgaben entstanden demnach aufgrund der Analyse der Realität. Architekt:innen sollten Möglichkeiten aufzeigen, gegenwärtige Themen in Gebäude und Strukturen umzusetzen. Die Terrassenhaussiedlung ist ein Beispiel hierfür. Diese Arbeitsauffassung ist auf den Geist der Zeichensäle an der TH Graz zurückzuführen, die als fruchtbarer Boden neuer Ideen fungierten. In diesen Sälen entstand nach den Wirren der Kriegsjahre in Eigendynamik und im Kleinen ein neues Selbstbewusstsein der in Graz heranwachsenden Architektengeneration. Die Student:innen entwickelten mit viel Selbstvertrauen ein eigenes, neues Verständnis zum Thema Wohnen, indem sie an neuen Wohnbautheorien arbeiteten, Projektideen und initiative Entwürfe entwickelten und dadurch den Diskurs zum Wohnen der Zukunft befeuerten. [48] Bedürfnisse und Wünsche zukünftiger Bewohner:innen wurden von ihnen hinterfragt, wodurch eine verstärkte Auseinandersetzung mit den Menschen, für die man baute, entstand. Die Projekte wurden von den Studierenden selbst entwickelt, verwaltet und auch rege diskutiert. Dies konnte man als ein Selbststudium im Team, auf hohem intellektuellem Niveau, bezeichnen. Nach Ansicht der Student:innen hatten die Professoren kaum Einfluss auf ihr Schaffen. [49] Dennoch prägten die beiden Professoren Friedrich Zotter und Hubert Hoffmann die Architekturauffassung in Graz maßgeblich. [50] Zotter, von 1925 bis 1961 als Professor an der Technischen Hochschule Graz tätig [51], „[...] fühlte sich [...] verpflichtet, die Auseinandersetzung mit den bestimmenden und gestaltenden Kräften der Gesellschaft zu suchen; eine Einstellung und Haltung, die er vor allem auch seinen Schülern an der Universität weitervermittelt hat." [52] Ende der 1950er Jahre verstärkte Hubert Hoffmann die solidarisch-gesellschaftliche Auffassung von Städtebau, Urbanismus und Architektur und sorgte für eine „[...] nachhaltige Wirkung sowohl auf die Studenten wie auch auf die Stadt Graz." [53] Die lose entstandenen Arbeitsgemeinschaften in den Zeichensälen wurden später teils zwischen den von Absolvent:innen gegründeten Architekturbüros weitergeführt, in denen an gemeinsamen theoretischen sowie praktischen Projekten gearbeitet wurde.

Der Architekturkritiker Friedrich Achleitner prägte Ende der 1960er Jahre den Begriff „Grazer Schule". [54] Zwei ihrer Vertreter, welche zur ersten Generation der „Grazer Schule" zählen, sind Bernhard

[48]   Vgl. Werkgruppe Graz 2009.
[49]   Vgl. Giencke 2012, 76–79.
[50]   Vgl. Karner 2000, 484.
[51]   Vgl. nextroom 2016.
[52]   Karner 2000, 484.
[53]   ebd.
[54]   Vgl. Wagner 2012, 59.

Hafner und Heidulf Gerngroß. [55] Die zeitliche Parallelität der „Grazer Schule" und der realisierten Wohnbauprojekte des „Modell Steiermark" wird besonders deutlich in der sogenannten zweiten Erfindung der „Grazer Schule". [56] In dieser erweiterten Definition tauchen Personen wie Michael Szyszkowitz, Karla Kowalski, Eilfried Huth, Günther Domenig und auch Architektengruppen wie die Werkgruppe Graz und das Team A auf. Für Sokratis Dimitriou ist ein klares Merkmal der Grazer Architekturszene dieser Jahre die ganzheitliche Betrachtung der Architektur. [57] Erweitert für den Wohnbau kann man von einer intensiven Auseinandersetzung mit der Gesellschaft sprechen, die in den realisierten Wohnbauprojekten ihren Niederschlag fand. Aber auch über Bauaufgaben hinaus waren die Grazer Architekturstudent:innen dieser Zeit im politisch-städtischen Diskurs aktiv. Im Geist der 68er-Bewegungen war die *Aktion* ein Beispiel für das Aufbegehren der Jungen in Graz. Dabei handelte es sich um eine Studentenpartei, die 1965 von Gerfried Sperl, Gerd Lau und Helmut Strobl gegründet wurde. [58] Bernd Schilcher, ein weiterer Protagonist dieser Partei, der in der Entwicklung des „Modell Steiermark" eine entscheidende Rolle einnehmen sollte, formulierte: „Wir waren alle wahnsinnig kritisch [...], jede Erscheinung in der Gesellschaft musste hinterfragt werden." [59]

Ein Beispiel dieses politischen Widerstands stellt der Protest gegen die Trassenführung der Pyhrnautobahn bei Graz dar. Professor Hubert Hoffmann kämpfte dabei gegen die Idee der autogerechten Stadt an. Die Architekturstudent:innen solidarisierten sich mit ihm, um im Hinblick auf eine lebenswerte Stadt einen Gesinnungswandel herbeizuführen. So entstand eine starke Bürgerinitiative. [60] Die Architekten sahen eine wichtige Verantwortung in diesem Entwicklungsprozess, der sie mit Kolleg:innen und Freund:innen aus dem Atelier ausbrechen ließ und die „Zeichensaalrevolution", für die Graz bekannt wurde, in die Öffentlichkeit trug. [61] Der Widerstand zeigte Erfolg und mündete in der Verlagerung der Trasse in den westlich an das Stadtgebiet angrenzenden Plabutsch in Form einer Tunnelführung. Die Proteste in der steirischen Szene zeigten Einfluss auf die Landespolitik in den 70ern und zu Beginn der 80er Jahre, die in ihrer politischen Zielsetzung den wirschaftlichen und infrastrukturellen Ausbau, die Einführung weiterer Umweltstandards und die verstärkte Förderung von Wohnungen für junge Familien

55]   Vgl. Wagner 2012, 65.
56]   ebd., 64ff.
57]   Vgl. Dimitriou 1986, 177.
58]   Vgl. Karner 2000, 412.
59]   ebd.
60]   Vgl. Werkgruppe Graz 2009.
61]   ebd.

integrierte. [62] Inhaltlich und personell mündete die Reformarbeit der 68er-Bewegung in der Steiermark in Leitprogramme der Großparteien. [63] In sogenannten Denkwerkstätten erarbeiteten die Parteien unter Einbindung von Wissenschaftler:innen, Künstler:innen und Schriftsteller:innen Ideen für die Zukunft der Steiermark. In der SPÖ wurde diese Arbeit unter dem Begriff „Leitlinien" und „später Alternativen 2000" durchgeführt. [64] Die ÖVP stellte ihre Ideen im Jahr 1972 unter dem Namen „Modell Steiermark" vor. [65]

Die skizzierten politischen und gesellschaftlichen Einflussfaktoren unterstützten das Umdenken in Bezug auf den steirischen Wohnbau der 1950er und 1960er Jahre. Eines der ersten gebauten Ergebnisse dieses Umdenkens war die Terrassenhaussiedlung in Graz-St. Peter. Gemeinsam mit der Eschensiedlung in Deutschlandsberg stellte die Siedlung einen Wegbereiter und ein Pionierprojekt für die Umsetzung des „Modell Steiermark" dar. Die Bearbeitung des Problemfeldes erfolgte auf beiden Maßstabsebenen – im urbanen und ruralen Raum. Beide Siedlungen legen ein klares Zeugnis von den Auseinandersetzungen mit der Gesellschaft und ihren Bedürfnissen ab. Das Ziel beider Wohnbauprojekte war die Auflösung des Konflikts zwischen den zwei Wohnmöglichkeiten: sozialer Massenwohnbau und Einfamilienhaus im Grünen. Sie versuchten eine Alternative und ein neues Wohn-Leitbild zu den bestehenden Möglichkeiten aufzuzeigen: die Eschensiedlung als Reihenhausprojekt im ländlichen Kontext und die Terrassenhausiedlung als Großprojekt im städtischen Umfeld.

Bibliografie

Ableitinger, Alfred/Binder, Dieter A. (Hg.): Steiermark. Geschichte der österreichischen Bundesländer seit 1945, Wien/Köln/Weimar 2002

Dachs, Herbert/Gerlich, Peter/Müller, Wolfgang (Hg.): Die Politiker. Karrieren und Wirken bedeutender Repräsentanten der Zweiten Republik, Wien 1995

Dimitriou, Sokratis: Geförderter Wohnbau in der Steiermark 1986–92, in: Frühwirt, Pia (Hg.): Wohnbau in der Steiermark 1986–92. Bauten und Projekte, Wien 1993, 20–29

Dimitriou, Sokratis: Warum in Graz?, in: Szyszkowitz, Michael/Luser, Hansjörg (Hg.): Wohnbau in der Steiermark 1980–86. Bauten und Projekte, Wien 1986, 176–177

Frampton, Kenneth: Die Architektur der Moderne. Eine kritische Baugeschichte, Stuttgart 1987

[62]   Vgl. Karner 2000, 418.
[63]   Vgl. ebd., 418ff.
[64]   Vgl. ebd., 423.
[65]   Vgl. ebd., 414.

Freisitzer, Kurt/Koch, Robert/Uhl, Ottokar: Mitbestimmung im Wohnbau. Ein Handbuch, Wien 1987

Giencke, Volker: Studium als Revolution, in: Wagner, Anselm/ Senarclens de Grancy, Antje (Hg.): Was bleibt von der „Grazer Schule"? Architektur-Utopien seit den 1960ern revisited, Berlin 2012, 76–79

Gross, Eugen: Neue städtische Wohnformen, Manuskript zur Eröffnungsrede, Privatarchiv Eugen Gross, 18. Juli 1966

Gross, Eugen: Wie beeinflusste der Strukturalismus die „Grazer Schule" der Architektur?, in: Wagner, Anselm/Senarclens de Grancy, Antje (Hg.): Was bleibt von der „Grazer Schule"? Architektur-Utopien seit den 1960ern revisited, Berlin 2012, 214–223

Hugelmann, Wolf-Dieter u. a.: Wohnbau. Forschung, Diskussion, Dokumentation, in: Wohnbau 5 (1974), 99–107

Huth, Eilfried/Pollet, Doris: Beteiligung, Mitbestimmung im Wohnbau. Wohnmodell Deutschlandsberg Eschensiedlung, Graz 1976

Huth, Eilfried/Zach, Juliane: Eilfried Huth, Architekt. Varietät als Prinzip, Berlin 1996

Karner, Stefan: Die Steiermark im 20. Jahrhundert. Politik, Wirtschaft, Gesellschaft, Kultur, Graz 2000

Mitscherlich, Alexander: Die Unwirtlichkeit unserer Städte: Anstiftung zum Unfrieden, Frankfurt am Main 1965

Österreichische Gesellschaft für Architektur in Wien (ÖGFA): Neue städtische Wohnformen. Ausstellungskatalog, Wien 1966

Prisching, Manfred: Im Lande der Ambivalenzen. Mentalitäten zwischen Möglichkeit und Wirklichkeit, in: Kriechbaumer, Robert (Hg.): Die Spiegel der Erinnerung. Die Sicht von innen (Österreichische Nationalgeschichte nach 1945 Bd. 1), Wien/Köln/Weimar 1998, 639–676

Wagner, Anselm: Die Grazer Schule und das Modell Steiermark, in: Wagner, Anselm/Walk, Sophia: Architekturführer Graz, Berlin 2019, 212–217

Wagner, Anselm: Wie die „Grazer Schule" zweimal erfunden worden ist, in: Wagner, Anselm/ Senarclens de Grancy, Antje (Hg.): Was bleibt von der „Grazer Schule"? Architektur-Utopien seit den 1960ern revisited, Berlin 2012, 55–73

Werkgruppe Graz: Weghaftes. Architektur und Literatur, Graz 2009, www.werkgruppe-graz.at (letzter Zugriff: 27.06.2022)

Abbildungsnachweis

austria-forum.org: 11, 12
bildarchivaustria.at: 10
Kraner, Gilbert: Modell Steiermark. Steiermark Bericht, Graz 1976: 9
Österreichische Gesellschaft für Architektur: 1, 2, 3, 4, 5, 6, 7, 8

Andrea Jany

ENTWURF UND STRUKTUR

Adresse	St.-Peter-Hauptstraße 29–35, 8042 Graz
Architekten	Werkgruppe Graz (Eugen Gross, Friedrich Groß-Rannsbach, Werner Hollomey, Hermann Pichler) in Zusammenarbeit mit Walter Laggner und Peter Trummer
Bauherr	Gemeinnützige Wohnbauvereinigung GmbH, vertreten durch: Verein der Freunde des Wohnungseigentums, Graz
Entwurf	1965
Ausführung	1972–1978
Wohneinheiten	522 (bei Einzug)
Wohnungstypen	24
Wohnungsgrößen	45–150 m²
Bewohner:innen	ca. 2000 (bei Einzug)
Grundstücksfläche	45.000 m²
Wohnnutzfläche	50.000 m²
Zusatzeinrichtungen	Gemeinschaftsräume/-flächen im Innen- und Außenbereich, Kindergarten

„Sozialer Wohnbau, wie er bei uns heißt, ist erst dann sozial, wenn er wirklich soziale Funktionen erfüllt – nicht wenn er öffentlich finanziert wird."

Werkgruppe Graz

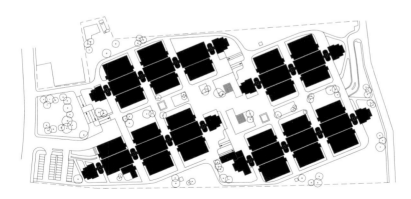

(1) Werkgruppe Graz, Terrassen-haussiedlung, Lageplan

(2) Werkgruppe Graz, Terrassenhaussiedlung, Luftbild von
Nordwesten, ca. 2010

Auf Grundlage der Kritik am bestehenden System des Wohnbaus der 1950er Jahre wurde die Terrassenhaussiedlung (→1, 2) als Utopie entworfen und realisiert. [1] Die Architekten der Werkgruppe Graz verstanden dies in Anlehnung an den philosophischen Utopie-Begriff nach der Definition von Max Horkheimer: „die Kritik dessen, was ist, und die Darstellung dessen, was sein soll". [2] Durch den Entwurf der Terrassenhaussiedlung zeigte die Werkgruppe Graz eine neue Form des Wohnens. Sie ist ein gebautes Experiment, dessen Erprobung neuer Planungsprozessansätze durch den Status des Demonstrativbauvorhabens, das heißt mit Forschungsgeldern seitens des damaligen Bautenministeriums, wissenschaftlich begleitet und dokumentiert wurde. Der Vorbildcharakter für den Wohnbau unter dem „Modell Steiermark" ist signifikant: Das Konzept nach dem Prin-zip des individuellen „Haus im Haus" war allumfassend sowie bei-spiel- und vorbildlos in der Steiermark. Die Möglichkeit zur intensiven Partizipation von zukünftigen Bewohner:innen im Planungsprozess gab der Weiterentwicklung des Wohnbaus entscheidende Impulse.

1]   Vgl. Gross u. a. 1979, 19.
2]   Horkheimer 1930, 86.

Die Werkgruppe Graz

Die Werkgruppe Graz (→3) wurde 1959 als Arbeitsgemeinschaft durch die Architekten Eugen Gross, Friedrich Groß-Rannsbach, Werner Hollomey und Hermann Pichler gegründet. Das gemeinsame Studium an der Technischen Hochschule Graz [3] und die Zusammenarbeit in den Zeichensälen hatten eine Freundschaft entstehen lassen. „Als sich unsere Gruppe [...] konstituiert hat, hatten wir die Absicht und auch die Hoffnung, in [...] einem kleinen Kreis von Freunden zusammenzuarbeiten." [4] Die Mitglieder der Werkgruppe versuchten mit Neugier und Offenheit konstruktive Innovationen und soziales Engagement umzusetzen. [5] Sie setzten sich kritisch mit Themen der Umwelt, des Städtebaus, der Regionalentwicklung und gesellschaftlichen Entwicklungen ihrer Zeit auseinander. Einflüsse auf ihre Architektur und das theoretisch analytische Denken hatten in besonderem Maße ihre Professoren Friedrich Zotter, Karl Hoffmann und Karl Raimund Lorenz an der TH Graz. Für Eugen Gross war die Teilnahme an der Salzburger Sommerakademie 1957 bei Konrad Wachsmann ebenfalls ein entscheidender Impuls. [6] Die Werkgruppe Graz versuchte mit einer Vielzahl von theoretischen Texten ihre Ideen und Vorstellungen über Architekturtheorie sowie politisches Bewusstsein darzustellen. Für sie war diese Herangehensweise untrennbar mit Entwurfs- und Planungsaufgaben verbunden. [7] Ihre Standpunkte sind in über 180 Publikationen und Beiträgen [8] bis in die heutige Zeit dokumentiert. Die Arbeitsauffassung der Architektengemeinschaft wurde am treffendsten von Werner Hollomey in einem Interview des Österreichischen Rundfunks von 1980 ausgedrückt: „Die Gesellschaft ist in viele Einzelproblematiken zerlegt. Es geht darum, für eine Vielzahl von menschlichen Betätigungen nun adäquate Räumlichkeiten zu schaffen. Es gilt für den Architekten, diese Notwendigkeiten aufzuspüren und eine Überdeckung mit der Interpretation der Aufgabe zu bringen. Ihm obliegt, in einer allgemeinen Sicht eine Umsetzung in einer künstlerischen Gestalthaftigkeit zu leisten und damit den Erwartungen des Menschen bestmöglich zu dienen." [9]

Den Worten und Schriften der Werkgruppe zufolge war speziell die soziale Dimension, das heißt die Auseinandersetzung mit der Gesellschaft und die Übersetzung der gewonnen Erkenntnisse in das Gebäude, ein besonderes Anliegen. Sie sah die Gesellschaft in ihrer Gesamtheit, analysierte die Probleme und Herausforderungen der

(3) Werkgruppe Graz: Eugen Gross (sitzend), Werner Hollomey, Walter Laggner, Friedrich Groß-Rannsbach und Hermann Pichler vor der fertig gestellten Terrassenhaussiedlung, Graz, 1978

[3]   Seit 1975 Technische Universität Graz.
[4]   Werkgruppe Graz 1980; in diesem Band 257.
[5]   Vgl. Guttmann/Kaiser/HDA 2013, 8.
[6]   ebd., 8.
[7]   Vgl. Werkgruppe Graz 1980, in diesem Band 259.
[8]   Vgl. Werkgruppe 2009.
[9]   Werkgruppe Graz 1980; in diesem Band 258f.

Gegenwart und baute für die Zukunft. Der Mangel an Wohnbaualternativen zum Massenwohnbau und dem Einfamilienhaus wurde als Fragestellung verstanden. Die Entwürfe der Werkgruppe formulierten hierzu mögliche Antworten. Hildegard Kolleritsch definierte deren Arbeitsweise wie folgt: „Die gründliche Analyse des kulturellen und geistigen Hintergrundes, in dem Architektur entsteht und als Lebensäußerung hervortritt, bildet die notwendige Voraussetzung für die architektonische Praxis. Es ist die ethische Interpretation der Arbeit des Architekten, die die umfassende Tätigkeit der Werkgruppe gewiss am besten charakterisiert." [10]

Das Studentenhaus am Hafnerriegel in Graz war 1961 der erste große Auftrag für die Werkgruppe. Hermann Pichler und Friedrich Groß-Rannsbach, das Grazer Büro startend, hatten mit der Gliederung der Hausgemeinschaft streng nach der Konzeption eines aktiven, sozialen Wohnverhaltens zu einer neuen Ausdrucksform für studentisches Wohnen gefunden. Sie entwarfen das Haus als Ort der Gemeinschaft. [11] Eine Schule in Kapfenberg, die Atriumsiedlung in Graz-St. Veit, das Atelierhaus in Graz und eine Reihe von Wohnanlagen folgten dieser Vorstellung, die dann erweitert durch die Partizipation in der Terrassenhaussiedlung in Graz-St. Peter kulminierte. Das Ziel war stets, dem Wunsch nach individuellem Wohnen, wie es ein Einfamilienhaus bieten würde, und dem Kommunikationsbedürfnis gleichermaßen gerecht zu werden. [12]

Die Terrassenhaussiedlung war, wenn auch ein sehr frühes Werk der Werkgruppe, der Höhepunkt ihres Schaffens. In der 30-jährigen Zusammenarbeit der Werkgruppe setzten die vier Architekten ohne vertragliche Vereinbarungen auf gegenseitiges Vertrauen. Ihre Arbeitsgemeinschaft löste sich 1989 in Freundschaft auf. [13]

Der Entwurf

Der Entwurf der Terrassenhaussiedlung (→4, 5) basiert auf der Teilnahme der Werkgruppe Graz in Zusammenarbeit mit dem Büro Walter Laggner und Peter Trummer an einem städtebaulichen Wettbewerb in Innsbruck/Völs in den Jahren 1962/63. Die Aufgabe bestand darin, eine Wohnanlage mit 800 Einheiten auf einem 40 Hektar großen Grundstück zu planen. Die Anlage war als geschlossenes Konzept einer Stadterweiterung auszuarbeiten, das durch die beabsichtigte Erweiterung eines künstlichen Sees die Landschaftsplanung

---

[10]   Werkgruppe Graz 1980; in diesem Band 258.
[11]   Vgl. ebd; 260ff.
[12]   ebd.
[13]   Vgl. Interview mit Eugen Gross, geführt von Andrea Jany, Graz,
         21.11.2013.

einschloss. [14] Der Entwurf setzte die Außenräume in plastische Beziehung zu den Innenräumen, wodurch eine erlebbare Einheit geschaffen wurde. Die verdichtete Flachbauweise aus Atriumwohnungen bildete einen Garagenhügel, während Geschosswohnungen um Installationsfixpunkte variabel entwickelt wurden. [15] Im Projekt Völs sollten viele Sinne der zukünftigen Bewohner:innen angesprochen werden: Tiefe und Höhe, Weite und Enge, Lagern und Schweben als umfassende Raumerfahrung. Den Bewohner:innen sollte die Möglichkeit geboten werden, innerhalb eines flexiblen und strukturalistisch aufgefassten Systems diese Körpererfahrungen bei der Gestaltung ihrer Wohnungen fortzuführen. Die Vision einer zukünftigen Stadt war geboren. [16] Bei der Prämierung des Wettbewerbs wurde der Beitrag der Werkgruppe nicht berücksichtigt, jedoch wurde er durch den führenden Architekturkritiker Friedrich Achleitner in der Presse hervorgehoben. [17]

(4) Werkgruppe Graz, Terrassenhaussiedlung, Strukturmodell, Fotomontage, ca. 1965

[14]   Vgl. Werkgruppe 2009.
[15]   Vgl. Gross u. a. 1979, 9.
[16]   Vgl. Werkgruppe 2009.
[17]   Vgl. Koch 1979, 8.

(5) Werkgruppe Graz, Terrassenhaussiedlung, Strukturmodell,
ca. 1965

n der Folge entwickelte die Werkgruppe, wieder in Zusammenarbeit
mit den Kollegen Walter Laggner und Peter Trummer, ein Projekt für
eine betont urbane Wohnanlage mit 1200 Wohneinheiten für Graz-
Algersdorf im Westen der Stadt. Der Entwurf wies eine gemischte
Bebauung mit Geschossbauten, Hochhäusern und Atriumhäusern auf.
Der Grünraum durchzog die Anlage, indem die höheren Bauten aufge-
stelzt wurden. Das dafür vorgesehene Grundstück wurde jedoch von
einem Frauenorden an die Stadt Graz verkauft, die es für den Bau eines
Unfallkrankenhauses heranzog. [18]

Zur gleichen Zeit beabsichtigte ein privater Eigentümer, das Grundstück einer im Jahr 1960 aufgelassenen Lehmgrube im Grazer Bezirk
St. Peter, ca. 3 Kilometer südöstlich der Innenstadt, zu verkaufen. Daraufhin entwickelte die Werkgruppe Graz in den Jahren 1965/66 ein
kostenloses Vorprojekt [19], wodurch gemeinsam mit den inzwischen
assoziierten Partnern Peter Walter Laggner und Peter Trummer das
Projekt Terrassenhaussiedlung entstand. Die Terrassenhaussiedlung
war aufgrund der vorteilhaften infrastrukturellen Anbindung geeignet,
schwerpunktbildend für die Erweiterung des Grazer Siedlungsgebie-
tes zu werden. [20] Ein zentral angeordneter Flachbaukörper von zwei
Geschossen, welcher die Nahversorgung und Dienstleistungsange-
bote sowie ein Hotel garni aufnehmen sollte, konnte mangels eines
geeigneten Trägers nicht realisiert werden.

Die Großwohnanlage liegt in einem Bereich, der nach dem Zweiten Weltkrieg als städtisches Ausweitungsgebiet vorgesehen war.
Dabei zeigt die Umgebung alle Phasen städtebaulicher Entwicklung:

18]   Vgl. Koch 1979, 8.
19]   Vgl. Interview mit Eugen Gross, geführt von Andrea Jany, Graz,
       21.11.2013.
20]   Vgl. Österreichische Gesellschaft für Architektur 1966.

offene Einfamilienhausbebauung der Zwischenkriegszeit, Zeilen- und Hochhausbebauung des funktionalistischen Leitbildes der 50er Jahre und die Tendenz zur wiedererwachten Konzentration. [21] Eine besondere Herausforderung stellte der Bauplatz dar. Mit Bauschutt aus dem Zweiten Weltkrieg und teilweise Müll gefüllte Lehmgruben boten sehr ungünstige Bodenverhältnisse, was dazu führte, dass örtliche Bauträger kaum Interesse an der Bebauung des Areals zeigten. Den Architekten war nach Prüfung der Umstände klar, dass bei Entwicklung eines Projektes der Entwurf mit kompakten Bauformen darauf reagieren müsste, worauf eine Gründung auf Pfählen ins Auge gefasst wurde. Diese führte als vorauslaufende Gründungsphase zu einem neuen künstlichen Gelände, nicht anders, als wenn auf See- oder Meeresgrund gebaut würde. Das Prinzip der terrassierten Stapelung führte dabei zu einer differenzierten Bauform in Nordwest- und Südost-Anordnung. [22] Auf Höhe des ehemaligen Lehmabbauniveaus wurde die zentrale Garage errichtet. Die Decke der Garage bildete zugleich das neue, künstliche Fußgängerniveau.

„Die Formen der räumlichen Organisation werden immer aus den jeweils besonderen Formen des Zusammenlebens abgeleitet. Das Räumliche resultiert aus den ökonomischen und sozialen Überlegungen. Aus der Einzelzelle setzt sich in stufenweisem Aufbau von gesellschaftlichen Einheiten die Großform zusammen. Diese tritt schließlich als stark plastisch gegliederte Außenerscheinung hervor, die in der Verbindung von strenger Symmetrie und lockerer und assoziativer Asymmetrie über die rein funktionale Gestaltung hinaus zu einem ästhetischen Erlebnis wird [...]. Die Formensprache steht, wie nicht anders denkbar, im Zusammenhang mit der Formensprache der 60er Jahre." [23] Der Entwurf stützt sich entsprechend der strukturalistischen Idee, in der die Architekten ihre theoretische Fundierung fanden, auf eine Trennung der Planungsebenen in eine Primär-, Sekundär- und Tertiärstruktur. [24] Dies entspricht der Infrastruktur der Erschließung, der Rohbaustruktur der Scheiben und Platten, den Blumentrögen und den gemeinschaftlichen Freiflächen, in zweiter Ausformung im Sinne der Partizipation dem individuellen Ausbau der Wohnungen und in dritter Hinsicht dem Selbstbau, der im eigenen Wohnungsbestand nichttragende Einbauten und Ausbauten auf den eigenen Dachterrassen betraf. Grundlegend ist, dass im Bauen eine gesellschaftspolitische Verpflichtung zum Ausdruck gebracht werden muss, die in Übereinstimmung mit den Werten der Demokratie den Menschen in den Mittelpunkt rückt.

[21]   Vgl. Gross u. a. 1979, 4.
[22]   Vgl. Interview mit Eugen Gross, geführt von Andrea Jany, Graz, 21.11.2013.
[23]   Werkgruppe Graz 1980; in diesem Band 261.
[24]   Vgl. Gross u. a. 1979, 11ff.

Die Primärstruktur

Die Primärstruktur umfasst das Konzept der Anlage unter dem Aspekt des Städtebaus, der den Rahmen für Entwicklungen vorgibt und Architektur im Kontext vielfältiger räumlicher Beziehungen sieht. Nach Gross ist sie der Ausdruck für das Bewusstsein einer Gemeinschaft. [25] Ein wichtiges Prinzip im Entwurf stellt daher die Einbeziehung der Natur und die Wechselwirkung mit den Menschen dar. Die Werkgruppe Graz ging davon aus, dass eine unwirtliche städtische Umgebung die „Wochenend-Stadtflucht" hervorruft und somit auch die Zersiedelung des Umlands vorantreibt. [26] In der Anlage wurden daher Pflanzentröge, Terrassen und Raumnischen mit einer Vielzahl von Pflanzen, Bäumen, Sträuchern, Früchten und Blumen eingeplant, um eine Verzahnung mit der Natur herbeizuführen. „Die wuchernde Natur verändert den Gesamteindruck und das Klima hin zu einer dem Menschen angepassten Atmosphäre. In dieser wird das soziale Leben der Menschen sich dem Ausgleich, den die Natur bietet, nicht entziehen können!" [27]

Aufbauend auf diesen Grundüberlegungen erfolgte die Gliederung der Siedlung in zwei Häuserzeilen mit je zwei zueinander versetzten Gebäuden und einer Höhenstaffelung von acht bis 14 Obergeschossen. Die südöstliche und nordwestliche Orientierung der Gebäude ermöglichte den Blick auf die Stadt und das grüne Umland (→6).

Die Architekten setzten sich zum Ziel, eine hohe Umweltqualität zu gewährleisten. [28] Dies versuchten sie durch eine konsequente Trennung von Fußgänger:innen und dem motorisierten Individualverkehr und nahmen Bezug auf eine zentrale Forderung der Moderne, die erstmals die Umweltqualität in den Vordergrund rückte. Die Umsetzung erfolgte durch Errichtung einer Sammelgarage für 550 PKW, die auf dem vorhandenen Terrain erbaut wurde und von der Straße eine direkte Zufahrt hat. Dadurch wurde die Erschließungsebene für Fußgänger:innen auf das 1. Obergeschoss gelegt, von wo die Hauszugänge erreicht werden. Die Bewohner:innen gelangen trockenen Fußes über den Treppenturm mit den Liften in ihre Wohnungen in den Obergeschossen. Als Ausgangspunkt der Mitbestimmung [29] und des Interesses an der Wohnumgebung sah die Werkgruppe Graz die Kommunikation, die schon bei der Wohnungswahl einsetzte. Dazu wurde auch ein Präsentationsmodell erstellt, das den Partizipationsgesprächen zugrunde lag. Grundlegend war, dass die Architekten besonderen Wert auf die Schaffung von Gemeinschaftsräumen im Innen- und Außenraum

[25]   Vgl. Gross u. a. 1979, 11ff.
[26]   ebd. und vgl. Interview mit Eugen Gross, geführt von Andrea Jany, Graz, 21.11.2013.
[27]   Gross u. a. 1979, 16.
[28]   Vgl. ebd., 8.
[29]   Hier als Tertiärstruktur definiert.

zur Pflege der Freundschaft und Nachbarschaft legten. [30] Diesen Anspruch verfolgt auch das Fußgängerdeck im Sinne eines urbanen, gestreckten Platzes, der als Kommunikationsfläche und halböffentlicher Lebensbereich dient und von den Baukörpern umschlossen wird. Mit Wasserbecken, Sitzmöglichkeiten und Grünflächen waren die Architekten bemüht, den Ort wohnlich auszugestalten. Von Bewohner:innen der Siedlung wurde weiters hier ein privater Kleingarten mit Gemüse- und Kräuterbeeten angelegt.

Zusammen mit dem Bauvorgang der Terrassenhaussiedlung bereitete die Werkgruppe Graz den Entwicklungsplan Graz-Südost vor. Dieser sah die Umstrukturierung des alten Industriegebietes, ein durch Ziegeleien bestimmtes Gebiet, in ein reines Wohngebiet vor. [31] Hierdurch konnte ein angrenzender Bereich im Nordosten der Siedlung als Naherholungsgebiet gesichert werden, der in Graz als Eustacchio-Gründe bekannt ist. Das Gebiet umfasst eine Sportanlage, mehrere Teiche und einen Mischwald und dient als Naherholungszone mit Spielplätzen und Fitnesspfaden.

(6) Werkgruppe Graz, Terrassenhaussiedlung, Modell, 1972

[30]   Vgl. Gross u. a. 1979, 17.
[31]   Vgl. ebd., 20

In der Terrassenhausanlage wohnten bei Fertigstellung im Jahr 1978 ca. 2000 Menschen. Dies entspricht einer kleinen Ortschaft, die ein eigenes soziales Leben entwickelt. In der Planung waren daher ein Kindergarten mit Spielplatz, Cafés, Geschäfte für den täglichen Bedarf und Gemeinschaftsflächen vorgesehen. Ein geplantes Gemeinschaftszentrum, als fünftes Gebäudevolumen zur Verbindung der vier Hauptkörper mit Geschäften und Cafés, kam aufgrund des Mangels eines Betreibers nicht zur Ausführung. [32] Heute befindet sich das Zentrum in weitaus kleinerer Variante zur allgemeinen Nutzung im Erdgeschoss des nordöstlichen Baukörpers der Anlage. Dieses wird von der Interessensgemeinschaft verwaltet und bietet Platz für Kurse, Ausstellungen und Feste. Der zweigruppige Kindergarten im Erdgeschoss des nordwestlichen Baukörpers erlaubt die wohnungsnahe Betreuung der Kinder. Auf der Höhe des 4. Geschosses der Baukörper legten die Planer eine öffentliche Ebene an, welche auch als optische Zäsur dient. Dies ist eine Erschließungsebene, die mit offenen Gemeinschaftsräumen – ein Luftgeschoss – nicht festgelegter Nutzung ausgestattet ist, um den Bewohner:innen einen Spielraum zu bieten. Dies geschieht derzeit als temporäre Nutzung für Videopräsentationen und als Clubraum. Die Ebene verbindet die Stiegenhäuser miteinander und übernimmt damit eine besondere soziale Funktion. [33] Die Architekten zielten mit dieser Vorkehrung darauf ab, ein aktives soziales Wohnverhalten hervorzurufen und damit eine stärkere Integration des Individuums in die Gemeinschaft zu ermöglichen. [34]

Die Sekundärstruktur

Die Entwurfsebene der Sekundärstruktur bezieht sich auf die Wohnung als Ort der Individualität. [35] Die Architekten wollten den Menschen in ihrer Unterschiedlichkeit auch unterschiedliche Wohnformen und Grundrisse anbieten. In der Terrassenhaussiedlung kann jede Familie die Wohnform eines Einfamilienhauses erleben, ohne auf die Gemeinschaft verzichten zu müssen. [36] Das Prinzip der Unterscheidbarkeit steht zusätzlich gegen Monotonie und Unterwerfung. [37]
Insgesamt sahen die Architekten 24 Wohnungstypen vor, welche auf vier Grundtypen basieren: Terrassenwohnung, Maisonette, Atelier-Einheit und Dachterrassenwohnung. [38] Im Jahr 1978, zum Zeitpunkt

[32]   Vgl. Interview mit Eugen Gross, geführt von Andrea Jany, Graz, 21.11.2013.
[33]   Vgl. Sagl 2015, 178.
[34]   Vgl. Interview mit Eugen Gross, geführt von Andrea Jany, Graz, 21.11.2013.
[35]   Vgl. Gross u. a. 1979, 13.
[36]   Vgl. ebd.
[37]   Vgl. ebd.
[38]   Vgl. ebd., 2.

der finalen Wohnungsübergabe an alle Bewohner:innen, umfasste die Wohnanlage 522 Wohnungen in den Größen von 45 bis 150 Quadratmetern. Die Architekten fassten die Wohneinheiten als Bausteine auf, die es unter Berücksichtigung gewisser Spielregeln – Anschlussmöglichkeit an die zentralisierten Installationsschächte – gleich einer Box auszubauen galt. [39] Dabei konnten sowohl die Position der Innen- als auch die der Außenwände im Fassadenbereich, vorgegeben durch das Primärsystem der Deckenplatten, gewählt werden. [40] Die Fassadenelemente wurden in Modulbauweise als Sandwichelemente entwickelt und nach den Wünschen der Bewohner:innen gestaltet. [41]

Die Tertiärstruktur

Die Entwurfsebene der Tertiärstruktur umfasst den Selbstbau, der nach Übergabe der Wohnung auf eigene Kosten möglich war. Grundsätzlich ist die Tertiärstruktur als integrativer Bestandteil in der Entwicklung der Primär- und Sekundärstruktur zu verstehen, um den Bewohnerwünschen weiter zu entsprechen. Das Konzept der Mitbestimmung sah ein Mitspracherecht in der Ausgestaltung der eigenen Wohnung und der gemeinschaftlich genutzten Flächen und Räume vor, wobei die Architekten beratend tätig waren. Die Grenzen waren klar durch die vorgegebene räumliche Konfiguration der Baukörper gesteckt. Durch die Trennung des Bauablaufs in Erschließungs-, Rohbau- und Ausbauphase konnte das Konzept verwirklicht werden. [42] Die Mitbestimmung der Interessierten reichte von der Grundriss- und Fassadengestaltung über die Wohnungsausstattung bis zur Entscheidung hinsichtlich der Gemeinschaftsräume. Die individuellen Vorstellungen und Wünsche der Bewohner:innen nahmen während der Planungsphase stark zu. Die Werkgruppe Graz sah dies als positives Zeichen und Erfolg ihrer Bestrebungen. [43] In einem Radiointerview, ausgestrahlt am 29. Oktober 1980 im Österreichischen Rundfunk, formulierte es Eugen Gross wie folgt: „Die Bewohner, die ihre Wohnung gestaltet haben, haben schließlich unser Konzept erst realisiert. Insofern sehen wir Bauen als Vorgeben des Notwendigen und die Offenheit für das Andere, das Weitere, um im Sinne unserer Haltung die erst zu vollenden. Wohnen kann nach unserer Meinung allein auf diese Weise zu einer Identifikation mit dem eigenen Lebensraum führen." [44]

[39]   Vgl. Interview mit Eugen Gross, geführt von Andrea Jany, Graz, 21.11.2013.
[40]   Vgl. Guttmann/Kaiser/HDA 2013, 30.
[41]   Vgl. Koch 1979, 8.
[42]   Vgl. Gross u. a. 1979, 18.
[43]   Vgl. ebd.
[44]   Werkgruppe Graz 1980; in diesem Band 264.

Zur organisatorischen Umsetzung der Partizipation wurde auf dem Baugrundstück in einem Container ein eigenes Beratungsbüro eingerichtet, um den zukünftigen Wohnungsinhaber eine Anlaufstelle zu bieten. Hier war es möglich, einen Termin für die konkrete Planung und Bearbeitung einer Wunschwohnung zu erhalten. [45] Den Käufer:innen der Eigentumswohnungen diente dabei das Modell der Siedlung zur Bewusstwerdung ihrer Vorlieben bezüglich Lage, Größe, Besonnung, Aussicht und räumlicher Zuordnung der Wohnung. [46]

Die Projektentwicklung

Die Terrassenhaussiedlung war ein selbstinitiiertes Projekt der Werkgruppe Graz. Merkmale einer Auftragsarbeit zur Errichtung von Wohnraum im eigentlichen Sinne gibt es nicht. [47] Ausschließlich das Engagement der Architekten führte zur Realisierung. Für die Finanzierung konnte der Weg über den damaligen Wiederaufbaufonds [48] genommen werden. Dieser Fonds war in den Nachkriegsjahren vom Staat Österreich eingerichtet worden, um die Sanierung von Gebäuden mit Kriegsschäden durch günstige Finanzierungskonditionen zu unterstützen. Auf dem Grundstück der Terrassenhaussiedlung befand sich ein altes Gebäude, welches durch einen Bombenschaden zerstört worden war. Dadurch erhielt der Eigentümer einen „Bombenschein" und Anspruch auf eine Förderung. Dies setzte sich zu 10 Prozent aus Eigenmitteln, zu 30 Prozent aus Hypothekendarlehen und zu 60 Prozent aus einem günstigen Darlehen durch den Wiederaufbaufonds zusammen. [49]

Die Suche nach einem Bauträger, der die Herausforderungen dieses Projektes annahm, war schwierig. [50] Nach negativ verlaufenden Vorgesprächen mit steirischen Baugenossenschaften wurde die Suche auf Wien erweitert. Hier fand man 1966 in der Gemeinnützigen Wohnbauvereinigung einen Bauträger, welcher durch die Landesgeschäftsstelle für Steiermark des Vereins der Freunde des Wohnungseigentums vertreten wurde. [51] Nach sechsjähriger Vorlaufzeit konnte im Jahr 1972 mit dem Bau begonnen werden.

[45] Vgl. Interview mit Eugen Gross, geführt von Andrea Jany, Graz, 21.11.2013.
[46] Vgl. Gross u. a. 1979, 6.
[47] Vgl. Interview mit Eugen Gross, geführt von Andrea Jany, Graz, 21.11.2013.
[48] Vgl. Nograsek 2001, 45f.
[49] Vgl. Interview mit Eugen Gross, geführt von Andrea Jany, Graz, 21.11.2013.
[50] Vgl. ebd.
[51] Vgl. ebd.

Die begleitende Forschung

In der Vorbereitungshase der Terrassenhaussiedlung stellte sich die Werkgruppe Graz eine weitere Aufgabe: eine begleitende Forschung des Projektes, um erste Ergebnisse in die Errichtung einfließen zu lassen und Erkenntnisse für weitere Projekte zu gewinnen. [52] In Deutschland gab es seit Januar 1962 eine entsprechende Richtlinie und eine Arbeitsgruppe für Demonstrativbauvorhaben. Österreich schloss sich der Initiative an und so traten im Juni 1964 überarbeitete Richtlinien für Demonstrativbauvorhaben in Kraft. Ein so bezeichnetes Bauvorhaben ist wie folgt definiert: „Als Demonstrativ-Bauvorhaben werden Wohnungsbauvorhaben bezeichnet, die unter Mitarbeit eines Bauforschungsinstitutes nach den neuesten Erkenntnissen von Städtebau, Baukunst, Bautechnik und Bauwirtschaft möglichst vorbildlich durchgeführt und dabei systematisch als Lehrobjekt zur Verbreitung der neuen Erkenntnisse verwendet werden." [53]

Die Terrassenhaussiedlung war das erste Demonstrativbauvorhaben in Österreich. [54] Bei keinem weiteren Wohnbau wurde ein vergleichbarer wissenschaftlicher Aufwand betrieben. [55] Das Bundesministerium für Bauten und Technik mit der eigens eingerichteten Abteilung für Wohnbauforschung gab im Jahr 1971 das Forschungsprojekt bei der Forschungsgesellschaft für Wohnen, Bauen und Planen in Wien in Auftrag. [56] Die Forschung hatte eine möglichst lückenlose Erfassung und Untersuchung des Bauvorhabens nach humanwissenschaftlichen, konstruktiven, ökonomischen und organisatorischen Punkten zum Ziel. [57] Forschungsaufträge wurden in den Bereichen Projektorganisation und -kontrolle, Zivilschutz, Bauphysik und Gebäudeklimatologie, technischer Ausbau und Wirtschaftlichkeit bezüglich Ver- und Entsorgung, Hygiene, Wohnbaupsychologie und Soziologie, Wohnwertvergleich und Bewertung verschiedener Wohnungstypen, Grüngestaltung der Terrassen, Flachdächer und Freiräume sowie Netzplantechnik und Ablaufkontrolle vergeben.

Die Untersuchungen fanden von 1972 bis 1975 statt. Die Projektierungsarbeiten waren bei Vergabe der Forschungsaufträge bereits weitestgehend abgeschlossen. Die Forscher fassten dies als Nachteil auf, da ihrer Auffassung nach die Projektforschung zu einer Zeit ansetzen sollte, zu der die Ergebnisse von Teiluntersuchungen noch Auswirkungen auf die Grundsatzplanungen haben können. [58] Die Forschungsergebnisse und -erkenntnisse sind in den einzelnen Fach-

[52]   Vgl. Interview mit Eugen Gross, geführt von Andrea Jany, 21.11.2013.
[53]   Forschungsgesellschaft für den Wohnungsbau 1964.
[54]   Vgl. Koch 1981, 1.
[55]   Vgl. ebd.
[56]   Vgl. ebd., 4.
[57]   Vgl. ebd., 1.
[58]   Vgl. ebd.

bereichen publiziert und über die damalige Wohnbauforschung einem breiten Publikum zugänglich gemacht worden. Zudem wurde ein zusammenfassender Schlussbericht [59] über den ersten Bauabschnitt im Jahr 1975 präsentiert. [60] Die Weiterführung der Forschungsarbeiten wurde in vier Disziplinen gewährt: technischer Ausbau, Grünraumplanung, bauphysikalische Beurteilung und Methodik der Projektverwaltung. [61] Entsprechend wurde von 1978 bis 1979 die zweite Untersuchungsreihe durchgeführt. Außerdem ließ der Bauträger im Jahr 1980 eine weitere „Soziologische Erfolgsuntersuchung" auf eigene Kosten durchführen. [62] Weiterführende Berichte sind während und nach der Bauphase in der Zeitschrift *Wohnbau* erschienen. Der Siedlung wurde zudem eine vollständige Ausgabe unter dem Titel „Graz-St. Peter: Die ‚durchforschte' Terrassenhaus-Siedlung" [63] gewidmet. Die Untersuchung der Wohnwerte wurde durch Christof Riccabona und Michael Wachberger, beide aus Wien, durchgeführt. Dem Vorwort des Abschlussberichts ist zu entnehmen: „Nach weitgehender Abdeckung des quantitativen Wohnungsfehlbestandes in Österreich gewinnt die Frage der Wohnungsqualität immer mehr an Bedeutung, wobei unter Qualität nicht nur die bautechnische Ausführung, sondern auch der Wohnwert verstanden werden soll." [64]

Der erste Teil dieses Forschungsvorhabens untersuchte die geplanten Wohnungstypen hinsichtlich der Erfüllung von Mindestanforderungen. Im zweiten Teil wurden die Möglichkeiten der Wohnungsumstrukturierung und Wohnungserweiterung überblickt. Teil drei erforschte den Grad der Nutzwertsteigerung durch Freiräume, die der Wohnung angegliedert sind. [65] In der Untersuchung wurde jeder der 24 Wohnungstypen einer qualitativen und quantitativen Analyse unterzogen. Die unterschiedlichen Freiräume in Form von Gemeinschaftsflächen und Privatflächen wurden besonders behandelt. Ziel war es, an einem praktischen Beispiel sowohl einen Einfluss auf die Planung als auch durch eine Rückkoppelung von Bewohnerurteilen eine Überprüfung der Mindestanforderungen vorzunehmen. [66] Die Untersuchung kam zu dem Schluss, dass die Terrassenhaussiedlung ein reichhaltiges und differenziertes Angebot für Wohnungssuchende biete. Sie garantiere eine gute Durchmischung im Bereich der sozialen Struktur und der Altersstruktur der Bewohner:innen. [67] Die Wohnbaupsychologische Studie der Terrassenhaussiedlung wurde durch den Wiener Giselher Guttmann erstellt.

[59]   Vgl. Holub 1975.
[60]   Vgl. Koch 1981, 4.
[61]   Vgl. ebd.
[62]   Vgl. ebd., 1.
[63]   ebd.
[64]   Holub 1975, 47.
[65]   Vgl. ebd.
[66]   Vgl. ebd.
[67]   Vgl. ebd.

Untersuchungsgegenstand waren die Einstellungen und Erwartungshaltungen der Wohnungswerber:innen und der planenden Architekten mittels der Methoden „Polaritätsprofil" und „Reviergliederung". An der Stichprobe nahmen 86 Wohnungswerber:innen, fünf Architekten und 48 Grazer Neutralpersonen als Kontrollgruppe teil. [68] Im Schlussbericht dieser Studie wird dargelegt, dass die Terrassenhaussiedlung von den Wohnungswerber:innen als ideale Wohnsituation erlebt werde. Die dominierende Eindrucksqualität der Wohnungswerber:innen sei der „Nestcharakter". Von den 48 Grazer Neutralpersonen wird die Siedlung als wesentlich negativer beurteilt. [69] „Für Soziologen und Baupsychologen bot die große Anzahl von Bewohnern aus sehr unterschiedlichem Milieu ein ergiebiges Arbeitsfeld." [70]

Das wichtigste Ziel der soziologischen Untersuchungen war die Feststellung der Zufriedenheit mit der Wohnung, Wohnanlage und Wohnumgebung. [71] Entsprechende Studien wurden von Kurt Freisitzer in zwei Phasen durchgeführt. In den Jahren 1974/75 wurden die Daten der ersten Phase erhoben. Die Daten der zweiten Phase stammen aus dem Jahr 1980. Durch die Erhebung während der Planungs- und Bauphase im Jahr 1974/75 und nach dem Einzug 1980 konnte eine Untersuchung nach Wunsch und Realität durchgeführt werden. Besonders hervorzuheben ist die Beurteilung der Außenflächen in beiden Untersuchungen. Aufgrund der Bedeutung des Nutzens des eigenen Außenbereichs und der Belästigung durch Lärm oder Einblicke der Nachbar:innen waren die Befürchtungen bezüglich eines negativen Ergebnisses der ersten Untersuchung sehr hoch. Nach Einzug gingen diese Werte jedoch signifikant um bis zu 70 Prozent zurück. [72]

Zusammenfassend und als größte Bestätigung für den Erfolg der Siedlung würden 81 Prozent der Bewohner:innen ein zweites Mal in die Terrassenhaussiedlung einziehen. Dieses Ergebnis gewinnt durch die Tatsache an Bedeutung, dass 60 Prozent der Befragten ein Einfamilien- oder Reihenhaus als Wohnideal hatten. [73]

Da die Weiterführung der Forschungsarbeit seitens des Bundesministeriums für Bauten und Technik in nur vier Disziplinen genehmigt wurde, sind die Ergebnisse lückenhaft. Das Demonstrativbauvorhaben Terrassenhaussiedlung Graz-St. Peter galt jedoch mit Stand 1981 als der am gründlichsten durchforschte Wohnbau in Österreich. [74] Ein Wiener Beobachter der steirischen Szene war Robert Koch. Als Chefredakteur der Zeitschrift *Wohnbau* fasst er in einem Artikel über die Siedlung zusammen: „Aus den Erfahrungen ergeben sich – bei allen

---

[68]   Vgl. Holub 1975, 106–121.
[69]   Vgl. ebd., 115.
[70]   Koch 1981, 4.
[71]   Vgl. ebd., 10.
[72]   Vgl. ebd., 11 ff.
[73]   Vgl. ebd., 13.
[74]   Vgl. ebd., 4.

berechtigten oder vermeintlichen Zweifeln an der Konzeption und ihrer Realisierung – sicherlich wertvolle Anregungen für innovationsbereite Wohnhausplaner und -hersteller. Und zwar nicht nur für solche, die sich mit Großwohnanlagen beschäftigen." [75] Ein Fazit zur begleitenden Forschung zog er hinsichtlich des Beginns: diese müsse „[…] bedeutend früher einsetzen und der Bauvorbereitung vorangehend beziehungsweise Hand in Hand mit der Planung ablaufen." [76] Des Weiteren wäre im Vorfeld eine bessere Information über den Zweck der Bauforschung und die möglichen, auch negativen Konsequenzen sinnvoll gewesen. [77]

Ausstellung „Neue städtische Wohnformen"

„Ich glaube, dass man in seiner Stellung als Architekt […] außerordentlich verpflichtet ist, sich um das kulturelle Leben einer Stadt, eines Landes, seiner Umgebung zu bemühen."

Werkgruppe Graz

Die Stellung der Werkgruppe Graz und das Projekt der Terrassenhaussiedlung finden sich auch in einem übergeordneten, österreichischen Kontext wieder. Das Engagement der Architekten für die Weiterentwicklung des Wohnens und der eigenen Region ging über Graz und die Steiermark hinaus. Im Jahr 1965 wurde in Wien die Österreichische Gesellschaft für Architektur (ÖGFA) als Plattform für eine unabhängige, kritische Debatte zu Architektur und Stadtplanung in Österreich gegründet. Eugen Gross war ein frühes Mitglied und zugleich erstes steirisches Vorstandsmitglied. [78] Die erste Ausstellung des neuen Forums entstand im Mai 1966 unter dem Titel „Neue städtische Wohnformen – 1. Teil". [79] Hier wurde ein Ausschnitt der internationalen Bemühungen des städtischen Wohnens der vergangenen und gegenwärtigen Architekturtheorie und -praxis gezeigt. [80] Für die österreichische Architekturszene bot die Ausstellung die Möglichkeit zu einer ersten Standortbestimmung neuer urbaner Konzepte. Ein Dialog auf nationaler Ebene war eröffnet.

75]   Koch 1981, 4.
76]   ebd.
77]   Vgl. ebd.; Vertiefung zu den Forschungsprojekten in vorliegender Publikation 22–33.
78]   Vgl. E-Mail von Eugen Gross an die Autorin vom 29.08.2015.
79]   Vgl. Koch 1982, 9.
80]   Vgl. Österreichische Gesellschaft für Architektur 1966, Ausstellungskatalog, 2. Teil.

FORUM STADTPARK gibt sich die Ehre,
zur Eröffnung der Ausstellung

NEUE STÄDTISCHE WOHNFORMEN

Montag, den 18. Juli 1966, um 18 Uhr
höflichst einzuladen.

Einführende Worte spricht Dipl.-Ing. Eugen Groß

(7) Österreichische Gesellschaft für Architektur: „Neue städtische Wohnformen", Einladung zur Ausstellung, Graz 1966

Die Solidarisierung mit Freund:innen und Kolleg:innen wirkte anregend nach außen und brachte für die Werkgruppe Graz eine Bestätigung der eigenen Bemühungen. [81]
Der zweite Teil der Ausstellung war als Wanderausstellung konzipiert. Sie bot eine Übersicht über die Arbeit einer neuen österreichischen Architektengeneration – deren Visionen, deren Idealismus – und drückte Kritik am vorherrschenden den Wohnbau in Österreich aus. Im Juni 1966 wurde sie zunächst in Wien, im Juli in Graz und anschließend im August in St. Veit an der Glan gezeigt. [82] In Graz fand sie vom 18. bis 30. Juli 1966 im Forum Stadtpark statt (→7). Die Werkgruppe Graz präsentierte in dieser Ausstellung den Entwurf der Terrassenhaussiedlung erstmals der Öffentlichkeit. Daneben waren noch weitere städtebauliche Projekte österreichischer Architekten zu sehen. Die Terrassenhaussiedlung konnte als einziges Großprojekt der Ausstellung realisiert werden. [83] Eugen Gross hielt die Eröffnungsrede, in der er dazu aufrief, im Rahmen der gesetzlich vorgesehenen Bauforschung gezielte Forschungsaufträge zu vergeben, Demonstrativbauwettbewerbe auszuschreiben, experimentelle Projekte zu beauftragen und sich dann auch damit auseinandersetzen, das heißt das dafür aufgewendete Geld auch nutzbar werden zu lassen. Jedes Experiment schließe Fehlschläge ein, es gelte auch, Lösungen auszuscheiden und falsche Wege zu erkennen. [84] Gross nahm mit diesen Worten eine Entwicklung vorweg, welche ca. 15 Jahre später unter dem Titel „Modell Steiermark" formuliert und realisiert wurde.

[81]   Vgl. Werkgruppe 2009.
[82]   Vgl. E-Mail von Eugen Gross an die Autorin vom 15.09.2015.
[83]   Vgl. Koch 1982, 9.
[84]   Vgl. Gross 1966.

Reflexion

Die Terrassenhaussiedlung hatte sich als Pionierprojekt in einer Zeit des gesellschaftlichen Umbruchs große Ziele gesteckt. Diesen standen ebenfalls große Erwartungen gegenüber. Das Projekt sollte den geänderten Ansprüchen und Bedürfnissen einer neuen Generation von Wohnungssuchenden entsprechen. Die Terrassenhaussiedlung in Graz-St. Peter ist zweifellos ein Beispiel hierfür. [85] In der Monografie der Werkgruppe Graz resümieren die Autorinnen Eva Guttmann und Gabriele Kaiser über die Terrassenhaussiedlung: „Als gebaute Realität ist sie ein Musterbeispiel für ein erfolgreiches, zukunftsfähiges Experiment von unschätzbarem Wert für jede Wohnbauforschung. Experimente sind ein wesentlicher Baustein für jede Weiterentwicklung von Architektur. In Österreich vermissen wir sie heute schmerzlich." [86] Charakteristisch für das Gesamtbild der Anlage sind die Staffelungen und Verschachtelungen der verschiedenen Gebäudeteile. Dieser Eindruck steht diametral zu den zeitgleich errichteten Wohnbauten in der Steiermark. Die Akzeptanz in der Stadt war geteilt. Die öffentliche Diskussion um die Terrassenhaussiedlung ist seit jeher kontrovers und widersprüchlich. „Die Befürworter sprechen von spannender Gliederung, Formenreichtum, neuer Urbanität und vielen Wohnungstypen, die Gegner reden von ‚grauen Burgen', ‚Betonklötzen' und ‚wuchtigen Schlachtschiffen'", so Max Mayr am 12. Juni 1977 in der Grazer *Kleinen Zeitung*. [87] Die Terrassenhaussiedlung ist heute vor allem hinsichtlich der vom Bundesdenkmalamt beabsichtigten Erklärung zum Baudenkmal in den Medien vertreten, wobei die Meinungen zu dem Komplex nach wie vor sehr unterschiedlich sind. Aufgrund einer Reduktion der Anlage auf das äußere Erscheinungsbild stößt sie bei einem Teil der Bevölkerung nach wie vor auf Ablehnung. [88] Die gerade in den letzten Jahren zunehmende fachlich-kritische Auseinandersetzung mit der Siedlung ruft jedoch Erstaunen und Respekt hervor, besonders durch die Darstellung in repräsentativen Ausstellungen wie der Landesschau Steiermark 2021, die die Anlage als Zeitdokument herausstellt.

Reflexiv betrachten die Planer den Planungs- und Realisierungsaufwand, vor allem die Phase der Partizipation, als an die Grenzen gehend. So würden sie für zukünftige Bauten ein flexibleres Bausystem wie eine Skelettbauweise anstelle der Scheibenbauweise wählen. [89] Ebenso wäre es notwendig, die örtliche Situation im Zusammenhang mit dem Wohnbedarf stärker zu berücksichtigen. Der

[85]   Vgl. Koch 1981, 1.
[86]   Guttmann/Kaiser/HDA 2013, 42.
[87]   Mayr 1977, 24.
[88]   Vgl. Gespräche der Autorin mit Anwohner:innen und Grazer:innen im Verlauf der Forschungsarbeit.
[89]   Vgl. Koch 1981, 28.

anfängliche Trend zu Großwohnungen hat sich, bedingt durch die hohen Herstellungskosten, nicht bestätigt. [90] Im Verlauf der Jahre war zu beobachten, dass speziell in den großen Wohnungen immer mehr Ordinationen eingerichtet wurden und sich darüber hinaus ausgeweitet haben. [91] Als Conclusio schließt die Werkgruppe Graz, dass die Planung viel mehr auf den tatsächlichen Bedarf von Wohnungstypen ausgerichtet sein sollte. [92] Die Themen der Partizipation und Individualisierung in der Planung wurden als Pilotprojekt bei einer Großwohnanlage beispielhaft umgesetzt. [93] Die Architekten waren davon überzeugt, dass das Thema der Mitbestimmung in Zukunft eine große Rolle spielen würde, da durch das steigende differenzierte Angebot der Berücksichtigung der individuellen Wünsche diesen immer mehr Bedeutung zukommt. [94] Hinsichtlich des Planungsaufwandes räumten sie jedoch ein, dass ein Ausmaß erreicht wurde, welches ein zweites Mal in dieser Größenordnung nicht vertretbar wäre. Der gegenüber herkömmlichen Wohnbauten erhöhte Planungsaufwand durch die Partizipation wurde von den Architekten ohne zusätzliche Honorarforderungen getragen. Eine Anlage mit 40 bis 50 Wohnungen stellt für die Architekten heute die obere Grenze für Mitbestimmung im geübten Maß dar. [95] Weiterführende Siedlungen hat die Werkgruppe Graz in kleinerem Maßstab zum Beispiel in Graz an der Mur und Leoben-Göss realisiert. [96]

Die Werkgruppe stellte jedoch fest, dass das Hauptziel, den Wohnungsbenützer:innen ein kommunikationfreundliches Gebäude zu schaffen, voll erreicht werden konnte. [97] Die Kommunikationsbereitschaft unter den Bewohner:innen ist auf der Fußgängerebene hoch – besonders bei Eltern mit Kindern –, auf der Kommunikationsebene im 4. Geschoss aber nicht in dem Maß gegeben, wie es sich die Architekten erwartet hatten. [98] Dies gilt nicht für die Bewohnerschaft der Wohnungen in diesem Geschoss, die den halböffentlichen Freiraum als Ausweitung ihrer Wohnungen sehen. Die Nutzung des Zentrums ist laut Aussage von Johann Theurl, Obmann des Interessensvereins, ausbaufähig, bedarf aber entsprechender Regulationen. [99] Theurl sieht die Kinder als größten Kommunikationsfaktor. Ungeplante Kontakte seien in der Siedlung schwer möglich. „[…] der Grad der Öffentlichkeit ist eher gering und nahezu ausschließ-

[90]   Vgl. Koch 1979, 3.
[91]   Vgl. Interview mit Eugen Gross, geführt von Andrea Jany, Graz, 21.11.2013.
[92]   Vgl. Koch, 11.
[93]   Vgl. Guttmann/Kaiser/HDA 2013, 30.
[94]   Vgl. Koch 1979, 7ff.
[95]   Vgl. ebd.
[96]   Vgl. ebd.
[97]   Vgl. ebd.
[98]   Vgl. ebd.
[99]   Vgl. Interview mit Johann Theurl, geführt von Andrea Jany, Graz, 25.11.2014.

lich durch die Bewohnerschaft und Besucher geprägt." [100] Als einen Grund sieht er hier die direkte Anbindung der Garage an die Lifte und die Wohnungen. [101] Die Architekten beurteilen das differenzierter, da das Einkaufszentrum mit Café und das Hotel garni nicht errichtet wurden. Bewohner:innen initiierten im Zuge des Projektes SONTE im September 2017 ein temporäres Café auf der Fußgängerebene, welches zur Dauereinrichtung wurde.

Bedauerlicherweise mussten die Gemeinschaftsflächen in den Kopfbauten der vier Baukörper aufgrund von Vandalismus verschlossen werden. Sie sind jedoch für alle Bewohner:innen durch ein einheitliches Schließsystem zugänglich. [102]

Die Kostensteigerung während der Planungs- und Bauphase von 12 Jahren von ursprünglich 362 Million Schilling auf 696 Million Schilling stellte alle Beteiligten vor eine große Herausforderung. [103] Daher wurde im Jahr 1975 seitens der Bewohnerschaft die „Interessensgemeinschaft Terrassenhaus" (IG) gegründet, der es gelang, eine Zusatzförderung aufgrund der besonderen Wohnanlage mit experimentellem Charakter zu erreichen. Als Gründe für die Kostensteigerung werden die Forderung nach Veränderbarkeit der Wohnungen, das planerische Konzept in seiner Gesamtheit sowie die Auflagen aus den Forschungsbereichen, des Zivilschutzes, der Bauphysik, der Haustechnik und der konstruktiven Implikationen genannt. Die größten Faktoren waren jedoch die Indexierung in einer Zeit der Hochkonjunktur von 1972 bis 1978 und die österreichweite Umstellung auf die Mehrwertsteuer, die allein mit 83 Millionen Schilling zu Buche schlug. [104]

Die Siedlung ist heute über 40 Jahre alt. Das gegenwärtige Hauptthema der Terrassenhaussiedlung stellt eine Generalsanierung beziehungsweise Modernisierung dar. Ursprünglich wurde der Komplex für ca. 2000 Menschen geplant. Heute leben ca. 1000 Menschen (Stand April 2017, Auskunft Statistik Graz) in der Siedlung. [105] Gesamt gibt es ca. 800 Wohnungseigentümer:innen der ca. 528 heutigen Wohnungen. [106] Die Verwaltung der Siedlung übernimmt die ehrenamtlich tätige Interessensgemeinschaft Terrassenhaus. In den vergangenen Jahren konnten durch den bestehenden Reparaturfonds der Siedlung Erhaltungsmaßnahmen in dem Komplex durchgeführt werden. Eine Verbesserung beziehungsweise Modernisierung der Anlage ist derzeit kaum möglich, da hierzu eine einstimmige Zustimmung aller Eigentümer:innen notwendig wäre. Diese Herausforderung kann

[100]   Beckmann 2015, 418.
[101]   Vgl. Interview mit Johann Theurl, geführt von Andrea Jany, Graz, 25.11.2014.
[102]   Vgl. ebd.
[103]   Vgl. Koch 1981, 8.
[104]   Vgl. ebd., 10.
[105]   Vgl. Sagl 2015, 175.
[106]   Vgl. Interview mit Johann Theurl, geführt von Andrea Jany, Graz, 25.11.2014.

jedoch seitens der IG nicht allein bewältigt werden. Das Wohnungs-
eigentumsgesetz stellt hier das größte Hindernis dar. Der Zustand der
Wohnungen ist daher auf das Datum des Einzugs eingefroren. Im
Laufe der Jahre kam es dennoch zu verschiedenen Umbauten, jedoch sind diese bisher undokumentiert. [107] Angesichts der Größe
und Komplexität der Terrassenhaussiedlung ist eine Aufarbeitung
dieser Problematik durch die Bewohner:innen allein nicht möglich.
Wünschenswert wäre hier ein erneuter Fokus seitens der Stadt und/
oder der Wohnbauförderung Steiermark, um die Bewohner:innen der
Terrassenhaussiedlung in den anstehenden Themen der Zukunft zu
unterstützen.

Rückblickend wurde durch die zentrale Zielsetzung der Werkgruppe
Graz die zukunftsorientierte Ausrichtung der Siedlung bereits formuliert und hat bis heute nicht an Bedeutung verloren. Die Architekten
der Werkgruppe Graz handelten nach dem Grundsatz: „Unsere Maxime ist, dass der Bau eigentlich nicht als abgeschlossen gesehen
werden kann, wenn er fertiggestellt ist. Er ist immer eine offene
Struktur, die weitergeht, die erst dadurch realisiert wird, indem er gebraucht und genutzt wird und zu einer Form des Lebens selbst wird.
Damit ist gemeint, nur eine Struktur festzulegen, aber dem Einzelnen
zu gestatten, innerhalb dieser Struktur selbst lebendig zu sein, zu
spielen und diese Struktur zu aktivieren. Wenn es sein muss, die
Struktur auch wieder abzubauen oder zu erweitern." [108]

[107]   Vgl. Interview mit Johann Theurl, geführt von Andrea Jany, Graz,
          25.11.2014.
[108]   Werkgruppe Graz 1980.

Bibliografie

Beckmann, Karen: Urbanität durch Dichte? Geschichte und Gegenwart der Großwohnkomplexe der 1970er Jahre, Bielefeld 2015

Forschungsgesellschaft für den Wohnungsbau: Österreichische Richtlinien für Demonstrativ-Bauvorhaben, Wien 1964

Forum Stadtpark (Hg.): Neue städtische Wohnformen, Ausst.-Kat., Graz 1966

Gross, Eugen: Neue städtische Wohnformen, Manuskript zur Eröffnungsrede, 18. Juli 1966, Privatarchiv Eugen Gross

Gross, Eugen u. a.: Demonstrativbauvorhaben Terrassenhaussiedlung Graz-St. Peter 1972–1978, Graz 1979

Guttmann, Eva/Kaiser, Gabriele (Hg.): Werkgruppe Graz 1959–1989. Eugen Gross, Friedrich Groß-Rannsbach, Werner Hollomey, Hermann Pichler. Architecture at the Turn of Late Modernism, Zürich 2013

Holub, Ignaz: Demonstrativbauvorhaben Graz-St. Peter. Zusammenfassender Schlussbericht (Schriftenreihe der Forschungsgesellschaft für Wohnen, Bauen und Planen Nr. 64), Wien 1975

Horkheimer, Max: Anfänge der bürgerlichen Geschichtsphilosophie, Stuttgart 1930

Koch, Robert: Mitbestimmung kennt viele Varianten, in: Wohnbau 7–8 (1982), 9–21

Koch, Robert: Mitbestimmung: Wohin führt der Lernprozeß?, in: Wohnbau 9 (1979), 3–9

Koch, Robert (Red.): Wohnbau. Fachzeitschrift für Wohnbauforschung 5 (1981)

Mayr, Max: Mehr Platz für unsere Kinder!, in: Kleine Zeitung, 12.6.1977, 24–25

Nograsek, Marlies: Wohnwert. Werturteile im Vergleich an ausgewählten Wohnanlagen in Graz, Diss. Technische Universität Graz 2001

Österreichische Gesellschaft für Architektur (Hg.): Neue städtische Wohnformen, Ausst.-Kat., Wien 1966

Sagl, Marie-Therese: Soziale Nachhaltigkeit und architektonische Gestaltung, Diss. Karl-Franzens-Universität Graz 2015

Werkgruppe Graz: Gedanken über Beton: die Architekten der Werkgruppe Graz, Interview von Hildegard Kolleritsch, ausgestrahlt im Österreichischen Rundfunk am 29.10.1980; abgedruckt im vorliegenden Band 256–271

Werkgruppe Graz: Weghaftes. Architektur und Literatur, Graz 2009, www.werkgruppe-graz.at (letzter Zugriff: 28.06.2022)

Abbildungsnachweis

Österreichische Gesellschaft für Architektur: 7
Werkgruppe Graz: 1, 2, 3, 4, 5, 6

Grigor Doytchinov

STÄDTEBAULICHE EINBETTUNG
Entwicklungsraum Graz-Südost

Lage in der Stadtstruktur

Die Terrassenhaussiedlung liegt im Stadtbezirk St. Peter am südöstlichen Rand des natürlichen Grazer Beckens, am Übergang von der Ebene zum Hügelland. Die Nähe der Hügellandschaft, die Südwestauslegung sowie das Fehlen belastender Industrien im Umfeld haben diese Lage zu einer der bevorzugten Wohngegenden der Stadt gemacht. Sie zeichnet sich durch eine relativ niedrige Dichte aus, die auf die weitläufige Einfamilienhausbebauung und der historisch gewachsenen Ortskerne von St. Peter und Waltendorf zurückzuführen ist. Der natürliche Rahmen hat nach dem Zweiten Weltkrieg auch die entsprechenden wirtschaftlichen und politischen Interessen für die infrastrukturelle und bauliche Erschließung des gesamten Stadtbereichs angezogen.

Die stadträumliche Entwicklung von Graz unterscheidet sich nicht wesentlich von der Raumentwicklung der Städte West- und Mitteleuropas. [1] Die Grazer Stadtstruktur ist zwar nach dem Zweiten Weltkrieg auch von den modernistischen Leitbildern in der Stadtplanung beeinflusst worden, jedoch sind die Veränderungen vorwiegend unter dem Druck vielfältiger wirtschaftlicher und politischer Interessen zustande gekommen, und zwar keineswegs nur im Sinne der planerischen Leitbilder. An dem Strukturwandel der Grazer Stadtperipherie, darunter jener der ehemals eigenständigen Ortschaft St. Peter, kann abgelesen werden, wie die ursprünglich weiten Freiräume, die die einzelnen Baulandpartikeln eingebettet haben, zu kleineren und vom Bauland eingefassten Freiraumpartikeln geschrumpft sind. Die kompakte Stadt, bestehend aus der Grazer Altstadt und den gründerzeitlichen Vierteln, bildet heute nur noch einen Bruchteil der gesamten Stadtfläche. Die übrigen Stadtteile tragen die typischen Charakteristiken eines dispersen Wachstums. Die starken Zuwächse der Einwohner:innen sind naturgemäß vorwiegend in der dispersen Stadt, zu der auch der Bezirk St. Peter gehört, zu verzeichnen.

[1]   Vgl. Albers 1983.

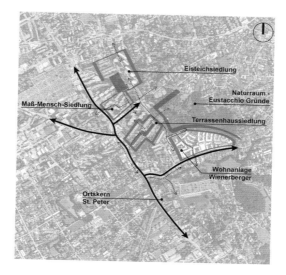

(1) Städtebauliches Umfeld der Terrassenhaussiedlung, 2022

In der Stadtstruktur zeichnen sich erstrangig die radialen Ausfallstraßen, darunter die Plüddemanngasse und die St.-Peter-Hauptstraße, als Schneisen urbaner Entwicklungsrichtung und Veränderung ab. Ebenfalls abzulesen sind die Baulanderweiterungen in den vormals landwirtschaftlich genutzten Flächen zwischen den Ausfallstraßen, die in der Nachkriegszeit erschlossen worden sind. Es handelt sich um einen Prozess schleichender Verbauung, wobei nur in den seltensten Fällen bewusste Raumorganisationen von höherer Ordnung erkennbar sind.

Das Umfeld der Terrassenhaussiedlung

Die Eingemeindung der Vororte St. Peter und Waltendorf im Jahre 1938 ist eine politische Entscheidung gewesen, die zeitgleich mit den Ansätzen eines vagen wirtschaftlichen und sozialen Wandels an der Stadtperipherie und in den Vororten getroffen worden ist (→1). Die Eingemeindung hat in diesem Sinn die Voraussetzungen für den wirtschaftlichen Aufschwung, das einsetzende Bevölkerungswachstum und den steigenden Wohnstandard nach dem Krieg geschaffen.
Der Bezirk St. Peter gründet auf ein ehemaliges Kirchendorf und einige Siedlungspartikeln entlang der St.-Peter-Hauptstraße. Der organische Straßenverlauf und einige von ihr abzweigende Straßen sind die grundlegenden Artefakte der Geschichte. Einige bauliche Geschichtszeugnisse entlang der Straße sind auch heute noch existent, auch wenn sie keine systemische Struktur bilden. Ein Bereich, in dem das Erbe als authentisches Ensemble erscheint, ist der ursprüngliche Ortskern von St. Peter im Umfeld der katholischen

Pfarrkirche und dem Ortsfriedhof St. Peter. [2] Der Bereich besitzt ein einprägsames, historisches Erscheinungsbild von dörflichem Charakter. [3] Unterstützt wird die identifikationsstiftende Qualität dieser kleinen Zone auch von der Möglichkeit ihrer Durchwegung von der St.-Peter-Hauptstraße zur Petersbergengasse.

Die Flächen entlang der Plüddemanngasse, die die Kontaktzone zwischen der kompakten Stadt und dem ehemaligen Kirchendorf durchwegt, sind in der Nachkriegszeit bebaut worden und zeigen eine der Zeit entsprechende Grobkörnigkeit der Bebauungsstruktur. Die St.-Peter-Hauptstraße ist im Anschluss an die Plüddemanngasse das grundlegende Strukturelement im Bezirk. Der funktional und baulich durchmischte Straßenverlauf lässt auf partielle und sporadische bauliche Vorhaben schließen. Die Orientierung entlang der St.-Peter-Hauptstraße ist erschwert, da der Straßenverlauf keine einprägsamen Stadträume aufzeigt. Nur an der T-Kreuzung der Hauptstraße mit der Peterstalstraße sind Ansätze eines gestalteten öffentlichen Raumes erkennbar. Die Öffnung des Straßenraumes zum Hang im Bereich der Terrassenhaussiedlung ist in diesem Sinn die einzige Situation entlang der St.-Peter-Hauptstraße, die eine Raumsequenz im eher charakterlosen Straßenverlauf schafft (→2).

Die St.-Peter-Hauptstraße markiert die Grenze zwischen zwei topografischen Gegebenheiten: dem Hang im Osten und der Ebene im Westen. Das Erscheinungsbild des westlichen, ebenen Bereichs wird von kleinteiliger Wohnbebauung bestimmt. Der überwiegende Teil dieses Bereichs ist aufgrund der Tatsache, dass hier bis in die 1920er die Errichtung eines Flughafenplatzes geplant war, erst in der Nachkriegszeit zur Gänze erschlossen worden. [4] Der homogene Charakter des Bereichs gründet erstrangig auf das relativ reguläre, orthogonale Straßenraster und wird von der übergreifenden Wohnfunktion und vom einheitlichen Maßstab der Bebauung unterstützt.

Der östliche Bereich ist zwischen der St.-Peter-Hauptstraße und dem Naturraum der ehemaligen Eustacchio-Gründe eingeschlossen. Der Bereich ist ebenfalls als Wohnbereich erkennbar, allerdings wird das Erscheinungsbild von Wohnsiedlungen dominiert, deren Grenzen durch spätere Ergänzungen mit niedriger Wohnbebauung oder Einzelwohnblöcken etwas verklärt sind. Die Siedlungen erstrecken sich um den Naturraum, beginnend mit der Eisteichsiedlung im Norden, gefolgt von der Maß-Mensch-Siedlung, der Terrassenhaussiedlung und endend mit der Wohnanlage Wienerberger-Gründe. Die Wege

[2]   Das Ensemble wird von den denkmalgeschützten Objekten Pfarrhof, Pfarrkirche, Marienkapelle, Peterskapelle, Ortsfriedhof und Bezirksamt geprägt.

[3]   Der Bereich wurde mit der Novelle des Grazer Altstadterhaltungsgesetzes 1980 in der Kategorie IV (historische Vororte) unter Schutz gestellt.

[4]   Vgl. Brunner 2003, 660–662.

(2) Werkgruppe Graz, Terrassenhaussiedlung. Die Öffnung des
Straßenraumes schafft eine Raumsequenz im eher charakterlosen
Verlauf der St.-Peter-Hauptstraße.

für den Fuß- und Autoverkehr bilden topografiebedingt ein irreguläres
Netzwerk, das im Unterschied zum westlichen Bereich von unterge-
ordneter Bedeutung für die Strukturbildung ist. Die Bewegungslinien
eröffnen unerwartete und attraktive Blickbeziehungen zu Baulich-
keiten und zu gestalteten und natürlichen Grünräumen. Der offene
Charakter der Bebauung und die Durchmischung mit dem Baumbestand schaffen interessante Raumsituationen, die trotz der großen
Bauvolumen einen menschengerechten Maßstab vermitteln. Die
natürliche topografische Neigung stellt eine Orientierungshilfe dar,
die dem Bereich westlich der St.-Peter-Hauptstraße nicht zugeschrieben werden kann, und kompensiert damit den für die Orientierung
nicht dienlichen, solitären Charakter der Bebauung. Die klare Anordnung der vier Baukörper der Terrassenhaussiedlung und die damit von
Nordost nach Südwest gerichtete Durchwegungsmöglichkeit bilden
hingegen eine Ausnahme und schaffen einen strukturellen und räumlichen Akzent. Im Norden und Osten beginnt im Anschluss an den
Rand der Wohnsiedlungen eine weitläufige Einfamilienhausbebauung, die sich bis über die Stadtgrenze hinaus erstreckt.
Aufgrund seiner Größe bildet der Naturraum der Eustacchio-Gründe
ein eigenständiges städtisches Strukturelement, bestehend aus
einer Parkanlage mit Sport- und Spielflächen entlang des St.-Peter-
Pfarrwegs und einem Naturpark. Die ehemaligen Ziegelteiche und
die Ruine eines Brennofens wecken als Artefakte einer vergangenen
Industriezeit Reminiszenzen an die künstlich gestalteten Ruinen in
den romantizistischen Parkanlagen Europas aus der ersten Hälfte des
19. Jahrhunderts. Der Naturraum ist von großer klimatischer, ökolo-
gischer und gestalterischer Bedeutung für den gesamten Bezirk und
trägt wesentlich zur Steigerung der Wohnqualität bei. Die Terrassenhaussiedlung bietet die Möglichkeit einer direkten, öffentlich benutz-
baren Fußgängerverbindung zwischen der St.-Peter-Hauptstraße und
dem Naturraum.

Das Umfeld der Terrassenhaussiedlung zeichnet sich durch ein vielfältiges Erscheinungsbild aus. In dieser Vielfalt fällt das Augenmerk auf die räumliche und gleichzeitig chronologische Reihung der Eisteich-, [5] Maß-Mensch-, [6] Terrassenhaus- und Wienerberger-Gründe-Siedlungen um den Naturraum. Mit ihren unterschiedlichen stadträumlichen und baukünstlerischen Typologien, die den Wandel der Leitbilder im 20. Jahrhundert veranschaulichen, sind sie emblematische Beispiele des Grazer Siedlungswesens und seiner chronologischen Entwicklung in der Nachkriegszeit.

Die Eisteichsiedlung verkörpert die Idee der „gegliederten und aufgelockerten Stadt", [7] die bis in die 1960er die Planung beherrschte. Sie besteht aus rhythmisch angeordneten solitären Wohnblöcken und Hochhäusern, die sich zur Robert-Graf-Straße öffnen, und den gegenüberliegenden, geometrisch angeordneten Wohnblöcken mit großzügigen, begrünten Zwischenräumen. Die Solitärbebauung und die einheitliche Architektursprache lassen die Eisteichsiedlung beidseitig der Robert-Graf-Straße als ein zusammenhängendes Ensemble erscheinen. Ergänzt wird die Eisteichsiedlung im Süden durch die vier wohnhof-ähnlichen Einheiten der Maß-Mensch-Siedlung, die die Tendenz zur räumlichen Abschließung widerspiegeln, die in den 1970ern aus der Kritik an der aufgelockerten Bebauung hervorgekommen ist. Dem Geiste der Entstehungszeit entsprechend, fehlen dem gesamten Bereich nördlich der Eisteichgasse pulsierende Räume und erkennbare Brennpunkte. Die üppige Begrünung und die Freiräume in der und an den Rändern der Siedlung tragen jedoch wesentlich zur räumlichen Qualität bei.

Der Akzent wird in der Reihung der Wohnsiedlungen unmissverständlich von der Terrassenhaussiedlung, sowohl mit der städtebaulichen Form als auch mit der künstlerischen Botschaft, die sie vermittelt, gesetzt. Die räumliche Anordnung der Siedlung gründet auf dem Gedanken der Transparenz und Durchwegung von der St.-Peter-Hauptstraße im Südwesten zum Naturraum im Nordosten. Die vier parallelen und paarweise versetzten Blöcke formen einen zentralen, verkehrsfreien öffentlichen Platz. Mitunter handelt es sich um den einzigen urban geformten Platz in der Reihung der Wohnsiedlungen. Die Freihaltung von privatem Verkehr stärkt die Identitätsbildung. Die Versetzung der Blöcke teilt den Zwischenraum in zwei Abschnitte und schafft damit maßstäbliche Sequenzen der Wahrnehmung seitens der Passant:innen. Die Terrassenhaussiedlung liegt auf einer Hangstufe, die artifiziellen Ursprungs aus der Zeit der Lehmgewinnung ist. Der Fuß des Hangs wird westseitig von der St.-Peter-Hauptstraße markiert. Ostseitig wird

[5]   Die Eisteichsiedlung ist 1958–1964 von der Österreichischen Wohnbaugenossenschaft nach den Plänen von H. Wolf errichtet worden.
[6]   Die Maß-Mensch-Siedlung ist 1978 von der GWS errichtet worden.
[7]   Vgl. Hoffmann/Göderitz/Rainer 1957.

das Grundstück vom St.-Peter-Pfarrweg mit der Straßenbahntrasse und dem Fuß- und Radfahrweg limitiert. Die Hangneigung steigt nach Osten wieder an und geht in den Naturraum über. Die großzügige Raumöffnung zur St.-Peter-Hauptstraße und die komfortable Überwindung des Höhenunterschieds durch Fußgängerampeln und Treppen erzeugen eine einladende Zugangs- und Durchgangssituation. Die Anbindung an den St.-Peter-Pfarrweg ist folgerichtig nicht so stark gestalterisch affichiert und erfolgt zweiseitig den Hang hinauf. Die bewegte und üppig bepflanzte Silhouette lässt die Siedlung als einen artifiziellen grünen Hügel und als Vorstufe zum Naturraum erscheinen. Die Wohnanlage Wienerberger-Gründe bildet den Abschluss der Siedlungskette um den Naturraum. Das räumliche Konzept ist eine Weiterentwicklung des Gedankens sozialer Integration und stadträumlicher Verdichtung, nur ist es hier mit anderen gestalterischen Mitteln umgesetzt. Die Wohnanlage hat annähernd die gleichen Kapazitäten wie die Terrassenhaussiedlung, jedoch vereinnahmt sie ein fast dreimal größeres Grundstück. Die Siedlung markiert den Paradigmenwechsel im städtischen Siedlungswesen im Übergang zur postindustriellen Gesellschaft. Sie veranschaulicht die Absage an die großen Strukturgesten der Spätmoderne und illustriert den Weg zur Stadtentwicklung in kleinen Schritten, der die Planungen in den 1980ern geleitet hat. Sie ist eine Reaktion auf die Zukunftseuphorie der 1960er und drückt sich in der Tendenz zur Betonung von Individualität und der Bewahrung von historisch erprobten Maßstäben aus.

Die betrachteten Wohnsiedlungen veranschaulichen unterschiedliche Modelle der Raumorganisation. Sie sind in abfolgenden Phasen als Alternativen zum Einfamilienhaustypus entstanden und präsentieren den jeweils laufenden Diskurs über die Planung städtischer Siedlungen. Mit der Terrassenhaussiedlung und der Wohnanlage Wienerberger-Gründe wurden originelle Antworten gegeben, die internationale Beachtung und Anerkennung gefunden haben. Sie sind wichtige zeitliche Punkte in der Grazer städtebaulichen und baukünstlerischen Praxis der Siedlungsplanung.

Der Kontext der Zeit

Ohne auf eine umfassende geschichtliche Betrachtung einzugehen, sollen im Folgenden die Hintergründe für die Errichtung der Terrassenhaussiedlung in einem erweiterten zeitlichen städtebaulichen Kontext nachvollzogen werden. Die 1938 erfolgten Eingemeindungen sind eine Möglichkeit gewesen, die Entwicklung der Kontaktzonen zu den Vororten im Sinne von übergeordneten städtebaulichen Konzepten zu denken und die Integration der Vororte kontinuierlich zu steuern. Diese Chance ist in der ersten Aufbauphase nach dem Krieg vertan und es ist wenig Verständnis für einen vorausschauenden Städtebau gezeigt worden. Der Flächennutzungsplan aus dem Jahre 1952, dessen Rolle als Leitinstrument für die Phase des einsetzenden Wirtschaftswunders sehr wichtig gewesen wäre, ist von der Landesregierung versagt worden, sodass die Entwicklung ihren zum Teil rechtsfreien Raum einnehmen konnte. [8]

Die Phase des chaotischen Wachstums, die sich in der sporadischen Stadterweiterung mit Einfamilienhäusern und dem zufälligen Situieren einer immensen Anzahl von Hochhäusern äußert, dauert zwei Jahrzehnte. Von dieser Entwicklung sind naturgemäß die Stadtperipherie und die Kontaktzonen zu den Vororten am stärksten betroffen. Mit dieser Praxis des Umgangs mit dem Stadtraum positioniert sich der Grazer Städtebau von Beginn an eher als eine Reflexion über überörtliche Fachplanungen und partielle Investitionsinteressen mit den entsprechend bescheidenen Zielsetzungen. Erst 1970 kommt es zur Aufstellung eines Flächennutzungsplans. [9] Dieser ist ein Dokument der modernistischen Auffassung jener Zeit und hat sich als etwas abstrakt erwiesen, sodass eine Reihe von Korrekturen vorgenommen werden mussten. Der korrigierte Flächennutzungsplan bricht nicht abrupt mit der Tradition der überlieferten und bewährten Lösungen und den sich vollziehenden kleinteiligen Entwicklungen. In dieser Hinsicht unterscheidet sich der Plan von dem damals international herrschenden städtebaulichen Verständnis für einen extremen Stadtwandel durch Planung. Der Grazer Städtebau jener Zeit etabliert sich hingegen als ein adaptiver Vorgang, der sich an aufkommende Entwicklungsmöglichkeiten anpasst. So sind die Veränderungen in der Stadtstruktur eher das Resultat pragmatischer Überlegungen als deduktiver Umsetzung von theoretischen Stadtmodellen.

Mit der Normalisierung der wirtschaftlichen und politischen Rahmenbedingungen nach dem Krieg verlagert sich der Schwerpunkt des Bauens von der Neuordnung der Trümmerflächen und dem Auffüllen von Flächenreserven im bestehenden Bauland auf die Flächenpotenziale in den Kontaktzonen zu den Vororten. Die Stadterweiterung in den Kontaktzonen erscheint weithin als der rationale und Konflikte vermeidende Weg. Zum Vorort St. Peter stehen der zügigen Stadterweiterung bis in die 1960er die bestehenden, weiträumigen Lehmgruben im Weg. So vollzieht sich die Vereinnahmung des Vororts durch die Stadt vorerst in den Bereichen westlich der St.-Peter-Hauptstraße und auf den Hanglagen im Nordosten. Der Ortskern von St. Peter behält aufgrund seiner Lage abseits der Ausfallstraße sein ursprüngliches Erscheinungsbild.

Aus der Einsicht, dass der Einfamilienhausbau nicht allein in der Lage ist, dem steigenden Wohnbedarf, der aus dem wirtschaftlichen Aufschwung resultiert, gerecht zu werden, kommt es in Graz ab den

---

[8]   Vgl. Rosmann 2015, 223.
[9]   Vgl. Wurzer 1970.

1950ern zu einer Vielzahl an dispers über die Stadtfläche gestreuten Hochhäusern und Wohnblöcken. Zeitgleich besinnen sich das Unternehmertum und die Stadtpolitik wieder auf die Siedlung als eine gewünschte Wohnform. Dabei bieten sich die Muster der gegliederten und aufgelockerten Stadt mit ihren solitären Baukörpern als die rationale Form für die Tilgung der Wohnungsnot an. [10] Die Eisteichsiedlung ist unbestritten von diesem international gültigen Modell geprägt. [11] Später werden diese Muster als Ausdruck eines rationalen Handelns kritisiert, denn das herrschende Leitbild der Auflockerung beseitigt nicht nur die funktionalen Mängel, sondern auch die gestalterischen und sozialen Qualitäten der kompakten Stadt. Der hauptsächliche Kritikpunkt ist die Gefährdung der Urbanität als wesentliche Qualität des städtischen Lebens durch die Auflockerung. Die Planung der Maß-Mensch-Siedlung geht einher mit der Diskussion nach Verdichtung und Verflechtung der Bauformen, der als Lösungsansatz propagiert wird. [12] Der Wandel der Leitbilder beruht nicht nur auf der Kritik an den Mustern der gegliederten und aufgelockerten Stadt. Die Liberalisierung und Demokratisierung des gesellschaftlichen Lebens im Österreich der 1960er schaffen die Grundvoraussetzungen für städtebauliche Utopien und bautechnischen Fortschritt. Die 1960er sind die Zeit des wirtschaftlichen und geistigen Aufschwungs, die die ambitionierten Visionen für den großen Strukturwandel sowie die hohen Erwartungen an die Gestaltbarkeit der Gesellschaft und der Umwelt hervorbrachten. Das neue Verständnis von Urbanität wird mit räumlicher Geschlossenheit, Funktionsmischung und Intensität an Sozialkontakten in den Siedlungen umgesetzt. [13] Der Ruf nach Urbanität durch Nutzungsüberlagerung, Flexibilität und bauliche Dichte führt in der Phase der Umsetzung der Utopien in die Realität zu einer strukturalistischen Ausformung als gestalterische Antwort auf die modernistische Segmentierung des Wohnumfeldes. [14] Das strukturalistische Gedankengut findet auch in Graz seine Proponenten. [15] Die Werkgruppe Graz setzt die Ideen des Strukturalismus in einer zukunftsorientierten Architektursprache um, die grenzüberschreitende Anerkennung erlangt und in den internationalen Fachkreisen dem „Austrian Phenomenon" der 1960er/1970er zugeordnet

10]   Der Seidenhof, erbaut 1912 nach den Plänen von Johann Horsky, der
        Wohnhof am Kalvariengürtel und Flosslendstraße, erbaut 1931 nach den
        Plänen von Robert Haueisen und Peter Koller, die zwei Teile der Triester-
        siedlung, erbaut 1921 und 1930 nach den Plänen von August Schaeftlein
        und Haueisen folgen dem Prinzip des zum Wohnhof reformierten Wohn-
        blocks und sind wenig von den funktionalistischen Mustern beeinflusst.
11]   Vgl. Spengelin 1983.
12]   Vgl. Spengelin 1964.
13]   Vgl. Beckmann 2015, 129–132.
14]   Ebd. 198.
15]   Die utopischen Projekte von Eilfried Huth, Günther Domenig, Bernhard
        Hafner und Klaus Gartler aus dieser Periode setzen Akzente in der
        lokalen Architekturszene und finden internationale Anerkennung.

wird. [16] Ein wichtiger Aspekt der Arbeiten der Werkgruppe ist die städtebauliche Integration der Objekte und der Mehrwert für die unmittelbare Nachbarschaft, den sie bringen. Bei der Terrassenhaussiedlung spielt, im Unterschied zu den utopisch anmutenden Strukturen in Großbritannien und den Niederlanden, von den ersten Entwurfsentscheidungen an die stadträumliche und landschaftliche Integration eine grundlegende Rolle.

Gleichzeitig mit dem Pendelschlag der Leitbilder und dem Wunsch nach einer Individualisierung des Umfeldes etabliert sich in Graz eine Tendenz hin zur Partizipation der Bewohner:innen. [17] Der partizipative Ansatz geht mit der Demokratisierung der Gesellschaft einher und wird gleichzeitig als ein Weg betrachtet, die Öffentlichkeit durch Architektur und Städtebau zu bilden. Der Aspekt der Partizipation spielt bei der Planung der Terrassenhaussiedlung im Unterschied zu einer Mehrzahl an strukturalistischen Beispielen eine wichtige Rolle. [18] Der partizipative Aspekt findet Ausdruck in dem differenzierten Angebot von unterschiedlichen Wohnungstypologien, deren innere Einteilung und Lage der Wandöffnungen von jenen Bewohner:innen, die rechtzeitig als Wohnungswerber:innen auftraten, mitbestimmt werden konnten.

Die Terrassenhaussiedlung zeigt alle Spuren der städtebaulichen Diskussion der Zeit. Die Tendenz, durch eine Verflechtung der Wohnnutzung mit allgemeinen Funktionen zu einer erlebbaren städtischen Umwelt zu kommen, führt zur Planung von Nahversorgungseinrichtungen in der Siedlungsmitte, die aber mangels interessierter Handelsunternehmen nicht realisiert werden. In den Erdgeschossen der Wohnblöcke sind kleinere Dienstleistungseinrichtungen und Firmenbüros zum Fußgängerbereich orientiert. Der Ruf nach städtischer Nutzungsverflechtung spiegelt sich auch im vertikalen Aufbau wider, denn über den drei bis vier Geschossen Terrassenwohnungen ist ein Kommunikationsgeschoss mit Raumreserven für diverse gemeinsame Nutzungen eingeplant.

Die Faszination für die technologischen Möglichkeiten für das Schaffen von innovativen städtebaulichen Strukturen ist nicht von langer Dauer. Die Erwartungen, dass über die Umweltgestaltung die gesellschaftlichen Prozesse geformt werden können, werden mit dem

[16]   Im Unterschied zur Architektur des Wiener Kreises (Hans Hollein, Gustav Peichl), die durch eine starke Durchdringung von Architektur und Kunst geprägt wird, fokussiert sich die Werkgruppe Graz auf eine technikorientierte Formensprache.
[17]   Eilfried Huth gilt als der Proponent des partizipativen Wohnbaus. Siehe: Partizipationsprojekte: BIG I Deutschlandsberg (1982), Thal Graz (1983), Gerlitzgründe Graz (1983), Eschensiedlung Deutschlandsberg (1992).
[18]   Die Terrassenbauten in Alterlaa (1985), Wien, geplant von Harry Glück, fühlen sich den funktionalistischen Ordnungsprinzipen verpflichtet. Der partizipative Aspekt im Wohnbau dient später den Arbeiten der Architekten der Gruppe „Forum" in den Niederlanden als Ausgangspunkt.

„Ölschock" 1974 überholt und bringen zwangsläufig Enttäuschungen mit sich. Die nachfolgende Phase der Ernüchterung und Verlangsamung des wirtschaftlichen Aufschwungs entziehen den städtebaulichen Utopien die Grundlagen.

Zu Beginn der 1980er wird die Idee für eine integrierende Betrachtung sozialer, wirtschaftlicher und räumlicher Aspekte zwar nicht aufgegeben, jedoch werden die Vorstellungen von dem, was damit zu erreichen ist, deutlich bescheidener. Hat bis dahin der Gedanke vorgeherrscht, die Stadt im Blick auf die zukünftigen Bedürfnisse umzustellen, so tritt nunmehr der Wunsch nach möglichst weitgehender Bewahrung und Interpretation traditioneller Stadtstrukturen in den Vordergrund. Deutlich zeigt sich dieser Stimmungswandel bei der Planung der Wohnanlage Wienerberger-Gründe von Ralph Erskine und Hubert Rieß, bei der der niedriggeschossige, verdichtete Wohnbau zum Hauptthema wird. Dieser entspricht einer ausgeprägten Tendenz zur Betonung städtischer Ortsgebundenheit und Unverwechselbarkeit. So wie die Terrassenhaussiedlung davor markiert auch diese Wohnanlage einen Höhepunkt in den Bestrebungen für ein menschengerechtes Milieu und ein gemeinschaftliches Wohnen in dieser Zeit. Die Wohnanlage erweitert auf eine dezente Weise das Erscheinungsbild des ehemaligen Kirchenorts und bestimmt den Maßstab zukünftiger Eingriffe im Bereich östlich des historischen Ortskerns von St. Peter.

Die Bedeutung für das städtische Umfeld

Die Konversion des Bereichs der Ziegelwerke und Lehmgruben verläuft schrittweise. Das Auffüllen des freigelegten Industriegebietes mit Wohnsiedlungen und das Formen eines abgeschlossenen Strukturbereichs zwischen der St.-Peter-Hauptstraße und dem Naturraum eröffnen die Möglichkeiten für eine sinnvolle Integration des Kirchenorts in die Stadt. Die Grundzüge des städtischen Siedlungswesens im Bezirk St. Peter lassen eine Reihe von Wandlungen der Leitbilder und der unterschiedlichen Siedlungstypologien erkennen, die trotz der lokalspezifischen Ausformungen als Gleichschritt mit internationalen Tendenzen und als Ausdruck geistiger Vernetzungen gesehen werden können. Der östliche Bereich des Bezirks veranschaulicht in einer räumlich-linearen Abfolge die unterschiedlichen städtebaulichen Typologien und den jeweiligen Zeitgeist.

In der Reihung von Wohnsiedlungen im östlichen Bereich des Bezirks St. Peter nimmt die Terrassenhaussiedlung mit ihrer Positionierung eine Gelenkrolle in der Stadtstruktur ein, die mehrere Bedeutungen hat: Erstens erschließt die Terrassenhaussiedlung eine brachliegende Industriefläche zwischen den bereits realisierten Siedlungen Eisteichsiedlung und Maß-Mensch-Siedlung im Norden und den Ausläufern des Ortskerns von St. Peter im Süden. Mit der Schließung dieser räumlichen

(3) Werkgruppe Graz, Terrassenhaussiedlung. Die Fußgängerverbindung integriert Straßenraum,
Siedlung und Grünsystem.

(4) Werkgruppe Graz, Terrassenhaussiedlung. Der zentrale Platz
der Siedlung ist von Aufenthaltsqualitäten geprägt.

Lücke ergibt sich ein baulicher Zusammenhang, der für das einheitliche Erscheinungsbild des unmittelbaren Umfeldes der Siedlung sowie für den gesamten Bezirk östlich der St.-Peter-Hauptstraße von grundlegender Bedeutung ist. Die eindeutige Ausrichtung der Grundstruktur und die Kompaktheit der Siedlung stellen einen Akzent im strukturmäßig eher diffusen Umfeld dar. Zweitens ist die fließende räumliche Verbindung zwischen der St.-Peter-Hauptstraße und dem Naturraum, welche die Siedlung durchwegt, ausschlaggebend für das Erfüllen der Gelenkrolle der Siedlung in ihrem Umfeld. Die Verbindung schafft einen Zusammenschluss der tangierenden Bereiche und integriert sie in ein zusammenhängendes stadtstrukturelles System. Sie ist auch die Grundlage für das Durchdringen zwischen Straßenraum, Siedlung und Grünsystem. Die öffentliche Durchwegung der Siedlung ist die Anzahlung dafür, dass die Siedlungsräume als Integrationsknoten im Umfeld wahrgenommen werden. Die Durchwegung ist in der Form eines pulsierenden öffentlichen Raumes gestaltet. Ein zentraler Platz wird durch die Überlagerung des nördlichen und südlichen Freiraumes ausgebildet. Die Zugänge zu dem Platz reflektieren die von Camillo Sitte formulierten Grundsätze für die Erschließung und Gestaltung öffentlicher Räume und unterstreichen somit den sozialen Charakter dieses Platzes. [19] Die maßstäbliche Gestaltung der Freiflächen gliedert den weiten und übersichtlichen Raum. Das räumliche Zentrum der Siedlung ist in einem hohen Maß von Aufenthaltsqualitäten geprägt, was sich in der aktiven Nutzung der Freiflächen widerspiegelt. Die Benutzung der Freiräume vonseiten der Passant:innen ist die Grundlage für die Identifikation der Einwohner:innen von St. Peter mit der Terrassenhaussiedlung (→3, 4).

Zum Dritten ist anzumerken, dass ein wichtiger Beitrag für die Qualitätssteigerung im gesamten Umfeld in der transparenten Bebauungsstruktur der Siedlung gründet. Sie schließt sich der umgebenden Bebauung an, schafft jedoch durch das geschickte Platzieren der Einzelelemente klar definierte städtische Räume. Die Ausbildung der vier Gebäudesilhouetten und das Wiederholen des Motivs schaffen einen

[19]   Vgl. Sitte 1889.

(5) Die Siedlungssilhouette der Terrassenhaussiedlung schafft einen vertikalen Akzent und bietet Orientierungshilfe im heterogenen Umfeld.

(6) Werkgruppe Graz, Terrassenhaussiedlung. Die Begrünung begleitet die Passant:innen und mündet in den Naturraum.

vertikalen Gruppenakzent im östlichen Strukturbereich des Bezirks, der eine Orientierungshilfe bei der Wahrnehmung von der St.-Peter-Hauptstraße und der näheren Umgebung bietet (→5).

Zum Vierten ist bei der Planung der Terrassenhaussiedlung von Beginn an die Schaffung eines zusammenhängenden Systems von Grünräumen ein Anliegen gewesen. Die Öffnung zur St.-Peter-Hauptstraße ist reichlich begrünt. Das Grün der öffentlichen Durchwegung und das der Wohnterrassen begleitet den Passant:innen bis zum Anschluss an den St.-Peter-Pfarrweg und mündet in den Naturraum. Dieser ist als ein Ausgleichsraum für die dichte Siedlung zeitgleich mit ihrer Umsetzung des konzipiert gewesen. [20] Die begrünte Durchwegung schafft einen Mehrwert für das System von öffentlichen Räumen im Bezirk (→6).

Die Gelenkrolle der Terrassenhaussiedlung wäre unvollständig erläutert, wenn die hohe städtebauliche Dichte und die entsprechend hohe Anzahl an Bewohner:innen unerwähnt bleiben würden. Diese haben einen quantitativen Entwicklungsschub im Bezirk ausgelöst, der letztendlich zu neuen qualitativen Veränderungen geführt hat. Mit der erreichten urbanen Dichte wird der durchwegte Siedlungsstandort zu einem Brennpunkt, dessen Bedeutung über die Grundstücksgrenzen hinaus geht. Als Folgeerscheinung der Steigerung der Einwohnerzahl durch die Terrassenhaussiedlung kommt es zum Anlegen zusätzlicher Dienstleitungseinrichtungen entlang der St.-Peter-Hauptstraße. Diese Entwicklung reflektiert auf die Siedlung zurück, da die neuen Objekte in einen Wettbewerb mit den ursprünglich in der Siedlung integrierten Einrichtungen geraten und diese letztendlich, aufgrund der Lagenvorzüge an der Hauptstraße, ersetzen.

Die Bedeutung der Terrassenhaussiedlung geht über die engen Grenzen des Bezirks und der Stadt hinaus. International gesehen ist sie unter den wenigen umgesetzten Beispielen strukturalistisch geprägter Großsiedlungen aus den euphorischen 1960/1970ern. Sie ist ein hervorragendes Beispiel einer städtebaulichen Idee und eines Ensembles, das einen bedeutenden Zeitabschnitt der Stadtbaugeschichte darstellt. Die Siedlung ist eine einzigartige baukünstlerische Leistung,

[20]   Vgl. Gross u. a. 1974.

ein Flaggschiff mit beträchtlichem Einfluss auf die städtebauliche Entwicklung des Bezirks St. Peter. Sie bringt die innovations- und experimentierfreudige Kulturatmosphäre der Stadt und der Region zum Ausdruck. Die einzigartige Überschneidung von strukturalistischem Gedankengut und urbaner Dichte mit den Partizipationsbestrebungen jener Zeit sowie die kulturelle Bedeutung für die Stadt machen die Siedlung zu einem wichtigen historischen Zeitzeugnis, dessen adaptive Erhaltung von öffentlichem Interesse ist.

Graz und seine Umgebung sind heute eine dynamisch wachsende Stadtregion, die mit den bestehenden Strukturen geringe Veränderungsmöglichkeiten anbietet. Aufgrund des beschränkten Baulandpotenzials spielt sich das Stadtwachstum im letzten Jahrzehnt vorwiegend über die Konversion von Gewerbebrachen und Verdichtung ab. Das zu lösende Problem dabei ist, dass die Wirtschaft möglichst unbelastete Standorte sucht, während die Öffentlichkeit hingegen verstärkt darum bemüht ist, freiwerdende Flächen zu entsiegeln und zu begrünen anstatt zu bebauen. Die Erkenntnisse über die Umweltgefährdung durch die Urbanisierung haben auf der einen Seite zu einer Veränderungsfeindlichkeit geführt. Auf der anderen Seite läuft ein Wettbewerb mit anderen Städten um Einwohner:innen und Arbeitsplätze und die daraus folgende Angebotsplanung an die Wirtschaft den Zielen langfristiger Konzepte zuwider. Diese Widersprüchlichkeit spiegelt sich in einer spürbaren Nüchternheit bei den städtebaulichen Entscheidungen wider. Das Verständnis von Städtebau tendiert in Richtung eines städtischen Managements, wobei in der Regel das Zusammenwirken mit den Investor:innen eine größere Rolle als ihre Bindung durch übergeordnete städtebauliche Konzepte spielt.

Der geförderte Wohnbau ist in Graz nach wie vor ein wichtiges Instrument für die Stadtentwicklung. Die Wohnsiedlungen werden als Teilprogramme für die Konversion von größeren Brachflächen und die partiellen Verdichtungen von Wohngebieten gehandhabt. Die Leitvorstellungen sind von dem Druck des Wohnungsmarkts und der steigenden Einwohnerzahl her beeinflusst. Die Forderungen nach energieeffizienten Lösungen führen naturgemäß ebenfalls zu erhöhten Dichten und kompakten Bauformen. Infolgedessen ist bei den Wohnsiedlungen, die in den letzten zwei Jahrzehnten entstanden sind, ein Gleichschritt in Richtung rationaler und allgemein anwendbarer Planungsmodelle zu beobachten. Das Interesse an innovativen Formen der Nachbarschaft und entsprechenden Raumbildungen ist deutlich geschrumpft. Das Bemühen um funktionale Durchmischung ist nicht zurückgegangen, jedoch erreicht es nicht jene Leitwirkung, die es in den 1960ern zeigte. Das hängt damit zusammen, dass das frühere sozial orientierte Planungsziel einer gleichmäßigen Versorgung aller Bewohner:innen mit dienstleistenden Einrichtungen in der Wohlstandsgesellschaft an Gewicht verloren hat. Die partizipativen Ansätze im Wohnbau, wie sie in Graz im Allgemei-

hen und bei der Terrassenhaussiedlung im Konkreten bis in die 1970er
eine wichtige Rolle gespielt haben, sind deutlich zurückgegangen. Auf
diesen Umstand ist gewissermaßen die Vereinheitlichung der Siedlungsstrukturen zurückzuführen. Unter dem Druck des Markts wird
leider die mit der Terrassenhaussiedlung umgesetzte integrierende
Betrachtung sozialer und räumlicher Aspekte als Vorauszahlung für
eine nachhaltige Siedlungsplanung übersehen. In Hinblick auf laufende Erneuerungen von Grazer Wohnsiedlungen, die auf das Verlängern
ihres Lebenszyklus zielen, erscheint ein Rückblick auf die Entstehung
der Terrassenhaussiedlung und ihren Mehrwert für die Umgebung angebracht.

Bibliografie

Albers, Gerd (Hg.): Grundriss der Stadtplanung, Hannover 1983

Beckmann, Karen: Urbanität durch Dichte? Geschichte und Gegenwart der Großwohnkomplexe der 1970er Jahre, Bielefeld 2015

Brunner, Walter: Geschichte der Stadt Graz, Band 1, Graz 2003

Gross, Eugen u. a. (Hg.): Siedlungsraum Graz-Südost. Funktionsentwurf für die
zukünftige städtebauliche Gestaltung des Siedlungsraumes Graz-Südost unter
besonderer Berücksichtigung der Verknüpfung großer Freiflächen (ehemalige Ziegeleigelände) für die Landschafts- und Grünraumgestaltung. 1. Stufen, Graz 1974

Hoffmann, Hubert/Göderitz, Johannes/Rainer, Roland: Die gegliederte und aufgelockerte Stadt, Tübingen 1957

Rosmann, Heinz: Stadtentwicklung Graz ab 1945 – ein historischer Exkurs, in:
Reale Abbildung der Stadtentwicklung Graz. Landnutzungskartierung 1945–2015,
Graz 2015, 222–249

Sitte, Camillo: Der Städtebau nach seinen künstlerischen Grundsätzen. Wien 1889

Spengelin, Friedrich: Gesellschaft durch Dichte, Basel 1964

Spengelin, Friedrich: Wohnung und Wohnumfeld, in: Albers, Gerd (Hg.): Grundriss
der Stadtplanung, Hannover 1983, 144–179

Wurzer, Rudolf: Erläuterungsbericht zum Flächennutzungsplan, Graz 1970

Abbildungsnachweis

Doytchinov, Grigor: 1, 2, 3, 4, 5, 6

Anselm Wagner

„SCHLECHTES IMAGE, ZUFRIEDENE BEWOHNER"

Die Rezeption der Grazer Terrassenhaussiedlung in Fachmedien und Tagespresse

Die Terrassenhaussiedlung der Werkgruppe Graz ist das mit Abstand am öftesten in Fach- und Tagespresse erwähnte Grazer Gebäude des 20. Jahrhunderts. Eine im Sommer 2022 durchgeführte Recherche [1] konnte 194 Erwähnungen und monografische Publikationen für den Zeitraum 1967 bis 2021 ermitteln (eine chronologische Liste findet sich im Anhang). Würde man noch Tageszeitungen, für die derzeit noch keine Volltextsuche möglich ist, und Reportagen in Radio und Fernsehen hinzunehmen, käme man sicher auf weit über 200 Titel. Dieser Umstand ist einigermaßen erstaunlich, zählt doch die Architektur der 1970er Jahre nicht unbedingt zu den Lieblingen von Publikum und Wissenschaft und war die Werkgruppe und mit ihr die Terrassenhaussiedlung doch die meiste Zeit vom internationalen Hype rund um die „Grazer Schule" ausgenommen. So war die Werkgruppe Graz zum Beispiel nicht in der wichtigen Ausstellung „Architektur-Investitionen. Grazer ‚Schule'. 13 Standpunkte" vertreten, die ausgehend vom Grazer Forum Stadtpark ab 1984 durch Europa tourte, [2] und in Peter Blundell Jones' Standardwerk *Dialogues in Time* von 1998 ist sie nur Teil der Vorgeschichte, jedoch mit keinem Werk im Katalogteil vertreten, der die relevanten Bauten der 1980er und 90er Jahre behandelt; ebensowenig taucht sie in den Biografien im Anhang auf, die immerhin 42 Grazer Architektinnen und Architekten auflistet. [3]

Im folgenden Beitrag soll nicht nur den Gründen für die hohe Publizität der Terrassenhaussiedlung nachgegangen werden, sondern auch den verschiedenen Konjunkturphasen und dem Bewertungswandel, den sie in ihrer über 50-jährigen Rezeptionsgeschichte erfahren hat. Das Thema ist bisher in der Forschung lediglich von Hubertus Adam in seinem Aufsatz „Das Jahr 1959 und die Folgen" in der Werkgruppe-Monografie von 2013 angeschnitten worden. Adam geht darin unter anderem auf die Tatsache ein, dass die Terrassenhaussiedlung „schon

[1] Für die wertvolle Unterstützung danke ich Eugen Gross und Elisabeth Strametz.
[2] Vgl. Forum Stadtpark (Hg.): Architektur-Investitionen. Grazer „Schule". 13 Standpunkte, Ausst.-Kat. Graz 1984.
[3] Vgl. Lit. 110, 113, S. 47, 48–49, 50, 65, 355–363.

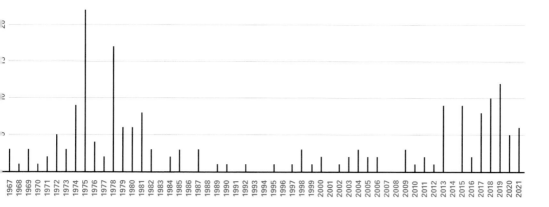

1967 1968 1969 1970 1971 1972 1973 1974 1975 1976 1977 1978 1979 1980 1981 1982 1983 1984 1985 1986 1987 1988 1989 1990 1991 1992 1993 1994 1995 1996 1997 1998 1999 2000 2001 2002 2003 2004 2005 2006 2007 2008 2009 2010 2011 2012 2013 2014 2015 2016 2017 2018 2019 2020 2021

(1) Anzahl der Publikationen zur Terrassenhaussiedlung zwischen 1967 und 2021

während ihrer Planungsphase publizistische Aufmerksamkeit" erregt habe, [4] während nach ihrer Fertigstellung die internationale Resonanz ausgeblieben sei. Adam führt dies darauf zurück, dass damals – 1978 – bereits „Skepsis gegenüber Hochhausprojekten und Megastrukturen vorherrschte" und sich die Werkgruppe auch nicht besonders um Veröffentlichungen bemüht habe. [5] Letzteres stellt sich im Licht meiner Recherche eindeutig als falsch heraus: Das Bemühen der Werkgruppe um mediale Resonanz war und ist sicherlich überdurchschnittlich.

„Die ‚durchforschte' Terrassenhaussiedlung"

Beginnen wir mit den nackten Zahlen: Im Schnitt wurde seit 1967 jedes Jahr 3,5 Mal etwas über die Terrassenhaussiedlung veröffentlicht. Stellt man die Verteilung dieser Publikationen als Konjunkturphasen auf dem Zeitstrahl dar, ergeben sich deutliche Berg- und Talfahrten → 1): Zwei absoluten Spitzen in den Jahren 1975 (22 Publikationen) und 1978 (17 Publikationen) – den Jahren der Fertigstellung des ersten und des zweiten Abschnittes – folgt ab den 1980er Jahren eine lange Talsohle mit jeweils keiner bis maximal drei Publikationen pro Jahr, und dann ab Mitte der 2010er Jahre wieder eine Höhenphase – mit dem vorläufigen Höhepunkt von zwölf Publikationen im Jahr 2019. Dass ein Bauwerk von der Dimension der Terrassenhaussiedlung während seiner Entstehung und kurz nach Fertigstellung medial breit gewürdigt wird, erscheint logisch; weniger selbstverständlich ist hingegen seine offensichtliche Wiederentdeckung vier Jahrzehnte später. Auf die inhaltlichen Gründe für diese Wiederentdeckung, zu der auch das vorliegende Buch gehört, wird noch einzugehen sein.

4] Lit. 135, S. 132.
5] ebd., S. 34, 36.

„SCHLECHTES IMAGE, ZUFRIEDENE BEWOHNER"

Zunächst fällt auf, dass die Terrassenhaussiedlung bereits fünf Jahre vor ihrer Grundsteinlegung publiziert wird. Sie ist 1967 Teil der legendären ÖGFA-Ausstellung „Neue städtische Wohnformen" [6] und findet von dort bereits Eingang in die Tagespresse. [7] Der Diskursrahmen ist somit von Anfang an festgesteckt: Es geht in erster Linie um Wohnbau in funktioneller Hinsicht, erst in zweiter Linie um Architektur im Sinne von räumlicher Gestaltung und schon gar nicht um Brutalismus – dieser Begriff taucht im Zusammenhang mit der Terrassenhaussiedlung erst 2013 auf! [8] Inhalt und Richtung des Diskurses wird dabei in einem hohen Maße von den Architekten selbst bestimmt: 18 Prozent der Veröffentlichungen oder 35 Titel gehen auf Mitglieder der Werkgruppe zurück oder werden von ihnen lanciert. Die zentrale Rolle spielt dabei Eugen Gross, der zwischen 1969 und 2021 26 Artikel (mit-)verfasst, in denen die Terrassenhaussiedlung entweder monografisch behandelt oder erwähnt wird. Seiner kontinuierlichen, unermüdlichen Publikationstätigkeit kommt eine wesentliche Rolle bei der Wiederentdeckung der Terrassenhaussiedlung im Lauf des vergangenen Jahrzehnts zu. Gross' Texte besitzen zudem eine große normative Kraft: Kaum ein Aspekt, den andere Autorinnen und Autoren berühren, ist nicht bereits zuvor von Gross thematisiert worden.

Als zweite große Gruppe sind unter den Publikationen der 1970er Jahre jene der Forschungsgesellschaft für Wohnen, Bauen und Planen zu nennen, welche aufgrund der 1971 erfolgten Ernennung der Terrassenhaussiedlung zum Demonstrativbauvorhaben [9] durch das Bundesministerium für Bauten und Technik die mit 20 Millionen Schilling dotierte [10] begleitende Forschung durchführt und zwischen 1974 und 1980 insgesamt 23 Forschungsberichte herausbringt. [11] Die bearbeiteten Themen reichen von Psychologie und Nutzerbewertung über Projektsteuerung bis zu Bauphysik, Hygiene und Grünraumgestaltung. Zwar richten sich diese in nur geringer Stückzahl im Eigenverlag publizierten Texte in erster Linie an die planenden Architektinnen und Architekten und einen engen Kreis von Fachleuten, aber sie bilden die Basis einer Vielzahl von Artikeln, die in der von der Abteilung Wohnbauforschung des Bundesministeriums für Bauten und Technik herausgegeben Zeitschrift *Wohnbau* erscheinen. [12] Die umfassend publizierte begleitende Forschung begründet den Ruf der Terrassenhaussiedlung als ein nicht bloß architektonisches, sondern wissenschaftlich fundiertes Bauprojekt. So lautet der Titel des *Wohnbau*-Heftes vom Mai 1981: *Graz-St. Peter: Die ‚durchforschte'*

---

[6]   Vgl. Lit. 1.
[7]   Vgl. Lit. 2.
[8]   Vgl. Lit. 141.
[9]   Vgl. Lit. 23, S. 99.
[10]   Vgl. Lit. 13.
[11]   Vgl. Lit. 26, 27, 31–46, 78–82.
[12]   Vgl. Lit. 22–25, 57–61, 83, 85–94.

(2) Bundesministerium für Bauten und Technik (Hg): *Wohnbau* 4 (1978), Cover, Wien 1978

Terrassenhaussiedlung. Es ist dies das letzte von insgesamt drei Heften, das *Wohnbau* ausschließlich der Terrassenhaussiedlung widmet – kein anderes Wohnbauprojekt wird von dieser Zeitschrift derart ausführlich behandelt. Das erste Heft vom Mai 1974 trägt den Titel *Demonstration städtischer Wohnformen: Graz-St. Peter*, das zweite vom April 1978 *Graz-St. Peter: Der einmalige Demonstrativbau* (→2). Ein wesentlicher Grund für die hohe Zahl von Publikationen zur Terrassenhaussiedlung liegt also in den erheblichen öffentlichen Mitteln, die nicht nur in den Bau, sondern auch in die begleitende Forschung und deren Veröffentlichungen fließen. Demgegenüber fällt die Bilanz von Artikeln in Fachzeitschriften, die von außen kommen, deutlich geringer aus: Hier sind zwischen 1967 und 1979 lediglich 15 Aufsätze zu verzeichnen. [13] Zwar ist es nicht ganz so, dass, wie Adam behauptet, „keine internationale Architekturzeitschrift St. Peter umfänglich nach Fertigstellung würdigte", denn die schwedische Zeitschrift *Arkitekten* widmet ihr 1978 in einer Nummer drei Artikel, [14] aber die Bilanz ist doch ernüchternd, vor allem, wenn man die hohe Publizität in der Planungs- und Bauphase berücksichtigt. Weder dem *bauforum* noch *Architektur aktuell*, den damals wichtigsten Architekturzeitschriften Österreichs, ist die Vollendung der Terrassenhaussiedlung eine Meldung wert. Adam ist sicher zuzustimmen, dass die völlig andere Richtung, den der Architekturdiskurs damals genommen hatte, der Terrassenhaussiedlung eine breitere Rezeption verwehrte.

[13]   Vgl. Lit. 3–6, 20, 29, 30, 48, 50, 52, 62–64, 69, 70, 74.
[14]   Vgl. Lit. 62–64.

Die Tagespresse ist in den ersten Jahren positiv bis euphorisch gestimmt. Von „interessante[r] Differenzierung bei der Kombination von Terrassenhäusern, Laubengangwohnungen und Maisonettwohnungen [sic]" [15] ist die Rede, von einem „originelle[n] Wohnprojekt", das „in seiner Art einmalig in Österreich dasteht", [16] gar von einem „Durchbruch in ein besseres Morgen". [17] Angefeuert wird die Euphorie von vielversprechenden Modellfotos und dem lokalpatriotischen Stolz, dass ein Grazer Projekt zum ersten Demonstrativbauvorhaben Österreichs erklärt worden war: „Terrassensiedlung St. Peter: Ein Beispiel für Österreich", titelt die *Kleine Zeitung*, das wichtigste Printmedium der Steiermark, am 22. April 1971. [18]

Die frühen Texte in den Fachmedien bestehen großteils aus reinen Funktionsbeschreibungen. Die qualitativen Aussagen konzentrieren sich zunächst auf die Wiedergewinnung städtischer Dichte, wie sie in der urbanistischen Diskussion der 60er Jahre vor allem von Jane Jacobs als Kritik des modernen Grundsatzes der „gegliederten und aufgelockerten Stadt" propagiert worden war. [19] Im allerersten Text von 1967 schreibt die Werkgruppe im Ausstellungskatalog *Neue städtische Wohnformen*, dass es ihr um die „Verdichtung der Stadtfunktionen" gehe, um die Vereinigung von „physischer Enge=dichte Bebauungsform mit psychisch erlebbarer Weite=größtmögliche Bewegungsfreiheit". [20] Ähnlich zwei Jahre später: „Gegenüber dem umgrenzenden, schwach besiedelten Gebiet stellt der Komplex eine zeitlich-räumliche Verdichtung dar, die urbanes Leben anregen soll." [21] Und: „Wohnbau ist Städtebau." [22] Der Titel des exklusiv der Terrassenhaussiedlung gewidmeten *Wohnbau*-Heftes vom Mai 1974, *Demonstration städtischer Wohnformen*, setzt diese Argumentationslinie fort. Die Partizipation der zukünftigen Bewohnerinnen und Bewohner am Planungsprozess, jener Aspekt, der in der heutigen Rezeption der Terrassenhaussiedlung eindeutig dominiert, wird erst ab 1974, als sich die Anlage schon seit zwei Jahren im Bau befindet, thematisiert. [23] Auf diesen Umstand angesprochen, führt Eugen Gross heute aus, dass die Partizipation von der Werkgruppe von Anfang an geplant war und offenbar so selbstverständlich erschien, dass sie nicht eigens thematisiert wurde. [24] Besonderes Gewicht bekommt die Partizipation erst in einer Broschüre über die Terrassenhaussiedlung, welche

[15] Lit. 2.
[16] Lit. 10.
[17] Lit. 9.
[18] Lit. 10.
[19] Zum Begriff der Dichte im Städtebaudiskurs der 1960er Jahre vgl. Sonne, Wolfgang: Auf und ab eines reduktiven Konzepts. Geschichte der Dichte im Städtebau, in: Der Architekt 5 (2017), 28–33, hier 31.
[20] Lit. 1. Wortident wiederholt in Lit. 20, S. 25.
[21] Lit. 6, S. 32.
[22] Lit. 7.
[23] Vgl. Lit. 23, S. 100.
[24] Vgl. E-Mails an den Autor vom 27. und 28.07.2022.

die Werkgruppe 1979 im Eigenverlag herausgibt, in der Konzept und Ausführung nochmals umfassend dargestellt, zugleich aber erstmals explizit auf den Strukturalismus als ideengebendes Konzept Bezug genommen wird. So wird zwischen der Primärstruktur (den horizontalen und vertikalen Verkehrswegen als Ausdruck der Gemeinschaft), der Sekundärstruktur (den Wohnungen als „Ort der Individualität") und der Tertiärstruktur (Partizipation und Selbstbau) unterschieden. [25] Der diskursive Schwerpunkt der 1970er Jahre liegt aber nicht bei der Partizipation, sondern bei der Typologie Terrassenhaus, die als brauchbares Instrument gegen die Zersiedelung betrachtet und damals in ganz Europa propagiert wird: So findet die Grazer Anlage als mustergültiges Beispiel bereits 1972 Aufnahme in das Überblickswerk *Terrassenhäuser* der Serie e+p (Entwurf und Planung). [26] Denn: „Die individuell nutzbare Terrasse wird als brauchbare Alternative zum eigenen Garten angesehen", heißt es im Editorial der oben erwähnten *Wohnbau*-Nummer von 1974. [27]

Vom Musterbeispiel zum Sorgenkind

Der Typologie Terrassenhaus bläst allerdings – vor allem, wenn sie, wie im Grazer Fall, mit dem Typus Hochhaus kombiniert ist – ab Mitte der 70er Jahre scharfer Gegenwind ins Gesicht. Dazu dient eine Metapher, die erstmals 1972 in einer Bildunterschrift zum Modell der Terrassenhaussiedlung auftaucht: die des „Wohngebirges". [28] Damals noch als wertneutrales, der differenzierten Höhenentwicklung und landschaftlichen Struktur der Siedlung adäquates Bild verwendet, taucht es 1975 in einem Interview mit dem Grazer ÖVP-Planungsstadtrat Erich Edegger in der *Kleinen Zeitung* in negativer Bedeutung auf. Edegger beklagt darin, dass in Graz noch 60 geplante Hochhäuser über eine Genehmigung verfügen würden, obwohl im Vorjahr der Gemeinderat einen Planungsstopp für diesen Gebäudetypus verhängt habe. Auf den Südosten von Graz angesprochen (wo sich die Terrassenhaussiedlung gerade im Bau befindet), meint der Stadtrat: „Die bisher günstige Situation hat sich durch die Wohngebirge der GWS und der Werkgruppe sehr verschlechtert." [29] Dass Edegger die Terrassenhaussiedlung mit den architektonisch anspruchslosen (und gar nicht gebirgsmäßigen) Hochhauszeilen der Eisteichsiedlung der GWS (Gemeinnützige Wohnbau- und Siedlungsgenossenschaft) in einen

---

[25]   Vgl. Lit. 73, o. P.
[26]   Vgl. Lit. 15; zweite Aufl. Lit. 21.
[27]   Lit. 22.
[28]   Lit. 12, S. 35.
[29]   Lit. 28.

Topf wirft, spricht Bände. Zur Verteidigung der Terrassenhaussiedlung rückt einige Monate später der Architekt Wolfdieter Dreibholz aus, der damals als freier Architekturkritiker für die *Kleine Zeitung* schreibt und später als Verantwortlicher des Landes Steiermark den partizipativen Wohnbau des „Modell Steiermark" vorantreiben wird. [30] Dreibholz gibt sich betont distanziert, erwähnt, dass das „Gefühl der Überdimensionierung nicht gänzlich abgewendet werden" kann, beschreibt aber ausführlich, wie von Seiten der Werkgruppe alles getan wurde, um die negativen Folgen des „anonymen Wohnens" zu verhindern, und schiebt der Stadtplanung die Schuld für viele Probleme zu, da verabsäumt worden sei, das Umfeld der Terrassenhaussiedlung rechtzeitig zu planen. [31] *Kleine-Zeitung*-Chefredakteur Max Mayr resümiert: „Die Terrassenhaus-Siedlung in Graz-St. Peter gehört ohne Zweifel zu jenen Wohnbauprojekten, die mit den widersprüchlichsten Kommentaren ‚ausgezeichnet' werden. Die Befürworter sprechen von spannender Gliederung, Formenreichtum, neuer Urbanität und den vielen Wohnungstypen, die Gegner reden von ‚grauen Burgen', Betonklötzen oder wuchtigen ‚Schlachtschiffen'" [32] In der Folge schlägt sich die *Kleine Zeitung* in zahlreichen Artikeln auf die Seite jener Wohnungskäufer, die sich durch die – unter anderem durch die Umstellung auf die Mehrwertsteuer und die individuellen Wohnungsausstattungen verursachten – enorme Steigerung der Gesamtkosten von ursprünglich 362 auf 720 Millionen Schilling betrogen fühlen. [33] Am Ende bleibt an der Terrassenhaussiedlung ein negativer Beigeschmack haften: „Einst Musterbeispiel, heute Sorgenkind", resümiert die *Kleine Zeitung* in einem Artikel von 1978. [34]

Schmerzlicher wurde seitens der Werkgruppe wohl ein Angriff empfunden, der ebenfalls 1978 von höchster fachlicher Seite kam: Roland Rainer, ein prominenter Vertreter des verdichteten Flachbaus, der sich laut Eugen Gross seinerzeit als einziges Mitglied der Begutachtungskommission gegen die Erklärung der Terrassenhaussiedlung zum Demonstrativbauvorhaben ausgesprochen hatte, [35] verwendete (nicht als solche in den Bildlegenden ausgewiesene) Abbildungen der Terrassenhaussiedlung in seinem Buch *Kriterien der wohnlichen Stadt* als Negativbeispiele. Zu Aufnahmen aus höheren Stockwerken auf den Innenhof heißt es: „Wenn man von einem Fenster des 20. Stockwerks auf eine von Zwergen bevölkerte Miniaturwelt hinunterblickt"– tatsächlich erreicht die Terrassenhaussiedlung nur zwölf Geschosse – und „Die durch die Weiterentwicklung der Punkthäuser zu langgestreckten Terrassenhäusern erreichten Vorteile sind gering-

[30]   Vgl. Lit. 179, S. 87f.
[31]   Vgl. Lit. 47.
[32]   Lit. 55, S. 24.
[33]   Vgl. Lit. 53, 65–68, 72, 76; Lit. 86, S. 8–10.
[34]   Lit. 65.
[35]   Vgl. Lit. 141.

fügig; auch hier erscheinen die unten spielenden Kinder kaum mehr wie Zwerge, sondern wie Ameisen, und die den Wohnungen der unteren Geschosse vorgelagerten Terrassen sind von zahllosen höher liegenden Wohnungen so eingesehen, daß von Privatraum keine Rede mehr sein kann". [36] Ein Jahr später setzt Rainer in einem Artikel in der Zeitschrift *bauforum* noch eines drauf: Jetzt dient ein wiederum nicht namentlich ausgewiesenes, aber für ein Fachpublikum leicht identifizierbares Foto der Terrassenhaussiedlung als Beleg folgender Behauptung: „Riesenhafte Wohnhäuser zerstören sowohl den menschlichen Maßstab für die Bewohner als auch den Größenmaßstab innerhalb des Stadtbildes: öffentliche Bauten können ihnen gegenüber nicht mehr dominieren." [37]

Aus einer ähnlichen Richtung kommt eine Dissertation, die 1983 an der TU Graz unter dem unspezifischen Titel *Wohnungsnahe Freizeit – ein Beitrag zur Gestaltung des Wohnumfeldes* eingereicht wird und als die bis dahin umfangreichste kritische Auseinandersetzung mit der Terrassenhaussiedlung bezeichnet werden muss. Auf 130 der gut 200 Seiten umfassenden Arbeit unterzieht ihr Autor Dieter Wolf das Bauwerk einer sorgfältigen, auch auf Befragungen der Bewohnerinnen und Bewohner beruhenden Analyse und kommt zu dem Schluss, dass die Kommunikationsdichte nicht automatisch mit der Wohndichte wachse, es an „echter Urbanität" mangle und erst die Kinder eine solche in die Anlage bringen würden (wobei er die Tatsache, dass in der Siedlung keine Gefahr durch Autos droht, positiv hervorhebt). Insgesamt fehle aber den „Riesenhäusern […] das Menschliche, das die alten Städte so wohnlich und so anziehend macht". [38] Als erster kritisiert er auch den sozialen Aspekt, nämlich, dass die Terrassenhaussiedlung nur von Vertreterinnen und Vertretern des gehobenen Mittelstandes bewohnt werde und noch dazu aus Steuergeldern kräftig subventioniert worden sei. [39]

Wohnbau-Chefredakteur Robert Koch gibt in der dritten, exklusiv der Terrassenhaussiedlung gewidmeten Nummer von 1981 zu bedenken, dass die Siedlung von St. Peter zu einem Zeitpunkt geplant worden sei, als „Großwohnanlagen als Problemlöser der Wohnungsnot betrachtet wurden", die aber heute „allesamt in Verruf" geraten seien, denn mittlerweile werde auch von seriösen Wissenschaftlerinnen und Wissenschaftlern behauptet, dass „Wohnen in Hochhäusern […] krank" mache. Demgegenüber herrsche aber eine große Nachfrage nach Wohnungen in der Terrassenhaussiedlung, die bei weitem nicht befriedigt werden könne. [40] Und so fasst *Wohnbau*

[36]   Lit. 71, S. 25, 161.
[37]   Lit. 75, S. 15.
[38]   Lit. 96, S. 177.
[39]   Vgl. ebd., 68, 127.
[40]   Lit. 85.

unter dem Titel „Schlechtes Image, zufriedene Bewohner" das Mei-
nungsbild Anfang der 80er Jahre zusammen: „Es gibt nur wenige
andere Wohnhausanlagen dieser Größenordnung in Österreich, bei
denen eine ebenso ausgereifte Konzeption realisiert wurde. [...]
Und dennoch hat die Terrassenhaus-Siedlung St. Peter bei Medien
und Politikern in Graz ein schlechtes Image, weil der finanzielle
Aufwand offenbar jahrelang unerforscht blieb. Über die steirischen
Grenzen hinaus ist der Demonstrativbau selbst in Fachkreisen wenig bekannt. Mit anderen heftig kritisierten Großwohnanlagen hat
das Terrassenhaus jedoch eines gemeinsam: die Bewohner sind
außergewöhnlich zufrieden." [41] Drei Jahre später scheint Kochs En-
gagement für die Terrassenhaussiedlung aber merklich erkaltet: Im
Zehnjahresrückblick seiner 1974 gegründeten Zeitschrift wird der
Demonstrativbau nur mehr kurz erwähnt [42] – dass Koch ihm drei ganze
Hefte gewidmet hatte, scheint vergessen.

Im Warteraum der Historisierung: die 1980er bis 2000er Jahre

Die späten 1980er, 90er und 2000er Jahre, die rein quantitativ eine Talsohle in der Rezeptionsgeschichte beschreiben, sind einerseits durch
eine unabhängige wissenschaftliche Aufarbeitung, andererseits durch
die Aufnahme der Terrassenhaussiedlung in Architekturführer und
Überblickswerke, also eine beginnende Historisierung, gekennzeichnet. Den Anfang macht Friedrich Achleitner, dessen Aversion sowohl
gegen Großwohnanlagen als auch gegen den Brutalismus eigentlich
eine schärfere Kritik erwarten ließe. Sein Resümee im 1983 publizierten zweiten Band der *Österreichischen Architektur im 20. Jahrhundert* fällt aber vorsichtig wohlwollend aus: „Von den ersten Entwurfsentscheidungen an spielte die stadträumliche und landschaftliche
Frage eine Rolle, und man muß den Entwerfern zugestehen, daß es
ihnen teilweise gelungen ist, im Zusammenhang mit dem Wohnbau
eine neue Qualität zu erreichen, die nicht nur die private Innen-Außen-
raumbeziehung der Wohnungen betrifft (begrünte Terrassen, Loggien
etc.), sondern vor allem auch die gesamträumliche Disposition, den
stadtlandschaftlichen Aspekt der Bebauungsform." [43] Noch wichtiger
ist, dass der Texteintrag von gleich vier Fotos, vier Grundrissen, einem
Schnitt und einem Lageplan begleitet wird, also einer Menge an Bild-
dokumenten, die Achleitner in Graz sonst nur mehr der Bachmann-
Kolonie aus dem frühen 20. Jahrhundert zugesteht. [44]

[41] Lit. 86, S. 3.
[42] Vgl. Lit. 97, S. 7.
[43] Lit. 95, S. 394.
[44] Vgl. ebd., S. 397–399.

Von den Publikationen der 1990er Jahre kann der 1998 veröffentlichte Band *Wohnsiedlungen* von Thomas Hafner, Barbara Wohn und
Karin Rebholz-Chaves, der ein DFG-Forschungsprojekt der Universität Stuttgart dokumentiert, als besonders repräsentativ gelten. In der
ausführlichen Analyse der Grazer Terrassenhaussiedlung werden die
hohe Flexibilität der Grundrisse, die Freiflächen, Gemeinschaftsein-
richtungen und die Anbindung an das Stadtzentrum als positiv hervorgehoben, während die Partizipation, die das ursprünglich strengere
strukturalistische Konzept der Architekten verunklärt habe, die „un-
gelöste" Gestaltung der Eingangsbereiche und der offenen Treppenhäuser und die nicht angenommenen öffentlichen Dachterrassen und
Kommunikationsebenen eine negative Bewertung erfahren. [45] Nicht
bewertet, aber ausführlicher erörtert wird die Tatsache, dass der Aka-
demikeranteil unter den Bewohnerinnen und Bewohner außerordentlich hoch, jener an Ausländerinnen und Ausländer und Erwerblosen
verschwindend gering sei, und dass bereits mehr als die Hälfte der
ursprünglichen Besitzerinnen und Besitzer ihre Wohnungen wieder
verkauft hätten, um sich mithilfe der Wertsteigerung ein Eigenheim
zu leisten. [46] Fazit: „Die Terrassenhaussiedlung St. Peter gehört zu
den Wohnbauprojekten, an denen sich die Geister scheiden." [47]

Die Wiederentdeckung eines „zeitlosen Vorbildes"

Als hätte man einen Schalter umgelegt, verstummen die kritischen
Stimmen in der Fachliteratur nach der Jahrtausendwende komplett.
Das hat zum einen damit zu tun, dass die Historisierungsphase abgeschlossen ist und etwaige Mängel, auch wenn sie vielleicht noch
auffallen mögen, in der Betrachtung gegenüber der historischen
Bedeutung des Bauwerks in den Hintergrund treten, wobei das Historische immer weniger interessiert und schließlich von der Zeitlosigkeit
des Klassikers überschrieben wird. Als „eine der ersten und gelun-
gensten Realisierungen in Österreich als Ergebnis der Städtebau-
diskussion und der Megastruktur-Experimente" bezeichnet etwa Maria
Welzig 2002 die Terrassenhaussiedlung in der *Geschichte der bildenden Kunst in Österreich* [48] – ein Superlativ, der ein paar Jahr zuvor
noch undenkbar gewesen wäre. Zum anderen betritt nun vermehrt
die Enkelgeneration der Werkgruppe die publizistische Bühne, die
gegenüber dem Werk der Eltern tendenziell kritisch, jenem der Groß-
eltern jedoch tendenziell enthusiastisch eingestellt ist. Prototypisch für
diesen neuen Ton ist etwa der Kommentar zu einer Führung von Eugen

45] Vgl. Lit. 111, S. 110.
46] Vgl. ebd., S. 112.
47] Lit. 111, S. 113.
48] Lit. 116, S. 463.

„SCHLECHTES IMAGE, ZUFRIEDENE BEWOHNER"

Gross durch die Terrassenhaussiedlung im Rahmen eines Workshops des Wohnlabors, einer Gruppe junger Absolventinnen und Absolventen der Grazer Architekturfakultät, im Jahr 2018: „Jede der 528 Wohnungen ist anders! Drei Familien laden uns heute zu sich nach Hause ein, und wir bekommen einen Einblick in die kreativ gestalteten Wohnräume: Hier hat sich eine junge Familie ein Galeriegeschoß eingebaut. Auf unterschiedlichen Ebenen wird gekocht, gespielt und gelebt. Eine Erweiterung des Wohnraums bildet im Sommer die Dachterrasse, wo gerade die Tomaten reif werden. Die Besichtigung der Siedlung endet am Dach, wo eine Bewohnerin einen zum Besuch offenen Gemüse- und Kräutergarten angelegt hat. Für Grazer Architekturstudierende ist die Siedlung ein zeitloses Vorbild, das zeigt, wie man urban, dicht, grün, generationenübergreifend und individuell leben kann. Beeindruckt genießen wir den 360°-Ausblick über die Siedlung, die Stadt und das Grazer Umland." [49] Beim Lesen dieser Zeilen denkt man unwillkürlich, dass die Terrassenhaussiedlung vielleicht weniger zehn Jahre zu spät als vielmehr 40 Jahre zu früh vollendet worden ist. Für die junge Architektengeneration, die mit neoliberal optimierter Investorenarchitektur groß geworden ist, stellt sie jedenfalls die Entdeckung eines geradezu paradiesischen Ideals dar.

Freilich reicht die Generationenthese nicht ganz aus, um die Wiederentdeckung der Terrassenhaussiedlung zu erklären. Generell wurde der Werkgruppe vor allem ab 2010 eine neue Aufmerksamkeit zuteil: Während die expressiven Extravaganzen der späten „Grazer Schule" im Zuge von Minimalismus und Neo-Moderne zunehmend auf Unverständnis stießen, gewann die formale Unaufgeregtheit der bis dahin als etwas „langweilig" geltenden Werkgruppe an Attraktivität. Zugleich erwachte ein neues Interesse an Megastrukturen und den Utopien der 1960er Jahre. Am Symposion „Was bleibt von der Grazer Schule?", das 2010 an der Grazer Architekturfakultät stattfand und sich auf die frühe, „utopische" Phase konzentrierte, nahm auch Eugen Gross teil und referierte darüber, wie der Strukturalismus die Werkgruppe und die „Grazer Schule" geprägt hatte. Im 2012 veröffentlichten Tagungsband stand die Terrassenhaussiedlung selbstverständlich neben den Ikonen der „Grazer Schule" und war im Gegensatz zu Blundell Jones' bis dahin kanonischer Dramaturgie von der Vorgeschichte zum Hauptakt aufgestiegen. 2013 fand im Grazer Haus der Architektur eine große Retrospektive der Werkgruppe statt, deren repräsentativer Katalog der Werkgruppe erstmals den gebührenden Platz in der österreichischen Architekturgeschichte zuwies. Ab dann schnellte die Zahl der Publikationen zur Terrassenhaussiedlung erstmals seit den 1970er-Jahren wieder in die Höhe. Zusätzlich half das neue Interesse am Brutalismus, in dessen Kontext die Terrassen-

[49]   Lit. 176, S. 26.

haussiedlung, wie erwähnt, erstmals 2013 gestellt wurde, und die wieder aufgeflammte Diskussion um die Partizipation im Wohnbau. Eine wichtige Rolle beim neuen „Hype" um die Siedlung spielte und spielt die Architektin Andrea Jany, die Mitherausgeberin dieses Buches, die 2017 mit einer Arbeit über den Wohnbau des „Modell Steiermark" an der TU Graz promovierte, in der sie die Terrassenhaussiedlung zusammen mit der Eschensiedlung in Deutschlandsberg von Eilfried Huth als wesentliche Vorbilder des weit über Graz und Österreich hinaus strahlenden Wohnbauprogramms des „Modell Steiermark" identifizierte. [50] In Janys Darstellung, der sie auch eine sozialwissenschaftliche Erhebung zur Wohnzufriedenheit hinzufügte, stehen die Partizipation und der Modellcharakter der Terrassenhaussiedlung (nicht zuletzt auch für den heutigen Wohnbau) im Vordergrund. Deshalb sind in ihrer sonst historisch peniblen Darstellung alle kritischen Stimmen konsequent ausgeblendet: Der bereits festgestellte Wandel von der Historisierung zum zeitlosen Klassiker, den die Terrassenhaussiedlung in der Rezeption seit der Jahrtausendwende vollzogen hat, wurde auch in Janys zehn weiteren Publikationen zur Siedlung, die bis 2021 herauskamen, vollzogen und ist für den derzeitigen Diskurs richtungsweisend. [51] Programmatisch schrieb sie in einem Aufsatz von 2020 für die Zeitschrift *Wohnenplus*: „Die visionären Ideen der Siedlung für 2.000 Menschen haben immer noch Bestand – die hohe Wohnzufriedenheit bestätigt den Erfolg." [52] Darüber hinaus war Jany 2017/18 maßgeblich am Projekt SONTE (Sondierungsstudie Smarte Modernisierung Terrassenhaussiedlung) des Instituts für Wohnbauforschung beteiligt, in der es um Maßnahmen zur energetischen Verbesserung der Siedlung ging. [53]

Die publizistische Wiederentdeckung der Terrassenhaussiedlung trug sicher auch dazu bei, dass das Bundesdenkmalamt 2020 ein Verfahren zur Unterschutzstellung des Gebäudes eröffnete. Als sich dagegen Widerstand seitens einiger Wohnungseigentümerinnen und Wohnungseigentümer regte, die eine Entwertung ihrer Wohnungen befürchteten, stellte sich die *Kleine Zeitung* interessanter Weise auf die Seite des Denkmalamtes, obwohl die Mehrheit ihrer Leser dies bis heute kritisch sieht. In der medialen Debatte spielten die Begriffe „schön" und „hässlich" sowie „Beton" und „Brutalismus" die Hauptrolle. Bei einer – natürlich nicht repräsentativen, aber mit einer Beteiligung von immerhin 742 Stimmen ausgestatteten – Online-Umfrage stimmten die Leserinnen und Leser über die Frage ab, ob die Terrassenhaussiedlung unter Denkmalschutz gestellt werden solle. Mit Stand 28.07.2022 votierten 40 Prozent für

50]   Vgl. Lit. 159, Druckfassung Lit. 179.
51]   Vgl. Lit. 145, 159, 163, 166, 167, 169, 178, 179, 186, 187.
52]   Lit. 186, S. 15.
53]   Vgl. Lit. 165, 167.

„Ja, auch wenn es nur eine Hochhaussiedlung in der Vorstadt ist: Die Architektur mit Sichtbeton, aber auch die Gestaltung als autofreies Areal mit Gemeinschaftsflächen zeichnen das Projekt aus. Das ist eine echte Landmark" und 60 Prozent für „Es ist nicht mehr als eine klassische Wohnsiedlung der 1970er mit wenig ansprechender Architektur. Ein Denkmal sieht anders aus". [54] Zwischen dem Fachdiskurs und der allgemeinen Meinung der Bevölkerung tut sich also immer noch eine gewisse Kluft auf.

Resümee

Die publizistische Rezeption der Terrassenhaussiedlung ist einerseits in ihrer Breite und Intensität als herausragend und höchst ungewöhnlich zu bezeichnen, andererseits zeigt sie modellhaft die klassischen Phasen von anfänglicher Zustimmung, gefolgt von Ablehnung, allmählicher Historisierung und schließlich Wiederentdeckung und Kanonisierung. Sichtbar wurde aber auch, dass es an engagierten Einzelpersonen liegt, besonders die Durststrecken zu überbrücken – denn auf die Ablehnung könnte auch das Vergessen und schließlich der Umbau oder Abbruch folgen. Im konkreten Fall hat Eugen Gross in seiner Doppelrolle als Architekt der Siedlung und deren wichtigster Kommentator diese Aufgabe wahrgenommen. Schließlich ist jede Wiederentdeckung auch ein Kind der Mode ihrer Zeit: Partizipation, Megastruktur, Strukturalismus, Brutalismus – die Terrassenhaussiedlung erfüllte nahezu jedes Retro-Thema der 2010er Jahre. In Summe gelang es der publizistischen Wiederentdeckung, mit dem Denkmalschutzverfahren auch harte juristische Fakten zu schaffen und den Fortbestand des ikonischen Gebäudes zu sichern.

[54]   Hecke, Bernd: Das sagt der Landeskonservator. „Die Terrassenhaussiedlung ist ein hervorragender Bau", in: Kleine Zeitung (28.01.2022), online: https://kleinezeitung.at/steiermark/graz/5963133/Das-sagt-der-Landeskonservator_Die-Terrassenhaussiedlung-ist-ein (letzter Zugriff: 28.07.2022).

Literatur zur Terrassenhaussiedlung 1967–2021 (chronologisch)

[1] Werkgruppe Graz: Terrassensiedlung St. Peter Hauptstraße, in: Neue städtische Wohnformen, Ausst.-Kat., Österreichische Gesellschaft für Architektur, Wien 1967

[2] Ecker, Dietrich: Vorschläge österreichischer Architekten. Forum Stadtpark: Ausstellung neue städtische Wohnformen, in: Kleine Zeitung (16.11.1967), 18

[3] Hufnagl, Viktor: Städtisches Wohnen, in: bauforum 1 (1967), 18–25, hier 22

[4] o. A.: Arbeiten junger österreichischer Architekten, in: Bauen und Wohnen 23, 2 (Februar 1968), 70–76, hier 71–72

[5] Feuerstein, Günther: Architektur – 1969, in: Alte und Moderne Kunst 14, 102 (1969), 32–42, hier 38–39

[6] o. A.: Forum Stadtpark in Warschau. Beispiele aus der Ausstellung „Kunst und Architektur", in: Manuskripte 25 (1969), 26–35, hier 32

[7] E. G. (= Gross, Eugen): Wohnprojekt der „Werkgruppe" für Graz. Terrassenhaus-Siedlung St. Peter, in: steirische berichte 6 (1969), 27

[8] Moser, Friedrich: Bis 1959 Zufall und Spekulation. Stadtplanung gestern, heute, morgen, in: Kleine Zeitung (29.04.1970), 18

[9] Mayr, Max: Raumordnung: Damit wir glücklicher leben können! Eine Zwischenbilanz, in: Kleine Zeitung (25.03.1971), 13

[10] o. A.: Terrassenhaussiedlung St. Peter: Ein Beispiel für Österreich, in: Kleine Zeitung (22.04.1971), 20

[11] Gross, Eugen/Groß, Friedl: Steiermark – Chancen, Grenzen, Möglichkeiten. Studie zur Grundlegung des Modells Steiermark, Graz 1972

[12] Moser, Friedrich: Vom Verwalten zum Gestalten, in: steirische berichte 3/4 (1972), 34–35, hier 35

[13] o. A.: Moderne Terrassensiedlung in Graz-St. Peter beschlossen, in: Kleine Zeitung (29.02.1972), 26

[14] Mayr, Max: ‚Neustadt' für 10.000 Menschen, in: Kleine Zeitung (09.06.1972), 13

[15] Riccabona, Christof/Wachberger, Michael (Hg.): Terrassenhäuser. Natürliche Terrassenbauformen, freie Terrassenbauformen, Terrassen als städtebauliches Element (e + p 14), München 1972, 92–93

[16] Gross, Eugen u. a. (Hg.): Terrassenhaussiedlung Graz-St. Peter. Grundlagenstudie für die Errichtung eines Zentrums, Graz 1973

[17] o. A.: Geht uns die Luft aus? Raumordnung ist (wäre) der beste Umweltschutz!, in: Kleine Zeitung (17.02.1973), B6

[18] o. A.: Eine riesige Baustelle im Osten von Graz…, in: Kleine Zeitung (21.03.1973), 16

[19] Gross, Eugen u. a. (Hg.): Siedlungsraum Graz-Südost. Funktionsentwurf für die zukünftige städtebauliche Gestaltung des Siedlungsraumes Graz-Südost unter besonderer Berücksichtigung der Verfügbarkeit großer Freiflächen (ehemalige Ziegeleigelände) für die Landschafts- und Grünraumgestaltung, 1. Stufe, Graz 1974

[20] Werkgruppe Graz: Demonstrativbauvorhaben Terrassenhaussiedlung Graz-St. Peter, in: bauforum 7, 45 (September-Oktober 1974), 24–25

[21] Riccabona, Christof (Hg.): Terrassenhäuser. Natürliche Terrassenbauformen, freie Terrassenbauformen, Terrassen als städtebauliches Element, München [2]1974, 92–93

[22] o. A.: Zum Thema, in: Wohnbau 5 (1974), 98

[23] o. A.: Wohnen im Terrassenhaus: Ausblick auf eine heile Wohnwelt?, in: Wohnbau 5 (1974), 99–107

[24] o. A.: Reviergliederung für die Planung öffentlichen Lebens, in: Wohnbau 5 (1974), 108–109

[25] Gross, Eugen u. a.: Die Qualität der Wohnung hängt von der Qualität der Umwelt ab, in: Wohnbau 5 (1974), 110–114

[26] Guttmann, Giselher: Terrassensiedlung Graz-St. Peter. Wohnbaupsychologische Studie (Arbeitsunterlage Forschungsgesellschaft für Wohnen, Bauen und Planen A-783), Wien 1974 (97 Seiten)

[27] Gradischnik, Helmut: Vergleichende Kostenuntersuchungen von Terrassenhäusern auf dem Gebiet der Heizungs-, Sanitär und Elektrotechnik (Schriftenreihe der Forschungsgesellschaft für Wohnen, Bauen und Planen 56), Wien 1974 (56 Seiten)

[28] Mayr, Max: Edegger: Kritische Bürger stärken uns den Rücken, in: Kleine Zeitung (21.02.1975), 10

[29] o. A.: Demonstrativ-Bauvorhaben Terrassenhaussiedlung Graz-St. Peter Richtung Zukunft, in: Eternit 40/41 (1975), 4–6

[30] o. A.: Unserer Mitglieder stellen vor. Demonstrativbauvorhaben in Graz-St. Peter, in: Wohnen und Siedeln 9 (1975), 160–161

[31] Panzhauser, Erich: Gutachten über die Schutzraumanlage der Terrassenhaussiedlung Graz-St. Peter (Arbeitsunterlage Forschungsgesellschaft für Wohnen, Bauen und Planen A-784), Wien 1975 (9 Seiten)

[32] Holub, Ignaz. E./Pircher, Hans: Projektsorganisation und Projektskontrolle, untersucht am Demonstrativbauvorhaben Graz-St. Peter (Arbeitsunterlage Forschungsgesellschaft für Wohnen, Bauen und Planen A-790), Wien 1975 (10 Seiten)

[33] Holub, Ignaz E./Pircher, Hans: Methodik der Projektsverwaltung im Hochbau, untersucht am Demonstrativbauvorhaben Graz-St. Peter (Arbeitsunterlage Forschungsgesellschaft für Wohnen, Bauen und Planen A-791), Wien 1975 (124 Seiten)

[34] Woess, Friedrich/Zeitlberger, Horst/Loidl, Hans: Dachgärten und Pflanztröge (Schriftenreihe der Forschungsgesellschaft für Wohnen, Bauen und Planen 58), Wien 1975 (24 Seiten)

[35] Riccabona, Christof/Wachberger, Michael: Wohnwertvergleiche und Bewertung der verschiedenen Wohnungstypen, untersucht am Demonstrativbauvorhaben Graz-St. Peter (Schriftenreihe der Forschungsgesellschaft für Wohnen, Bauen und Planen 60), Wien 1975 (74 Seiten)

[36] Riccabona, Christof/Wachberger, Michael: Ermittlung optimaler Freiflächengrößen von freien Terrassenbauten in Abhängigkeit von Grundrißtiefe, Belichtung und Neigungswinkel, untersucht am Demonstrativbauvorhaben Graz-St. Peter (Schriftenreihe der Forschungsgesellschaft für Wohnen, Bauen und Planen 61), Wien 1975 (135 Seiten)

[37] Gradischnik, Helmut: Wirtschaftlichste Form der Heizkostenaufteilung. Demonstrativbauvorhaben Graz-St. Peter (Schriftenreihe der Forschungsgesellschaft für Wohnen, Bauen und Planen 62), Wien 1975 (39 Seiten)

[38] Haider, Manfred: Hygienische Aspekte, untersucht am Demonstrativbauvorhaben Graz, St. Peter. Endbericht (Schriftenreihe der Forschungsgesellschaft für Wohnen, Bauen und Planen 63), Wien 1975 (39 Seiten)

[39] Holub, Ignaz E.: Zusammenfassender Schlußbericht über den 1. Abschnitt (Schriftenreihe der Forschungsgesellschaft für Wohnen, Bauen und Planen 64), Wien 1975 (311 Seiten)

[40] Pfeiler, Werner: Bauphysikalische Beurteilung und Dimensionierung des Bausystems und der Bauteile, untersucht am Demonstrativbauvorhaben Graz-St. Peter (Schriftenreihe der Forschungsgesellschaft für Wohnen, Bauen und Planen 65), Wien 1975 (106 Seiten)

[41] Pfeiler, Werner: Beilagensammlung zum Forschungsprojekt „Bauphysikalische Beurteilung und Dimensionierung des Bausystems und der Bauteile", untersucht am Demonstrativbauvorhaben Graz-St. Peter (Arbeitsunterlage Forschungsgesellschaft für Wohnen, Bauen und Planen A-801), Wien 1975 (158 Seiten)

[42] Gradischnik, Helmut: Technischer Ausbau II. Optimierung des Heizungssystems. Weiterführung der gebäudespezifischen Untersuchungen (Schriftenreihe der Forschungsgesellschaft für Wohnen, Bauen und Planen 66), Wien 1975 (o. P)

[43] Gradischnik, Helmut: Technischer Ausbau I. Optimierung des Heizungssystems, untersucht am Demonstrativbauvorhaben Graz-St. Peter (Arbeitsunterlage Forschungsgesellschaft für Wohnen, Bauen und Planen A-789, 1), Wien 1975 (208 Seiten)

[44] Gradischnik, Helmut/Friedrich, K.: Technischer Ausbau II. Optimierung des Elektroteiles (Arbeitsunterlage Forschungsgesellschaft für Wohnen, Bauen und Planen A-789, 2), Wien 1975 (53 Seiten)

[45] Gradischnik, Helmut: Technischer Ausbau III. Optimierung des Systems der Tiefgaragenent- und -belüftung (Arbeitsunterlage Forschungsgesellschaft für Wohnen, Bauen und Planen A-789, 3), Wien 1975 (81 Seiten)

[46] Gradischnik, Helmut: Technischer Ausbau IV. Optimierung des Systems der Warmwasseraufbereitung (Arbeitsunterlage Forschungsgesellschaft für Wohnen, Bauen und Planen A-789, 4), Wien 1975 (o. P.)

[47] Dreibholz, Wolfdieter: Impulse für den Wohnbau. Zur Terrassenhaussiedlung Graz-St. Peter, in: Kleine Zeitung (12.07.1975), 17

[48] o. A.: Zu unserem Titelbild: Demonstrativbau Graz-St. Peter, in: Österreichische Bauzeitung 28 (12.07.1975), 1049

[49] o. A.: F 221 – Demonstrativbauvorhaben Graz-St. Peter – 2. Teil, in: Wohnbauforschung. Bericht über die Förderungsmaßnahmen des Bundesministeriums für Bauten und Technik und über die Forschungsergebnisse im Jahr 1975, Wien 1975, 44–51

[50] o. A.: Graz-St. Peter, Österreich. Immeubles terrasses. Terrassenhaussiedlung. Terraced blocks of flats, in: AC. Internationale Asbestzement-Revue 21, 81 (Januar 1976), 14–16

[51] **Österreichische Gesellschaft für Architektur** (Hg.): Österreichische Architektur 1945–75. Zeitentwicklungsübersicht, Utopien-Konzeptionen, Beispielhafte Objekte, Ausst.-Kat. Wiener Secession, Wien 1976, o. P.

[52] **o. A.**: Wohnen als Experiment – auch für Architekten. Expérimentation de l'habitat – y compris pour les architectes. Living as an experiment – for architects too. Werkgruppe Graz, in: Bauen + Wohnen 4 (April 1976), 124

[53] **Blaschka, Egon**: Terrassenhaussiedlung St. Peter: … ist bitter enttäuscht. Abrechnung erst nach völliger Fertigstellung – Rechte werden geschmälert, in: Kleine Zeitung (16.09.1976), 10

[54] **Bundesministerium für Finanzen** (Hg.): Konfrontationen 77. Forum Stadtpark Graz, Ausst.-Kat., Wien 1977, o. P.

[55] **Mayr, Max**: Mehr Platz für unsere Kinder! Der erste Beitrag des „steirischen Fernsehens" stellt die Terrassenhaus-Siedlung in Graz-St. Peter vor. Sendung am Mittwoch um 18.30 Uhr!, in: Kleine Zeitung (12.06.1977), 24–25

[56] **Gross, Eugen u. a.** (Hg.): Siedlungsraum Graz-Südost. Funktionsentwurf für die zukünftige städtebauliche Gestaltung des Siedlungsraumes Graz-Südost unter besonderer Berücksichtigung der Verfügbarkeit großer Freiflächen (ehemalige Ziegeleigelände) für die Landschafts- und Grünraumgestaltung, 2. Stufe, Graz 1978

[57] **o. A.**: Zum Thema, in: Wohnbau 4 (1978), 3

[58] **o. A.**: Die Terrassen von St. Peter, in: Wohnbau 4 (1978), 4–11

[59] **o. A.**: Bauen mit dem Netz, in: Wohnbau 4 (1978), 12–17

[60] **o. A.**: Wohnwünsche in der Retrospektive, in: Wohnbau 4 (1978), 18–25

[61] **o. A.**: Zur Soziologie der Wohnbauforschung, in: Wohnbau 4 (1978), 26–30

[62] **Mollerup, Jens**: Beboermedbestemmelse og forskningsobjekt [Bewohnermitbestimmung und Forschungsobjekt], in: Arkitekten 20 (1978), 461

[63] **Mollerup, Jens**: Terrassehusbyggelse i Graz-St. Peter [Terrassenhausbau in Graz-St. Peter], in: Arkitekten 20 (1978), 462–466

[64] **Mollerup, Jens**: Beboerreaktioner i Graz-St. Peter-bebyggelsen [Bewohnerreaktionen in der Siedlung Graz-St- Peter], in: Arkitekten 20 (1978), 467

[65] **Wallner, Helli**: Bewohner: „Mit der Geduld am Ende!" Immer neue Probleme um Terrassenhaussiedlung in Graz, in: Kleine Zeitung (08.04.1978), 8

[66] **Wallner, Helli**: Grazer Demonstrativbau kritisch betrachtet. Zeitschrift des Bundesministeriums für Bauten und Technik, in: Kleine Zeitung (12.04.1978), 32

[67] **Wallner, Helli**: Wir sind leider betrogen worden! Die Betroffenen in der Terrassenhaussiedlung Graz-St. Peter, in: Kleine Zeitung (16.04.1978), 15

[68] **Wallner, Helli**: Soziales Wohnen – für wie viele?, in: Kleine Zeitung (16.04.1978), 15

[69] **Melnitzky, Fred Jürgen**: Terrassenhaussiedlung Graz-St. Peter, ein Demonstrativbauvorhaben, in: Mayreder 23 (Oktober 1978), 48–51

[70] **Zeitlhofer, Hubert**: Forschung für eine rationale Wohnungsproduktion, in: Wohnbau 11-12 (1978), 26–33, hier 31–32

[71] **Rainer, Roland**: Kriterien der wohnlichen Stadt. Trendwende im Wohnungswesen und Städtebau, Graz 1978, 25, 161

[72] **o. A.**: Terrassenhaussiedlung: Wieder Schwierigkeiten, in: Kleine Zeitung (05.01.1979), 10

[73] Gross, Eugen u. a. (Hg.): Demonstrativbauvorhaben Terrassenhaussiedlung Graz-St. Peter, 1972–1978, Graz o. J. [1979]

[74] Messerschmidt, Ingeborg: „Kontrolliertes Experiment" zur Erprobung geeigneter städtischer Wohnformen. Das Demonstrativbauvorhaben Graz-St. Peter, in: Neue Heimat 26, 5 (1979), 24–29

[75] Rainer, Roland: Trendwende in Wohnungswesen und Städtebau, in: bauforum 12, 68 (1979), 9–15, hier 15

[76] Wallner, Helli: „Emmentalerbauten" als Mahnmal, in: Kleine Zeitung (23.11.1979), 20–21

[77] Schweigert, Horst: Graz (Dehio-Handbuch. Die Kunstdenkmäler Österreichs), hg. v. Institut für österreichische Kunstforschung des Bundesdenkmalamtes, Wien 1979, 209

[78] Gradischnik, Helmut: Demonstrativbauvorhaben Graz-St. Peter. Technischer Ausbau II – Meßtechnische Untersuchung hinsichtlich des Einflusses der Regelung der Raumtemperatur auf den Wärmeverbrauch (Schriftenreihe der Forschungsgesellschaft für Wohnen, Bauen und Planen 80), Wien 1980 (101 Seiten)

[79] Pfeiler, Werner: Demonstrativbauvorhaben Graz-St. Peter. Teil II, Abschnitt 2. Bauphysikalische Beurteilung. Dimensionierung des Bausystems und der Bauteile. Schlußbericht (Schriftenreihe der Forschungsgesellschaft für Wohnen, Bauen und Planen 81), Wien 1980 (o. P)

[80] Holub, Ignaz E.: Demonstrativbauvorhaben Graz-St. Peter. Methodik der Projektverwaltung im Hochbau, Praktische Anwendung des empfohlenen Systems (Schriftenreihe der Forschungsgesellschaft für Wohnen, Bauen und Planen 82), Wien 1980

[81] Woess, Friedrich: Demonstrativbauvorhaben Graz-St. Peter. Grünraumplanung (Schriftenreihe der Forschungsgesellschaft für Wohnen, Bauen und Planen 83), Wien 1980

[82] Holub, Ignaz E.: Demonstrativbauvorhaben Graz-St. Peter. Teil II, Abschnitt 2. Zusammenfassender Schlußbericht (Schriftenreihe der Forschungsgesellschaft für Wohnen, Bauen und Planen 84), Wien 1980 (142 Seiten)

[83] o. A.: Mehr Grün im Wohnbereich, in: Wohnbau 9 (1980), 4–11, hier 4, 6–9

[84] Zentralvereinigung der Architekten, Landesverband Steiermark (Hg.): Architektur aus Graz, Ausst.-Kat. Grazer Künstlerhaus, Graz 1981, 25–27

[85] Koch, Robert: Zum Thema, in: Wohnbau 5 (1981), 1

[86] o. A.: St. Peter: Schlechtes Image, zufriedene Bewohner, in: Wohnbau 5 (1981), 3–13

[87] o. A.: Die Terrassenhaussiedlung im Detail, in: Wohnbau 5 (1981), 14–15

[88] o. A.: Bauphysik: Der Schall kennt viele Wege, in: Wohnbau 5 (1981), 16–20

[89] o. A.: Heizung: Regelung der Raumtemperatur spart Energie, in: Wohnbau 5 (1981), 21–22

[90] o. A.: Der Computer schreibt die Rechnungen, in: Wohnbau 5 (1981), 23–27

[91] o. A.: Mitbestimmung ist wichtig, informiert sein noch wichtiger, in: Wohnbau 5 (1981), 28–31

[92] o. A.: Mitbestimmung kennt viele Varianten, in: Wohnbau 7–8 (1982), 9–19, hier 9–11

[93] o. A.: Partizipanten sind zufrieden, kritisch und kooperativ, in: Wohnbau 7–8 (1982), 40–55, hier 40–45

[94] o. A.: Wie Mitbestimmung ‚organisiert' wird, in: Wohnbau 9 (1982), 22–25, hier 23

[95] Achleitner, Friedrich: Österreichische Architektur im 20. Jahrhundert. Ein Führer in drei Bänden, Band II, Kärnten Steiermark Burgenland, Salzburg/Wien 1983, 393–394

[96] Wolf, Dieter: Wohnungsnahe Freizeit. Ein Beitrag zur Gestaltung des Wohnumfeldes, Diss. TU Graz 1983, hier 58–189

[97] Koch, Robert: Eine Bilanz voller Hoffnungen, in: Wohnbau 11–12 (1984), 4–10, hier 7

[98] Gross, Eugen: Das steirische Wohnbaumodell, in: Hufnagl, Viktor/Bundes-Ingenieurkammer Bundesfachgruppe Architektur (Hg.): Reflexionen und Aphorismen zur österreichischen Architektur (1. Österreichischer Architektentag in Wien vom 22. bis 24. November 1984), Wien 1984, 214–220, hier 214f, 218

[99] Verein der österreichischen Zementfabrikanten (Hg.): Beton im Wohnbau, Wien 1985, o. P. (Abbildungsteil)

[100] Schlöss, Erich: Austria Modern Architecture, hg. v. Österreichischen Bundeskanzleramt (Faltblatt), Wien 1985

[101] o. A.: „Bauernfest" vor Betonburg, in: Kleine Zeitung (01.09.1985), 1

[102] o.A.: Architektur aus Graz/Architecture de Graz. Öffentliche Bauten und Projekte von 1980 bis heute/Bâtiments et Projets d'initiative publique de 1980 à nos jours, Ausst.-Kat. Europalia Österreich 87, Brüssel 1987, 16

[103] Ecker, Dietrich: Architektur in Graz 1980–1987. Anhang 32 Bauten 1952–1979, Graz 1987, 20

[104] Freisitzer, Kurt/Koch, Robert/Uhl, Ottokar: Mitbestimmung im Wohnbau. Ein Handbuch, Wien 1987, 29, 30, 212

[105] Koch, Robert: Anders wohnen. Mitplanen. Mitbauen. Mitbestimmen. Ausstellung über Mitbestimmung im Wohnbau. Schlußbericht, Wien 1989, 16, 26

[106] o. A.: Die neue Stadt in der Stadt, in: Neue Zeit (24.04.1990), 32–33

[107] Ecker, Dietrich: Architektur/Architecture in Graz 1980–1990. Anhang 32 Bauten/Supplement 32 Buildings 1952–1979, Graz ²1992, 32

[108] Schöpfer, Gerald/Teibenbacher, Peter: Graz seit 1945. Daten, Fakten, Kommentare (Unserer Zeit Geschichte. Veröffentlichungen des Instituts für Wirtschafts- und Sozialgeschichte der Karl-Franzens-Universität Graz Bd. 2), Graz 1995, 174

[109] Bahr, Wolfgang: Unsere Stadt. 25 unbekannte Wege durch Graz, Wien 1997, 138

[110] Blundell Jones, Peter: Dialogues in Time. New Graz Architecture, Graz 1998, 48–49

[111] Hafner, Thomas/Wohn, Barbara/Rebholz-Chaves, Karin: Wohnsiedlungen. Entwürfe, Typen, Erfahrungen aus Deutschland, Österreich und der Schweiz, Basel/Berlin/Boston 1998, 104, 108–113, 281, 283, 299

[112] Katschnig-Fasch, Elisabeth: Möblierter Sinn. Städtische Wohn- und Lebensstile, Wien/Köln/Weimar 1998, 124–130

[113] **Blundell Jones, Peter**: Dialogues in Time. New Graz Architecture, Graz ²1999, 48–49

[114] **Blundell Jones, Peter**: Dialogues in Time. Neue Architektur Graz. Deutsche Übersetzung des Hauptteiles, Graz 2000, 28

[115] **Gross, Eugen**: Ein Werkbericht, in: Ortwein Kurier 12 (2000), 26–40, hier 36–37

[116] **Welzig, Maria**: Architektur seit 1945, in: Schmied, Wieland (Hg.): 20. Jahrhundert (Geschichte der bildenden Kunst in Österreich Bd. 6), 451–488, hier 462f

[117] **Gross, Eugen**: Von der Megastruktur zur Wohninsel. Alte (Un)Bekannte III, in: Architektur & Bau Forum 17, (2003), 12–13

[118] **Gross, Eugen**: Terrassenhaussiedlung, in: Szyszkowitz, Michael/Ilsinger, Renate (Hg.): Architektur_Graz. Positionen im Stadtraum. Mit Schwerpunkt ab 1990, Graz 2003, I14

[119] **Gross, Eugen**: Terrassenhaussiedlung, in: Szyszkowitz, Michael/Ilsinger, Renate (Hg.): Architektur_Graz. Positionen im Stadtraum, Mit Schwerpunkt ab 1990, Graz ²2003, I14

[120] **Luser, Hansjörg**: Alte Ansichten – Stadtvisionen des 20. Jahrhunderts. 50 Jahre im Überblick (02.07.2004), https://www.gat.st/news/alte-ansichten-stadtvisionen-des-20-jahrhunderts (letzter Zugriff: 28.07.2022)

[121] **Angeringer-Mmadu, Ute**: 1965 Demonstrativbauvorhaben Terrassenhaussiedlung (12.07.2004), http://www.gat.st/news/1965-demonstrativbauvorhaben-terrassenhaussiedlung (letzter Zugriff: 28.07.2022)

[122] **o.A.**: Terrassenhaussiedlung. Werkgruppe Graz – Graz (A) – 1978 (10.07.2005), in: https://www.nextroom.at/building.php?id=18824 (letzter Zugriff: 28.07.2022)

[123] **Jäger, Caroline**: Österreichische Architektur des 19. und 20. Jahrhunderts, Wien/Graz 2005, 129

[124] **Architekturzentrum Wien** (Hg.): a_schau. Architektur in Österreich im 20. und 21. Jahrhundert, Basel/Boston/Berlin 2006, 310–311

[125] **Werkgruppe Graz**: 3.3.6/Wegphase 6/Projekte und Realisierungen/Terrassenhaussiedlung Graz-St. Peter (1965–78), in: https://www.werkgruppe-graz.at/1400/04/wegphase06.html (letzter Zugriff: 28.07.2022)

[126] **Riewe, Roger**: Alltagstauglich, in: Fakultät für Architektur der TU Graz (Hg.): Hollomey 80. Festschrift für Werner Hollomey zum 80. Geburtstag, Graz 2009, 12–16

[127] **Gross, Eugen**: Terrassenhaussiedlung Graz-St. Peter, in: Fakultät für Architektur der TU Graz (Hg.): Hollomey 80. Festschrift für Werner Hollomey zum 80. Geburtstag, Graz 2009, 66–68

[128] **Gross, Eugen**: Terrassenhaussiedlung, in: Szyszkowitz, Michael/Ilsinger, Renate (Hg.): Architektur_Graz. Positionen im Stadtraum. Mit Schwerpunkt ab 1990, 3. erweiterte und aktualisierte Aufl. Graz 2009, I15

[129] **Gross, Eugen**: Terrassenhaussiedlung Housing Complex, in: Szyszkowitz, Michael/Ilsinger, Renate (Hg.): Graz_Architecture. Positions in the urban space focusing on the period as of 1990. 3rd expanded and updated edition Graz 2009, 15

[130] **Jäger-Klein, Caroline**: Österreichische Architektur des 19. und 20. Jahrhunderts, Wien/Graz ²2010, 141–142

[131] **Adam, Hubertus**: Raum, verschraubt mit der Zeit/Space, Twisted with Time (Architekturjahrbuch Graz Steiermark 2010/Architecture Yearbook Graz Styria 2010, hg. v. Eva Guttmann, HDA Haus der Architektur, Graz), Graz/Basel 2011, 52–55

[132] **Wallraff, Michael**: Vertikaler öffentlicher Raum/Vertical Public Space, Ausst.-Kat. MAK Wien, Nürnberg 2011, 130

[133] **Gross, Eugen**: Wie beeinflusste der Strukturalismus die „Grazer Schule"?, in: Wagner, Anselm/Senarclens de Grancy, Antje (Hg.): Was bleibt von der „Grazer Schule"? Architektur-Utopien seit den 1960ern revisited (architektur + analyse Bd. 1), Berlin 2012, 214–225, hier 219–220

[134] **Guttmann, Eva/Kaiser, Gabriele**: Strukturen, die Freiheit schaffen. Ein Gespräch/Structures that Create Freedom. A Conversation, in: Guttmann, Eva/Kaiser, Gabriele /HDA Graz (Hg.): Werkgruppe Graz 1959–1989. Architektur an der Wende zur späten Moderne. Architecture at the Turn of Late Modernism, Zürich 2013, 12–25, hier 20–25

[135] **Adam, Hubertus**: Das Jahr 1959 und die Folgen. Die Werkgruppe Graz im internationalen Kontext/The Year 1959 and the Consequences. The Werkgruppe Graz in an International Context, in: ebd., 26–37, hier 30–35

[136] **Götz, Bettina/Manahl, Richard**: Zur Werkgruppe Graz. Ein Kommentar/About the Werkgruppe Graz. A Commentary, in: ebd., 38–43, hier 40–43

[137] **o. A.**: Terrassenhaussiedlung/Terrace House Estate/Graz-St. Peter, in: ebd., 104–117

[138] **Tezak, Helmut**: Der Hauseingang/The House Entrance/Fotoessay/Photo Essay, in: ebd. 254–267, hier 262, 263

[139] **Kapfinger, Otto**: Interfaces. Helmut Tezaks fotografische Lektüre von Werkgruppe-Bauten/Interfaces. Helmut Tezak's Photographic Reading of Werkgruppe Buildings, in: ebd., 268–275, hier 272–275

[140] **Pasek, David**: Werkgruppe Graz. Architecture at the Turn of Late Modernism 1959–1989, in: Quer. Architektur und Leben im urbanen Raum 11 (2013), 15; online: http://www.quer-magazin.at/home/11-2013/255 (letzter Zugriff: 28.07.2022)

[141] **Hafner, Bernhard**: Im Gespräch mit Eugen Gross_Teil 1 (08.12.2013), https://www.gat.st/news/im-gespraech-mit-eugen-grosstel-1 (letzter Zugriff: 28.07.2022)

[142] **Hafner, Bernhard**: Im Gespräch mit Eugen Gross_Teil 2 (15.12.2013), https://www.gat.st/news/im-gespraech-mit-eugen-grosstel-2 (letzter Zugriff: 28.07.2022)

[143] **Achleitner, Friedrich**: Friedrich Achleitners Blick auf Österreichs Architektur nach 1945, hg. von Roland Gnaiger, Basel 2015, 222–225

[144] **Beckmann, Karen**: Urbanität durch Dichte? Geschichte und Gegenwart der Großwohnkomplexe der 1970er Jahre (Architekturen Bd. 29), Bielefeld 2015, 416–450, 460

[145] **Jany, Andrea**: Die real gewordene Utopie, in: Forum 01/02 (2015), 9–10

[146] **Sagl, Marie-Therese**: Soziale Nachhaltigkeit und architektonische Gestaltung. Eine Analyse zum Einfluss baulicher Strukturen auf soziale Ressourcen im Wohnbau am Beispiel von sieben Grazer Stadtquartieren, Diss. Universität Graz 2015, 175–180

[147] **o. A.**: Gemeinsam oder doch ganz einsam? Wohnen in der Gemeinschaft, in: Kleine Zeitung (21.03.2015), 44–45

[148] Hort, Anselm [= Gross, Eugen]: Begegnungen in der Terrassenhaussiedlung – 1 (09.08.2015), in: https://www.gat.st/news/begegnungen-der-terrassenhaus-siedlung-1 (letzter Zugriff: 28.07.2022)

[149] Hort, Anselm [= Gross, Eugen]: Begegnungen in der Terrassenhaussiedlung – 2 (16.08.2015), https://www.gat.st/news/begegnungen-der-terrassenhaussied-lung-2 (letzter Zugriff: 28.07.2022)

[150] Hort, Anselm [= Gross, Eugen]: Begegnungen in der Terrassenhaussiedlung – 3 (23.08.2015), https://www.gat.st/news/begegnungen-der-terrassenhaussied-lung-3 (letzter Zugriff: 28.07.2022)

[151] Gross, Eugen: Urbanität durch Dichte? (Rezension) (02.09.2015), https://www.gat.st/news/urbanitaet-durch-dichte (letzter Zugriff: 28.07.2022)

[152] Architekturzentrum Wien (Hg.): Architecture in Austria in the 20th and 21st centuries, Basel/Boston/Berlin 2016, 336–337

[153] De Chiffre, Lorenzo: Das Wiener Terrassenhaus. Entwicklungsphasen und Aktualität eines historischen Wohntypus mit Fokus auf den lokalspezifischen architektonischen Diskurs, Diss. TU Wien 2016, 127, 202, 203, 235, 255, 256

[154] Bundeskanzleramt Österreich (Hg.): Dritter Österreichischer Baukulturreport. Szenarien und Strategien 2050, Wien 2017, 42

[155] Wilhelm, Karin: Alltag(s)-Wissen. Der Traum vom guten Leben, in: arch+ 50, 230 (2017), 76–87, hier 81–82

[156] o. V.: SONTE. Sondierungsstudie Smarte Modernisierung Terrassenhaussiedlung Graz (19.04.2017), https://www.gat.st/news/sonte (letzter Zugriff: 28.07.2022)

[157] Zoidl, Franziska: Neuer Fahrplan für Terrassenhaussiedlung, in: Der Standard, (06./07.05.2017), I7

[158] o. V.: Denkmalschutz für die Zukunft von gestern? (28.06.2017), https://www.gat.st/date/denkmalschutz-fuer-die-zukunft-von-gestern (letzter Zugriff: 28.07.2022)

[159] Jany, Andrea: Der Wohnbau des Modell Steiermark. Eine geschichtliche Aufarbeitung des Wohnbaus des Modell Steiermark und eine empirische Studie zur Erhebung der Wohnzufriedenheit in ausgewählten Projekten, Diss. TU Graz 2017, 44–65

[160] Beckmann, Karen: Verdichtete Siedlungsstrukturen. Zur Aktualität von Großwohnkomplexen, in: Der Architekt 5 (2017), 34–39

[161] Wakefield, Tanu: Creating human-centered cities. Residents happy when they plan their own housing, international visitor says (12.12.2017), https://shc.stanford.edu/jany (letzter Zugriff: 28.07.2022)

[162] Grabner, Martin: Architektur wird mit der Zeit (23.01.2018), https://www.gat.st/news/architektur-wird-mit-der-zeit (letzter Zugriff: 28.07.2022)

[163] Jany, Andrea: Der Wohnbau des Modell Steiermark – Teil 2 (16.05.2018), in: https://www.gat.st/news/der-wohnbau-des-modell-steiermark-teil-2

[164] Adam, Hubertus: 1968 und die Folgen in Österreich und der Schweiz, in: domus 31 (Mai/Juni 2018), 82–89, hier 86, 88

[165] Institut für Wohnbauforschung (Hg.): SONTE. Sondierungsstudie Smarte Modernisierung Terrassenhaussiedlung Graz-St. Peter. Modernisierungsleitfaden – für ein gemeinschaftliches und nachhaltiges Morgen, Graz 2018, online: https://hda-graz.at/kooperationen/sonte/modernisierungsleitfaden-terrassenhaussied-lung.pdf (letzter Zugriff: 28.07.2022)

[166] Jany, Andrea: Wohnen ist eine Aufgabe für alle! (06.06.2018), https://www.gat.st/news/wohnen-ist-eine-aufgabe-fuer-alle (letzter Zugriff: 28.07.2022)

[167] Jany, Andrea: SONTE – der fertige Modernisierungsleitfaden (14.06.2018), https://www.gat.st/news/sonte-der-fertige-modernisierungsleitfaden (letzter Zugriff: 28.07.2022)

[168] Keiler, Barbara: Baudenkmäler des späten 20. Jahrhunderts in Österreich/Late 20th Century Architectural Monuments in Austria, in: ISG Magazin (Internationales Städteforum Graz) 2 (2018), 4–9, hier 6–7

[169] Jany, Andrea/Kelz-Flitsch, Christina: Die Modernisierung einer Utopie/The Modernization of a UTOPIA, in: ISG Magazin (Internationales Städteforum Graz) 2 (2018), 20–23

[170] Achleitner, Friedrich: Terrassenhaussiedlung St. Peter, in: Kapfinger, Otto/Stiller, Adolph (Hg.): Fundamente der Demokratie. Architektur in Österreich – neu gesehen: Bildung, Soziales, Kultur, Ausst.-Kat. Vienna Insurance Group Ringturm Wien, Salzburg/Wien 2018, 159

[171] Gross, Eugen: Architektonische Nachkriegsmoderne. Post-War Modernism in Architecture, in: ISG Magazin (Internationales Städteforum Graz) 4 (2018), 4–9

[172] Lebitsch, Julian: Terrassenhaussiedlung St. Peter, in: Wagner, Anselm/Walk, Sophia (Hg.): Architekturführer Graz, Berlin 2019, 410–413

[173] Gross, Eugen: Baukultur der Nachkriegsmoderne (28.01.2019), https://www.gat.st/news/baukultur-der-nachkriegsmoderne (letzter Zugriff: 28.07.2022)

[174] Adenberger, Marietta: Das Comeback der Partizipation, in: Wohnenplus 4 (2019), 38

[175] Griesser-Stermscheg, Martina/Hackenschmidt, Sebastian/Oláh, Stefan (Hg.): Bunt, sozial, brutal. Architektur der 1970er Jahre in Österreich, Salzburg 2019, 9, 76, 77

[176] Gross, Eugen: Lebenszyklen und Partizipation im Wohnbau. Zu Besuch in der Terrassenhaussiedlung mit Eugen Gross, in: Wohnlabor (Hg.): Gemeinsam wohnen gestalten. Workshop & Veranstaltungsreihe 15.–20.07.2018, Graz 2019, 23–27

[177] Hanak, Michael: Steirisches Wohngebirge, in: Arch. Architektur mit Faserzement 2 (2019), 4–5

[178] Jany, Andrea: Baukultur durch Mitbestimmung. Der Wohnbau des „Modell Steiermark" als baukulturelle Leistung, in: Internationales Städteforum in Graz (Hg.): New Heritage. Ein Generationenvertrag, Graz 2019, 80–99, hier 83–85, 93–99

[179] Jany, Andrea: Experiment Wohnbau. Die partizipative Architektur des Modell Steiermark (architektur + analyse Bd. 7), Berlin 2019, 32–51, 172–175

[180] Volberg, Claudia Verena: Bedeutungsträger Beton. Potenziale der Materialsemiantik am Beispiel von Großwohnbauten der 1960er Jahre, Diss. TU Graz 2019, 79–244

[181] Pisarik, Sonja: Kleine Revolution, in: Profil 39 (22.09.2019), 96–97

[182] Sustr, Nicolas: Beteiligung macht zufrieden. Mitsprache beim Wohnungsbau führt zu besseren Nachbarschaften, in: Metropole. Die Woche nd, 30.11./01.12.2019, 25

[183] Hinterbrandner, Angelika: Wohnen wird immer neu verhandelt. Praxisbeispiele zeigen, warum nachhaltiges Wohnen ein engagiertes Bürgertum voraussetzt (05.12.2019), https://www.mini.de/de_DE/home/thesoonernow/wohnen-wird-immer-neu-verhandelt.html (letzter Zugriff: 28.07.2022)

[184] Steixner, Gerhard/Welzig, Maria: Die Erfindung des Terrassenwohnhauses, in: Steixner, Gerhard/Welzig, Maria (Hg.): Luxus für alle. Meilensteine im europäischen Terrassenwohnbau, Basel 2020, 63–89, hier 83

[185] Beckmann, Karen: Terrassenhaussiedlung St. Peter, Graz. Werkgruppe Graz. 1965–78, in: ebd., 172–183

[186] Jany, Andrea: Einheit und Vielfalt im Grossformat, in: Wohnenplus. Fachmagazin für die Zukunft des Wohnens 23, 1 (2020), 15–17

[187] Jany, Andrea/Volberg, Claudia: Wohnen mit Beton, in: Zement+Beton 3 (2020), 16–19

[188] Sagl, Marie-Therese: Hürden einer gesellschaftsbildenden Praxis oder Warum soziale Nachhaltigkeit nur Hintergrundmusik ist, in: LAMA. Das lösungsorientierte Architekturmagazin 2 (Dezember 2020), 44–52, hier 45

[189] Gross, Eugen: Wenn ein Haus spricht. Eine andere Biografie, Graz 2021, 184–193

[190] Hecke, Bernd: Die Grazer Terrassenhaussiedlung soll ein Denkmal werden. Verhärtete Beton-Fronten. Für die einen ist sie einfach hässlich, für Experten schlicht legendär. Nun will sie das Denkmalamt unter Schutz stellen. Ein „Monsterverfahren", das Bewohner empört, in: Kleine Zeitung (09.04.2021)

[191] Hecke, Bernd: Sie ruht auf dem Schutt von Hauptbahnhof und Schauspielhaus. Es dauerte 13 Jahre von der Vision zum Beton – und die Baukosten verdoppelten sich auf 730 Millionen Schilling. Die Geschichte eines potenziellen Denkmals, in: Kleine Zeitung (10.04.2021)

[192] o. A.: So denken unsere Leser. „Ureinwohner" der Terrassenhaussiedlung zur Denkmalschutz-Debatte, in: Kleine Zeitung (10.04.2021)

[193] Mraček, Wenzel: Wolkenschaufler_45. Denkmal Terrassenhaussiedlung Graz-St. Peter (13.04.2021), https://www.gat.st/news/wolkenschaufler45 (letzter Zugriff: 28.07.2022)

[194] Wagner, Anselm: Partizipation und Struktur. Terrassenhaussiedlung, in: Wagner, Anselm/Walk, Sophia (Hg.): SOS Grazer Schule, Graz 2021, 19

Abbildungsnachweis

Bundesministerium für Bauten und Technik: 2
Strametz, Elisabeth: 1

Juan Cascales Barrio

EINHEIT UND KOMPLEXITÄT
Eine Gestaltungsanalyse

Die Terrassenhaussiedlung St. Peter folgt einer Tradition radikaler Avantgardearchitektur und experimentiert in der Spannweite von Urbanität, Technologie und Programmatik. Der Entwurf basiert weder auf Referenzen noch auf formalen, vorgefassten Bildern – im Gegenteil: Die bauliche Umsetzung orientiert sich an mehreren Maßstäben, Konzepten und Kriterien für urbanes Wohnen. Die Wohnungstypologien sind gerade noch konventionell: Erschließungstürme, Zweispänner, Blöcke mit Gängen und Brücken außen und innen. Auch Statik und Infrastruktur sind durch diese Typologien noch konventionell gelöst. Die Projektentwicklung jedes einzelnen Wohnungstyps ist zweistufig, mit einer räumlich-formalen und einer baulichen Ausführungsplanung, aber am Rande der Typologien fließt von Beginn der Errichtung an die Kreativität der Architekten ein.

Das bedeutet nicht, dass die Architektur der radikalen Avantgardegruppen ein eigenes Bild entwickelt hat. Was sie vielmehr kennzeichnet, ist eine sinnliche Pluralität, die sich hinter ungewöhnlichen und überraschenden Formen verbirgt. Der Entwurf von Hannes Meyer und Hans Wittwer für die Petersschule in Basel aus dem Jahr 1926 hat einen kleineren Maßstab, der die Größenordnung und Herausforderung jeglicher Architektur erst begreifbar macht. Der Ehrgeiz, in der Stadt kollektives Wohnen für Schüler:innen zu entwerfen, mündet bei diesem Projekt in eine Organisation aus Kubaturen und Plattformen, die eine umfassende strukturelle Lösung für das Programm und die Erschließung ergibt. Wir haben es hier mit einer Architektur zu tun, die Rücksicht auf den Ort nimmt, sich gleichzeitig in ihn einfügt und so einer mehrfachen Herausforderung gerecht wird: Beherbergung, Wohnen, Leben in einer Form, die die bestehenden Formeln überwindet und Neues schafft.

In den 60er Jahren versuchte eine dritte Architektengeneration, die systematischen, immer gleichen Urbanisierungsprozesse umzukehren, weil damit Peripherien mangelhafter Qualität und ohne Identität entstanden waren. Parallel zum Entwurf für St. Peter kam es zu zahlreichen weiteren Entwürfen, die teilweise auch umgesetzt wurden, mit dem Ziel, hochwertigen Wohnraum für die konsumorientierte Nachkriegsgeneration zu schaffen und dem Anspruch gerecht zu werden, die Stadtplanung zu verbessern und den öffentlichen Raum aufzuwerten.

In der ersten Nummer der Zeitschrift *Bauforum* veröffentlichte Viktor Hufnagl eine Auswahl experimenteller Entwürfe aus der Ausstellung „Neue Städtische Wohnformen", darunter einen Entwurf der Werkgruppe Graz. [1] Die Bilder sind hauptsächlich Fotografien von Modellen und perspektivische Ansichten verschiedener Wohnungstypen mit Fokussierung auf den Siedlungskomplex, wodurch die Grundrisse der Wohnungen praktisch marginalisiert erscheinen. Hinsichtlich der Grundrisse werden im Text zwei Aspekte hervorgehoben: die Freiheit bei der Gestaltung der Innenräume durch die Bewohner:innen und die Notwendigkeit von Terrassen, begrünten Innenhöfen und Dachterrassen mit Ausblick auf die Landschaft, mit denen an die Debatte der Einfamilienhaus-Siedlungsmodelle versus Wohnblöcke angeknüpft werden sollte.

Unter diesen Voraussetzungen war es nur logisch, dass Strategien zur Abtreppung der Baukörper zur Anwendung kamen. Indem jede Wohnung Raum für die Ausdehnung nach außen erhielt, wurden die Bewohner:innen zu Mitgestalter:innen des Stadtbildes, begrünten es, gestalteten es durch ihre Terrassen wohnlich und schrieben sich in eben dieses Erscheinungsbild ein.

Der Ort

Der Entwurf begann ohne Beauftragung mit der Auswahl eines Grundstücks in Graz, das der Werkgruppe die Möglichkeit bot, auf einen experimentellen Wettbewerb im Jahre 1962 auf etwa 40 Hektar in Innsbruck zurückzugreifen. Dort hatte man 800 Wohnungen rund um einen künstlich angelegten See geplant, mit einem breit gefächerten Programm für verschiedene Einrichtungen, Parkplätze und Wohnungen auf einer strukturalistischen Stahlbetonstruktur, also einem dauerhaften Skelett, auf das leichtere, flexible moderne Elemente aufgesetzt wurden. [2]

Durch mehrere unterschiedliche Wohnungstypen sollte eine landschaftliche und soziale Monotonie vermieden werden. Diversität wurde nicht nur ausgehend von einem breiten Spektrum an Nutzflächen – zwischen 43 und 144 Quadratmetern – gefördert, sondern auch durch Abwandlung der formalen Bedingungen: Tiefe und Höhe, Expansion und Eingrenzung, Einbauten und freies Schweben.

[1]   Vgl. Hufnagl 1968, 18–25.
[2]   Vgl. Guttmann/Kaiser/HDA 2013, 70–73.

Das in Graz ausgewählte Grundstück war von der zunehmenden Urbanisierung an der Peripherie absorbiert worden, ohne dass es sich baulich entwickelt hätte, was seiner Funktion als Lehmgrube mit Ziegelwerk ab dem 19. Jahrhundert geschuldet war. Später, nach dem Zweiten Weltkrieg, diente es als wilde Deponie für Bauschutt und sonstige Abfälle. [3] Obwohl das Viertel in der Nähe des St. Peter Friedhofes liegt, war es ohne allgemeine Planung bebaut worden und gut an die Innenstadt angebunden, zumal hier die Petersgasse und die Plüddemanngasse zusammenlaufen.

Der Versuch Anfang der 50er Jahre, ein Stadtentwicklungskonzept einzuführen, um die Ausdehnung und Kohärenz der Stadt zu steuern, scheiterte, und zu Beginn der 60er Jahre führte die Bautätigkeit zur Bekämpfung des Wohnungsmangels in der Nachkriegszeit zu einer gesichtslosen, nur durch die vorhandenen Straßen artikulierten Peripherielandschaft. Die nicht vorhandene Stadtplanung und die damit verbundene bauliche Heterogenität bedeutet ein Nebeneinander alter, durch die Straßen erschlossener Bauten, von Gewerbebauten, kleinen Einfamilienhaussiedlungen, Wohnanlagen mittlerer Höhe und von Hochhäusern mit bis zu 16 Geschossen.

Die ungünstigen Bedingungen des Untergrundes für die Fundamentierung, das unkonventionelle Niveau des Erdgeschosses, die Uneinheitlichkeit der Umgebung und die hohe Dichte des Hochhauskomplexes im Norden – 127 Wohneinheiten pro Hektar – stellten ein Hindernis für gängige Lösungen dar und begünstigten experimentelle. Tatsächlich musste man die hohe Dichte akzeptieren, um komplexe Plateaus für die Fußgänger:innen mit Anlagen als Sockel für die in die Höhe strebenden Wohnbauten zu schaffen, wie bereits zuvor in Toulouse-Le Mirail von Georges Candilis, Alexis Josić und Shadrach Woods erprobt, und parallel dazu in Siedlungen in London (Brunswick, Barbican, Alexandra Road), in Gallaratese nahe Mailand und Villeneuve in Grenoble. Die Terrassenhaussiedlung St. Peter hat mit ca. 115 Wohneinheiten pro Hektar eine ähnliche Dichte wie Robin Hood Gardens von Peter und Allison Smithson, das ebenfalls zwischen 1966 und 1972 erbaut wurde, aber eine weit geringere als das Brunswick Centre mit 200 Wohneinheiten pro Hektar.

Die Werkgruppe machte das Beste aus dem Höhensprung zu den angrenzenden Hochhäusern im Norden und den Einfamilienhäusern im Süden sowie den schlechten Bedingungen für den Sockel und entwarf eine komplexe Kubatur, die sensibel auf den Kontext reagiert. Sie verlängerte die Spannweiten des Tragwerks im Vergleich zu den Beton-Rahmentragwerken in Brunswick und in der Alexandra Road aus derselben Zeit, die nie länger als 6 Meter sind.

[3]   Vgl. Guttmann/Kaiser/HDA 2013, 107.

Der Standort – Stadtökologie

Im Gegensatz zu den kleinen, genormten Wohnungen in den Blöcken aus der Nachkriegszeit und ihrem Gegenstück für Besserverdiener, den Einfamilienhaussiedlungen mit Privatgärten, bot sich das Modell der urbanen Wohnsiedlung als Alternative an, mit der eine Rückkehr zum qualitätsvollen experimentellen Wohnbau der Avantgarde möglich war, sofern es gelingen würde, diesen komplexer und diverser zu gestalten.

Die Terrassenhaussiedlung St. Peter verband auf eine neue Art die Vorteile des Einfamilienhauses mit jenen des kollektiven Wohnens. Auf der einen Seite: Gärten, Lebensraum im Freien und die Freiheit, die Erschließung anders zu gestalten; auf der anderen: städtische Dichte, eine funktionierende Nahversorgung, bessere Ausstattung und ein erfüllteres gesellschaftliches Leben. Diese Zusammenführung, die in vielen Experimenten ausprobiert worden war, gestaltete sich zwar schwierig, versprach jedoch zusätzliche Vorteile für die Stadt: eine Limitierung des nach dem Krieg eklatant gestiegenen Bodenverbrauchs und somit die Rettung der freien Felder und weniger Infrastrukturkosten für die Stadt.

Das annähernd rechteckige Grundstück in St. Peter, mit einer Breite von etwa 150 Metern und einer Länge von etwa 325 Metern, wird an den Schmalseiten von zwei Verkehrswegen erschlossen: dem St.-Peter-Pfarrweg im Osten und der St.-Peter-Hauptstraße im Westen. Beide Straßen sind wichtig und alt und schnüren das Grundstück ein; aufgrund des Bestandes an der einen Stirnseite blieben 40 Meter für den Neubau übrig.

Zwischen dem St.-Peter-Pfarrweg und der St.-Peter-Hauptstraße fällt das Grundstück etwa 8 Meter ab, was die Architekten geschickt ausnutzten, indem sie das Erdgeschoss des Komplexes sozusagen zweiteilten. Von der Hauptstraße aus ist das Untergeschoss mit einer Tiefgarage für etwa 600 Fahrzeuge zwischen den vier Blöcken zugänglich, während der St.-Peter-Pfarrweg auf ein etwa 4,50 Meter über der Bodenplatte der Garage liegendes Fußgängerplateau führt, das von einem Raster aus gedrungenen Stahlbetonträgern mit Spannweiten von 7 bis 8 Metern getragen wird, sodass Bäume darauf wachsen und kleine Schwimmbecken Platz finden. Das Plateau hält einer Überlast von bis zu 1500 Kilogramm pro Quadratmeter stand, sollten die Bewohner:innen Veranstaltungen abhalten wollen. Es fungiert wie ein urbanes Foyer, von dem aus man ungehindert zum angrenzenden Grünraum gelangt, der sich bereits während der Errichtung zum Park entwickelte – heute der „Eustacchiopark".

Wer sich erstmals der Siedlung nähert, wird überrascht sein, dass die streng gerasterte Geometrie des Entwurfs nicht mit jener des Grundstücks übereinstimmt – tatsächlich ist sie um etwa 20 Grad zu den Seitengrenzen verdreht – und dass sie auch nicht, wie bei anderen Bauten in der Nachbarschaft, an den Himmelsrichtungen ausgerichtet ist, um die Sonneneinstrahlung zu optimieren. Die Drehung der vier Wohnblöcke um 45 Grad von der Nord-Süd-Achse steht für die Werteordnung des Architektenteams: Lineare, an beiden Flanken seitlich abgetreppte Blöcke wie jene in St. Peter, jene von Kenzo Tange im Entwurf für die Bucht von Tokio, im Brunswick Centre oder in Wien-Alterlaa von Harry Glück werden fast immer mit den Stirnseiten nach Osten und Westen ausgerichtet. Die Werkgruppe hätte über eine ausreichende Grundstücksbreite verfügt, um die Blöcke so anzuordnen – wie die Wohntürme im Umkreis – oder parallel zur St.-Peter-Hauptstraße, wodurch lediglich 25 Grad Versetzung zur Nord-Süd-Achse geblieben wären. Solch eine Ausrichtung jedoch hätte innenliegende und äußere Baukörper an der Stirnseite und an der Hinterseite zur Folge gehabt und den öffentlichen Raum in der Mitte verunmöglicht, zu dem sich die vier Bauten hinwenden und der gleichzeitig die Hauptstraße des Bezirks mit dem Park verbindet.

Hätten die Architekten die Blöcke und die allgemeine Geometrie der Siedlung an den Seitengrenzen ausgerichtet, hätte man die Terrassen nur auf einer Seite, nämlich der südöstlichen, anlegen können, um die meisten Wohnungen angemessen zu besonnen. Eine solche Entscheidung, wie sie für Alexandra Road oder das Projekt Duran von Le Corbusier in Algier getroffen wurde, hätte den Wohnungen zwar eine gute Sonneneinstrahlung ermöglicht, aus urbaner Sicht jedoch ungebührlich harte Fassaden für den Raum in der Mitte und die daran angrenzenden Wohntürme geschaffen.

Die Tiefe des Grundstücks, seine Ausrichtung nach der Sonne und die urbane Verbindungsachse zwischen Straße und Park, welche die Werkgruppe priorisierte, wurden in keiner direkten, sondern einer Kompromisslösung aufgegriffen, die Komplexität ermöglicht und viele Vorteile bietet: Die Versetzung des Rasters und die vier Blöcke darauf teilen den Raum in der Mitte in zwei Einheiten. Zwar sind die Blöcke heute in Form eines Z miteinander verbunden, doch sah der ursprüngliche Entwurf eine kollektiv genutzte Struktur als Verbindungselement zwischen beiden Räumen vor, und die beiden länglichen „Aussparungen" in der Plattform als offene Räume, die deren Eigenschaft als unverbauter öffentlicher Raum betont hätten. [4]

Die Dualität des freien Raumes auf dem Grundstück – aus äußerer Begrünung an seinen Seiten und erhöhtem Platz in der Mitte – löst sich auf. Dieser Gewinn an räumlicher Komplexität bringt visuelle Öffnungen und Zwischenzugänge ein, während die umgebenden Gärten erweitert werden, wodurch mehr Raum vor den außen liegenden Wohnungen geöffnet wird. Durch die Drehung sind die nach Südosten ausgerichteten Wohnungen gut besonnt. Jene in den Ober-

[4]   Steixner/Welzig 2020, 177.

geschossen bieten wegen des Wellenprofils und der versetzten Kubaturen Aussicht auf die Natur, während Nordwest-Wohnungen ihre niedrigere Sonnenstundenzahl mit einem direkten Ausblick auf den Schloßberg und das Stadtzentrum wettmachen (→1).

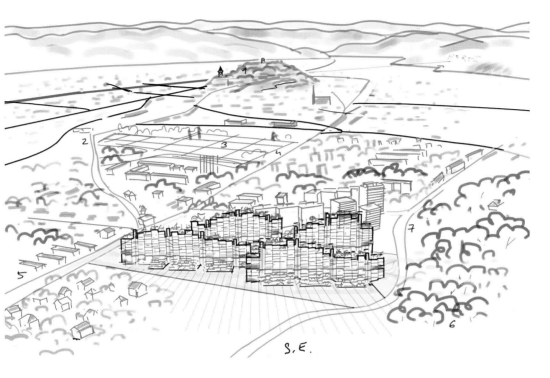

(1) Einbettung der Terrassenhaus-siedlung in die Stadt Graz, Skizze, 2021
1) Schlossberg
2) Petersgasse
3) St. Peter Stadtfriedhof
4) Plüddemanngasse
5) St.-Peter-Hauptstraße
6) Eustacchio-Gründe
7) St.-Peter-Pfarrweg

Die Entscheidung für den Standort wurde durch die Höhen und die Kubatur der Bauten erleichtert. Die vier unteren Geschosse bilden den Körper der Bauten und sind übereinandergestapelt. Sie haben weitläufige Terrassen über den Überdachungen der unteren Geschosse. Nach außen hin bilden die unteren Terrassen in diesen Abschnitten die Grenze zum Parkplatz, wodurch die Verbindung zwischen den einzelnen Baukörpern und den umgebenden Gärten höherwertiger wird (→2). Die Pflanzen in den Trögen an den Rändern der Terrassen bilden in der wärmeren Jahreszeit einen dichten Sichtschutz für die Terrassen und den Hof. Trotz der 20 Meter Nutzbreite des Hofes fügt sich dieser „pflanzliche Wasserfall" gut in den Raum ein und verdoppelt so optisch den Abstand zwischen den Stirnseiten des Baus in den oberen Geschossen, die ihrerseits über die Längsseite ein gestuftes, welliges Profil annehmen.
Die im Südosten des Hofes gelegenen Wohnungen sind nicht symmetrisch zu den ihnen gegenüberliegenden, sondern um 180 Grad verdreht und im Profil angepasst. Nur das Haus 33 am nördlichen

Scheitelpunkt der Siedlung ist etwas höher und somit gleich hoch wie die am Nachbargrundstück stehenden Hochhäuser, ohne Schatten auf den Hof zu werfen, wobei trotz der kürzeren Länge die gleiche Anzahl an Wohnungen wie in den anderen Häusern erreicht wird.

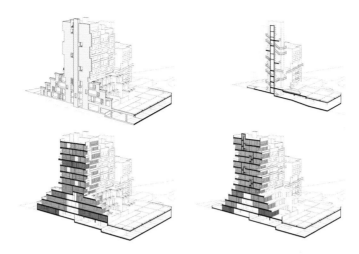

(2) Werkgruppe Graz, Terrassenhaussiedlung, Haus 35, vertikale Schnittaxonometrie

Ein langlebiges Tragwerk

Der wichtigste Beitrag der Terrassenhaussiedlung zur Baukultur ist, wie die Architekten selbst betonen, ihr Statikkonzept. [5] Das Sichtbetontragwerk beinhaltet das Erschließungssystem mit größeren Spannweiten als üblich, mit für eine lange Nutzungsdauer günstigen Breiten und Dicken. Die Obsoleszenz bei geringerer Lebensdauer von Abdeckungen, Teilungen, Installationen und Verkleidungen aufgrund des technologischen Fortschritts oder von Veränderungen des Wohnraums ergibt eine Umsetzung, die sich leicht rückgängig machen, abbauen und neu definieren lässt.

Mit ihrem Versuch, die Qualitätseinbußen der Entwürfe der 50er Jahre umzukehren, reizte die Werkgruppe die Gesetzesänderung zur Erhöhung der Maximalflächen im sozialen Wohnbau gänzlich aus. Im Jahr 1968 wurde das Wohnbauförderungsgesetz verabschiedet, das eine Anhebung der Nutzflächen der Wohnbauten in Abhängigkeit von der Anzahl der Bewohner:innen ermöglichte: 50 Quadratmeter für eine Person plus 20 Quadratmeter pro zusätzlicher Person, mit einem Maximum von 130 Quadratmetern, wobei Familien mit mehr als vier Kindern auch bis zu 150 Quadratmeter gefördert bekamen. [6] Der urbane

[5]   Vgl. Gross 2012.
[6]   Vgl. Nograsek 2001, 51.

und der politisch-kulturelle Kontext wurden übereinandergelegt, so-dass das Projekt auch sozial und stadtplanerisch eine Errungenschaft darstellt. Mindestens fünf verschiedene Wohnungskonzepte in ver-schiedenen Varianten sind verfügbar und stehen für die Zusammen-arbeit mit den Bewohner:innen, die die Individualisierung noch wei-tertreiben kann. Übrigens war die Eröffnung eines Beratungsbüros zu diesem Zweck ein wichtiger Teil des Experiments. [7] In diesem Sinne ist der Status der Wohnungen als Eigentumswohnungen wesentlich – sowohl für die Projektziele als auch für den guten Erhaltungszustand. Zusätzlich zu den allgemeinen Anlagen – Garage, Gemeinschafts-hof, Gärten und soziales Zentrum – gibt es eine zweite Kommuni-kationsebene: Jedes Gebäude verfügt über eine großzügige Fuß-gängerbrücke über die gesamte Gebäudelänge im 4. Geschoss, die die Erschließungskerne der Treppen und Lifte miteinander verbindet, wodurch weitläufige überdachte Gemeinschaftsräume an den Enden ausgebildet wurden. In den Untergeschossen befinden sich in einer Betonwanne, ursprünglich als Strahlenschutzräume geplant, Club-, Werkstatt- und Depoträume.

Die vertikalen Erschließungskerne bieten Zugang zu durchschnittlich 35 Wohnungen: zwischen 20 und 53. Von den 130 Wohnungen eines jeden Blocks sind von der Fußgängerebene des 4. Geschosses aus nur jeweils 4 oder 6 zugänglich, der Rest wird in kleinen Gruppen von 2 bis 6 pro Geschoss erschlossen, wodurch unterschiedliche Grade der Geselligkeit zwischen den Wohnungen und in der Siedlung selbst erreicht werden, deren Gemeinschaftsräume sich abgestuft zur Stadt hin öffnen.

Im Gegensatz zum einzigen vertikalen Erschließungskern der Unités d'Habitation Le Corbusiers legen die äußeren Erschließungskerne kleine Gemeinschaften an, betonen die Durchlässigkeit und tragen die Erfahrung des Öffentlichen fast bis an die Wohnungstüren. Ei-nem Cluster gleich vermitteln die Fußgängerbrücken zwischen der Gemeinschaftlichkeit des Hofes und den vertikalen Erschließungsker-nen, die die Bewohner:innen nach Blöcken agglomerieren: Sie können sich im 4. Geschoss an den Stirnseiten jedes Baublocks treffen, wo sich ein zum späteren Ausbau gedachter Raum, der Allgemeinfläche, befindet. Die Fußgängerbrücke im 4. Geschoss wird somit redundant. Die wenigen Wohnungen an der Fußgängerbrücke – entworfen für jene, die zusätzlich zu der privaten Terrasse auf der einen Seite noch eine, wenn auch gemeinschaftlich genutzte, zum Hof hin brauchen – sind gut frequentiert, aber auch häuslich, wie das auf den Straßen in

[7]   Vgl. Guttmann/Kaiser/HDA 2013, 107–109.

ländlichen Gebieten der Fall ist. [8] Die Verbindung fungiert als Straße in den Lüften, ist sie doch breit genug und in mittlerer Höhe liegend wie ein Balkon, von dem aus man in die darunterliegenden Gärten der Terrassenwohnungen und in die Loggien der darüberliegenden Geschosse Einsicht hat. Jeder Block hat nur eine solche Fußgängerbrücke, was ihre Attraktivität natürlich erhöht, auch, weil die Bewohner:innen einen anderen Zugang zu ihren Wohnungen wählen können. Diejenigen, die in die Eingangsbereiche in der Mitte wollen, brauchen nicht über den Hof zu gehen, sondern können die äußeren Erschließungskerne und die Fußgängerbrücke wählen. Das führt zu höheren Wegzeiten, bietet jedoch auch mehr Zeit für Begegnungen. Diese Bewegungsfreiheit verleiht dem Wohnen am Hof und auf der Fußgängerbrücke auch Qualität, weil diese nicht mehr unbedingt begangen werden müssen, und bietet unterschiedliche Fußwegalternativen.

Die Fußgängerbrücke spielt auch eine wesentliche Rolle für das Plastische und Typologische der Siedlung, indem sie den Wandel in Typologie und Form zwischen den unteren und oberen Geschossen markiert und mit dem Höhenmuster bricht – soll heißen, eine Versetzung um ein halbes Geschoss in den oberen Geschossen ermöglicht. Die Kontinuität der unteren Geschosse, die sich alle um 3,10 Meter überlagern, wird ab diesem Punkt gebrochen. Das nächste, über den vertikalen Erschließungskern erreichbare Geschoss ist 4,57 Meter entfernt und erzeugt so Situationen wie jene an der gemeinschaftlich genutzten Stirnseite der Fußgängerbrücke oder wie die Wohnungen des Typs H, die von den Erschließungskernen zugänglich sind, im Tagesbereich – mit Zugang zu einer großen Terrasse – eineinhalb Höhen messen und im Nachtbereich einen halben Stock über der gemeinschaftlichen Fußgängerebene liegen. Die Versetzung der Bodenplatte des 4. Stocks ermöglicht den Typ E, der, einer ähnlichen Erschließungslogik wie in den unteren Geschossen folgend, dieses Mehr an Höhe wegen einer Treppe in der Nachbarwohnung benötigt, um ein Esszimmer mit hohen Fenstern auszubilden (→**2, 3, 4**).

Während die Fußgängerebene also einen klaren Schnitt zwischen oben und unten bildet, führen die ungewöhnlichen vertikalen Erschließungskerne zu einer Fragmentierung des Blocks in verschiedene Baueinheiten, was Durchlässigkeit garantiert: Die zentralen Module reichen über vier Spannweiten – 28 Meter –, gleichzeitig nehmen die Enden die Hälfte davon ein und betonen ihre Breite in der äußeren Spannweite. Der Bau besteht formal aus mehreren vertikalen

[8]   Der ein Jahrzehnt zuvor von Eugenio Fuselli und Luigi Carlo Daneri in Genua erbaute Wohnkomplex Biscione verfügt ebenso über eine redundante Fußgängerebene, weil in der letzten Phase des Projekts Lifte in alle vertikalen Erschließungskerne eingezogen wurden. Da es an der Fußgängerebene jedoch keine Wohnungen gab und die Anwohnerschaft von entsprechender Beschaffenheit war, wurde sie zur Nutzlosigkeit verdammt.

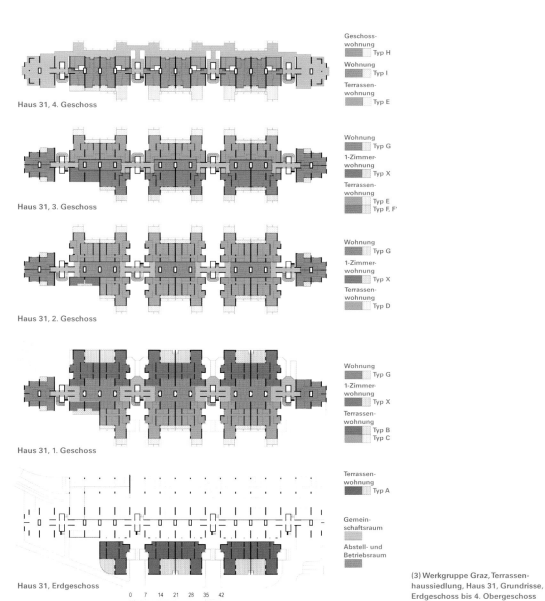

Haus 31, 4. Geschoss

Geschoss-
wohnung
Typ H

Wohnung
Typ I

Terrassen-
wohnung
Typ E

Haus 31, 3. Geschoss

Wohnung
Typ G

1-Zimmer-
wohnung
Typ X

Terrassen-
wohnung
Typ E
Typ F, F'

Haus 31, 2. Geschoss

Wohnung
Typ G

1-Zimmer-
wohnung
Typ X

Terrassen-
wohnung
Typ D

Haus 31, 1. Geschoss

Wohnung
Typ G

1-Zimmer-
wohnung
Typ X

Terrassen-
wohnung
Typ B
Typ C

Haus 31, Erdgeschoss

0   7   14   21   28   35   42

Terrassen-
wohnung
Typ A

Gemein-
schaftsraum

Abstell- und
Betriebsraum

(3) Werkgruppe Graz, Terrassenhaussiedlung, Haus 31, Grundrisse,
Erdgeschoss bis 4. Obergeschoss

Scheiben, vibrierenden Profilen und Fronten, die an den Lifttürmen aufgehängt sind, aus denen die Treppen auskragen. Die Kubaturen der Wohneinheiten sind somit auf die Hochhäuser der Umgebung skaliert, obgleich die Logik der Anordnung eine vollkommen andere ist. Die Bauten sind weder eine ausgefeilte Weiterentwicklung des Laubenganghauses, wie es die Mehrzahl der Megastrukturen jener Zeit war, noch sind sie eine Abfolge unabhängiger Türme, und genauso

wenig beschränken sie sich auf eine Wiederholung der Erschließungskerne von Zweispännern. Die Abfolge der Erschließungskerne im Abstand von je 35 Metern ist einzigartig, wie auch die durchschnittliche
Breite des Blocks von 16 Metern in den oberen Geschossen sowie
die Querlüftung in sämtlichen Wohnungen, da die meisten durchgebunden sind.

Diese formale Herangehensweise reagiert auf die Anforderungen,
indem ein sehr simples geometrisches Muster aus Achsen im Abstand von 7 Metern mit einer komplexen Struktur aus Mauern und
Bodenplatten aus Stahlbeton kombiniert wird. Vier unverzichtbare
Dispositive tauchen auf: die unabhängigen vertikalen Erschließungskerne als Verbindungen zwischen den Baukörpern; weite Schächte für
Installationen an der Symmetrieachse; halbgeschossig versetzte Bodenplatten bei den inneren Lichträumen der zentralen Module; zwei
kurze tragende Mauern, die um die Symmetrieachse des Gebäudes
gedreht an den Enden der Module liegen. Zwischen den beiden findet
eine Vielzahl an Elementen Platz: die Treppen in den Maisonetten,
Flure, Eingänge zu kleinen Wohnungen und Küchen. Die Mauern
und Schächte definieren einen axialen Rand von 2,85 Metern auf der
Symmetrieachse des Blocks, der die seitliche Stabilität des Tragwerks
gewährleistet und um den herum Zugänge, interne Verbindungswege
und Nasszellen angeordnet sind.

Die Überdimensionierung dieser Dispositive ist wichtig – sowohl für
die Machbarkeit der Aufteilung in die verschiedenen Wohnungstypen
als auch dafür, den Bewohner:innen Raum für Individualisierung zu lassen. Die Anforderung einer verlängerten Lebensdauer der Infrastruktur
wird erreicht, indem die Architekten über die objektivierende Logik
eines Planens nach Form und Funktion hinausgehen. Die Resilienz
nimmt insgesamt mit dem Grad der Diversität der konkreten Möglichkeiten und mit der Arbeit am *margin* zu. [9]

Zwischen dem ursprünglichen Entwurf und dem fertigen Projekt gab
es keine erheblichen Änderungen, mit Ausnahme einiger Anpassungen der Terrassenwohnungen in den unteren Geschossen, durch die
man mehr Räume schaffen wollte, wodurch sich aber die Statik ver-
komplizierte und die interne Aufteilung zu rigide wurde. [10] Die Summe
der Varianten in Grundriss und Schnitt führte dazu, dass ein großer Teil
der Lasten dieses Bereichs über der Tiefgarage über das Raster aus
dicken Stahlbetonträgern unter dem Hof abgetragen werden musste.

[9]   Im Rahmen der Renovierung eines Gefängnisses in Arnhem vom Typ
        Panoptikum des 18. Jahrhunderts kam Rem Koolhaas zum wider-
        sprüchlichen Schluss, dass die Wiederverwertung dieses Gefängnis-
        ses einfacher sei als die solcher Gefängnisse, die im letzten Jahrhun-
        dert gebaut worden waren. Und dieses Paradoxon führte er auf den
        margin zurück, auf die Monumentalität und die Raumvergeudung;
        vgl. Koolhaas/Mau 1995.
[10]   Vgl. Mollerup 1978, 466.

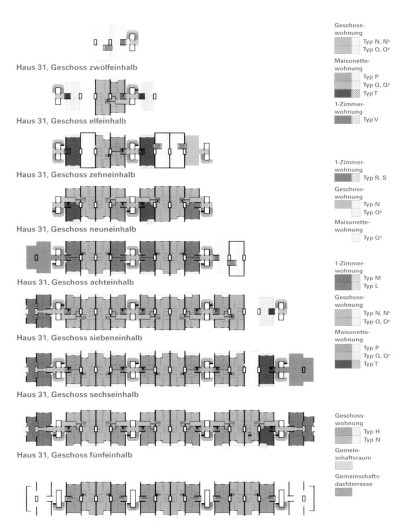

Haus 31, Geschoss zwölfeinhalb

Haus 31, Geschoss elfeinhalb

Haus 31, Geschoss zehneinhalb

Haus 31, Geschoss neuneinhalb

Haus 31, Geschoss achteinhalb

Haus 31, Geschoss siebeneinhalb

Haus 31, Geschoss sechseinhalb

Haus 31, Geschoss fünfeinhalb

Haus 31, Geschoss viereinhalb

Geschoss-
wohnung
  Typ N, Nᵖ
  Typ O, Oᵖ
Maisonette-
wohnung
  Typ P
  Typ Q, Qᵖ
  Typ T
1-Zimmer-
wohnung
  Typ V

1-Zimmer-
wohnung
  Typ R, S
Geschoss-
wohnung
  Typ N
  Typ Oᵖ
Maisonette-
wohnung
  Typ Qᶜ

1-Zimmer-
wohnung
  Typ M
  Typ L
Geschoss-
wohnung
  Typ N, Nᵖ
  Typ O, Oᵖ
Maisonette-
wohnung
  Typ P
  Typ Q, Qᵘ
  Typ T

Geschoss-
wohnung
  Typ H
  Typ N
Gemein-
schaftsraum

Gemeinschafts-
dachterrasse

0 7 14 21 28 35 42

(4) Werkgruppe Graz, Terrassenhaussiedlung, Haus 31, Grundrisse,
Obergeschosse 4 ½ bis 12 ½

Ein plastisch-typologisches Experiment

Das Tragwerk, die Einpassung der unterschiedlichen Wohnungen und die Kubatur wurden gleichzeitig so entworfen, dass eine
hohe plastische Komplexität erlangt und die übliche Monotonie
der Megastrukturen vermieden werden konnte. Es wurden über
zwanzig Wohnungstypen angeboten, die in mindestens fünf Gruppen mit großen konzeptuellen Unterschieden gegliedert sind (→5).

Die Terrassenwohnungen befinden sich in den Geschossen unter der Fußgängerbrücke im 4. Geschoss und machen ein Drittel aller Wohnungen aus. Die Stapelung und die quer verlaufende Asymmetrie ermöglichen Variationen innerhalb dieser Gruppe, über das Vorhandensein von Vorgärten oder Terrassen oder über die Anzahl der Zimmer (Typen A bis F). Obwohl sie nicht durchgebunden sind, reichen sie über die Mitte des zentralen Moduls und sind dadurch unterschiedlich orientiert. Immer privilegiert ist insbesondere das Wohnzimmer, das sich nach drei Seiten öffnet und durch Terrassen von bis zu 15 Quadratmetern erweitert wird. Allgemein handelt es sich um große Familienwohnungen – mit Ausnahme der spiegelverkehrten F und F'-Typen, welche zusammen gleich groß sind wie eine Wohnung Typ E.

Am Ende der Baublöcke befindet sich die Mehrheit der kleineren Wohnungen – ein Sechstel der Gesamtheit –, die etwa die Hälfte der Ausdehnung der in der Mitte liegenden Module (Typen R, S und V) und die innere halbe Ausdehnung der Module am Ende des Baukörpers (Typ L) einnimmt. Es handelt sich um Einzimmerwohnungen und Wohnungen mit einem Schlafzimmer, mit den Zimmern an der Fassade und innenliegendem Badezimmer und ebensolcher Küche, wobei ihre Anordnung an der Spannweite des vertikalen Erschließungskerns eine Öffnung für die Querdurchlüftung fallweise entweder über das Esszimmer oder über die Küche ermöglicht. Die meisten dieser Wohnungstypen haben keine Terrasse, mit Ausnahme der Einzimmerwohnung R, die die Auskragung des unteren Geschosses nutzt.

Die Wohnungen mit konventionelleren Merkmalen machen ein weiteres Sechstel und eine eigene Gruppe aus. Die Typen I, G und M sind in verschiedenen Lagen angeordnet, sie öffnen sich nach zwei oder drei Richtungen und sind mittelgroß bis klein.

Die zweite Gruppe – 28 Prozent – sind die Geschosswohnungen: H, O und N. Die beiden letzteren befinden sich an den innen liegenden Spannweiten der zentralen Module (→2, 3, 4). Sie sind durchgebunden und mit dem Tagesbereich an einer Fassade und den Schlafzimmern an der anderen angelegt. Der Typ N nimmt eine ganze Spannweite mit einem kleinen Eingangsbereich in der angrenzenden Spannweite ein, von der aus man für den Zugang hinuntersteigt. Der Typ O wiederholt dasselbe Konzept und umfasst zwei Zimmer im Zugangsgeschoss, von dem aus man zu den Wohnräumen hochsteigt. Er umfasst somit einen relativ autonomen „Satelliten", der vielfältig genutzt wird und seine Einzigartigkeit betont. Darauf gestapelt folgen Subvarianten mit Zugang von einer kurzen Fußgängerebene vom Erschließungsturm aus, der einen Schacht umfasst, mal von einer Seite, mal von der anderen. Schließlich verfügen beide Typen über eine Dachgeschoss-Version mit einer Dachfläche von weiteren 100 Quadratmetern mit Zugang von innen für Erweiterungen und Dachterrassen. Die Standardaufteilung bietet je nach Typ zwei oder vier Schlafzimmer, doch die Tragwerksspannweite und die Tiefe des Blocks von 16

(5) Werkgruppe Graz, Terrassenhaussiedlung, Wohnungsgrundrisse nach Gruppen

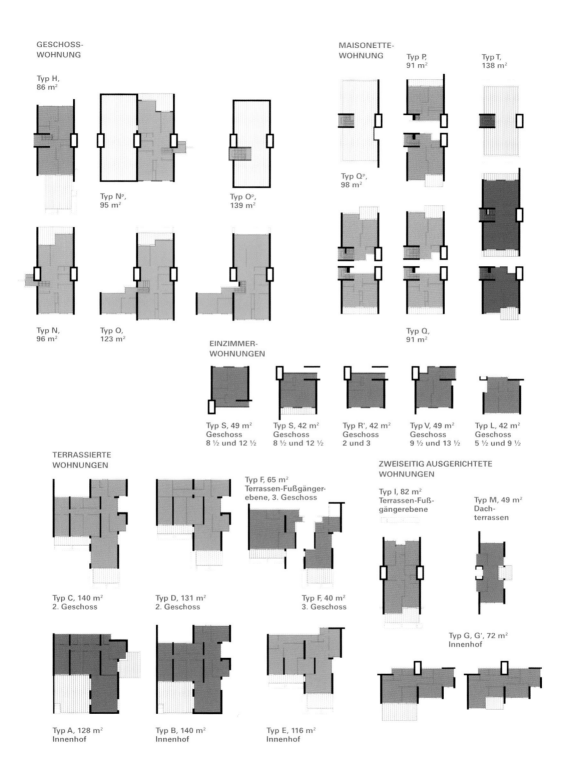

GESCHOSS-
WOHNUNG

Typ H,
86 m²

Typ N^p,
95 m²

Typ O^p,
139 m²

Typ N,
96 m²

Typ O,
123 m²

MAISONETTE-
WOHNUNG

Typ P,
91 m²

Typ T,
138 m²

Typ Q^p,
98 m²

Typ Q,
91 m²

EINZIMMER-
WOHNUNGEN

Typ S, 49 m²
Geschoss
8 ½ und 12 ½

Typ S, 42 m²
Geschoss
8 ½ und 12 ½

Typ R', 42 m²
Geschoss
2 und 3

Typ V, 49 m²
Geschoss
9 ½ und 13 ½

Typ L, 42 m²
Geschoss
5 ½ und 9 ½

TERRASSIERTE
WOHNUNGEN

Typ F, 65 m²
Terrassen-Fußgänger-
ebene, 3. Geschoss

Typ C, 140 m²
2. Geschoss

Typ D, 131 m²
2. Geschoss

Typ F, 40 m²
3. Geschoss

Typ A, 128 m²
Innenhof

Typ B, 140 m²
Innenhof

Typ E, 116 m²
Innenhof

ZWEISEITIG AUSGERICHTETE
WOHNUNGEN

Typ I, 82 m²
Terrassen-Fuß-
gängerebene

Typ M, 49 m²
Dach-
terrassen

Typ G, G', 72 m²
Innenhof

Metern eröffnen die Möglichkeit, ein weiteres Schlafzimmer anzufügen, sowie eine Vielzahl an Konfigurationen für die übrige Wohnung. Die Maisonetten machen 11 Prozent aller Wohnungen aus und sind spezifisch an den außen liegenden Spannweiten der zentralen Module angeordnet. Die Typen P und Q sind in Kombination mit den Geschosswohnungen angelegt, sodass sie Module ergeben, die sich vertikal mit einem 4/3-Schnitt wiederholen und mit zwei Wohnungspaaren des Typs O und N kombiniert werden. Der Typ P ist vom unteren Geschoss zugänglich, verwendet die Fläche einer halben Spannweite für den Tagesbereich und ist mit dem oberen Geschoss verbunden, wo er die gegenüberliegende halbe Spannweite mit seinen Schlafzimmern einnimmt. Der Typ Q ist praktisch identisch, jedoch seitenverkehrt, und teilt ein Nachtgeschoss mit dem Typ P, mit dem er ein Paar bildet. Der Typ Q hat eine Dachgeschoss-Version, während der Typ P sich in den Typ T verwandelt, wenn er sich unter dem Dach befindet. Er geht über die gesamte obere Spannweite und verfügt auch über einen eigenen Zugang zum Dachgeschoss (→**6**). Die Infrastruktur mit zwei Installationsschächten an der Achse fördert die Komplexität des Verteilungssystems, da die kurzen Fußgängerebenen auf eine Seite verlegt wurden, was für die Typen N und O förderlich ist, weil dadurch dem Wohnzimmer/Küche-Paar mehr Platz eingeräumt wird als den Schlafzimmern, wenngleich Typ O diese auskragen lässt, weil der Zugang zu weit entfernt wäre. Dieses Konzept wertet den „Satelliten" des Typs O auf, indem dem Tagesbereich in den Maisonetten mehr Platz eingeräumt wird. Die Typen N und O hätten in identischer Form und paarweise in der Vertikale wiederholt werden können, wenn man die kleine Fußgängerebene immer auf dieselbe Seite gelegt hätte, jedoch wäre eine der Maisonetten ohne doppelte Ausrichtung geblieben; aus formaler Sicht wären die typologische Diversität sowie die der Musterwiederholung geschuldete Komplexität mit den vor- und zurückweichenden Kubaturen verloren gegangen. Die Anordnung bleibt unbemerkt, da sie sich aus einer Sammlung von Kriterien und ausführlichen, aber keinesfalls unmittelbaren Umsetzungsregeln zusammensetzt. Bei der Stapelung der Module des 4/3-Längsschnitts lösen das Paar R und S als Keil in der Zwischenposition sowie die Geschosswohnung H auf dem Niveau der Fußgängerebene das Problem der Einpassung (→**2**).

Das Vorhandensein verschiedener Varianten all dieser Typen bis zum Abschluss der Abfolge unter dem Dach, ihre halbgeschossige Versetzung, die Ausstattung mit großzügig dimensionierten Loggien – von über 11 Quadratmetern und verschieden angeordnet – tragen in ihrer Gemeinsamkeit zur dreidimensionalen Gliederung der Kubaturen bei, die gegenüber den Stirnseiten für sich selbst so viel Kraft erlangt, dass sie den Bewohner:innen die Freiheit der Individualisierung bietet.

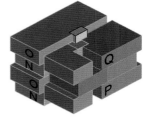

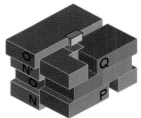

(6) Werkgruppe Graz, Terrassenhaussiedlung
Oben: 4/3-Anordnung bestehend aus zwei Paaren des Moduls N und O sowie den eingepassten Maisonette-Typen P und Q
Unten: Hypothetische, einfachere Alternative, bei der sich N und O ohne Variation hinsichtlich Auskragung und Ausrichtung wiederholen

Schlussfolgerung

Ein Entwurf entsteht nicht aus einer Idee oder einem Konzept, dem die übrigen Entscheidungen und Lösungen unterworfen werden – im Gegenteil: Das Werk ist das Ergebnis eines Formgebungs- und Konfigurationsprozesses, in den ökologische, urbane, landschaftliche, programmatische und technologische Überlegungen gleichermaßen einfließen. Jedes Problem und jedes Erfordernis bringen Kriterien, Regeln und Konzepte mit sich, die während des Architekturentwurfsprozesses eingearbeitet werden und neue Entwurfslösungen brauchen.

Der Mangel an Aussicht und Besonnung der Wohnungen in den unteren Geschossen wird durch mögliche Erweiterungen nach außen wettgemacht. Sie schöpfen die Nähe zum Hof aus und dieser bezieht sie als veritable Pflanztröge ein, die ihre Landschaft qualitativ aufwerten, und sie brechen mit der Ebene der Makroblöcke und werden von den Fußgängerebenen bekrönt, die wie Balkone Geselligkeit fördern. Die Wiederholung eines einzigen Entwurfs für den Erschließungskern und das Raster aus Stahlbetonträgern bringen Ordnung in das ausgefeilte Spiel mit vor- und zurückweichenden Kubaturen und mit Loggien und Aussparungen aller Art, die aus den autonomen Türmen selbst hervorgehen. Zu diesem Spiel trägt auch die halbgeschossige Versetzung bei, ebenso die Positionierung der Installationsschächte an den Symmetrieachsen, die Multiplikation unterschiedlicher Wohnungskonzepte, das Bemühen um doppelte Ausrichtung und die Nutzung des Großteils der Dächer als Penthouses, die das Profil mit Pflanzen verschönern.

Paradoxerweise kam die durch die ökologische Konzeptualisierung erlangte Komplexität – wobei Ökologie im multiplen Sinne als Stadt-, Umwelt- und Sozialökologie zu verstehen ist – der Terrassenhaussiedlung selbst nicht zugute, was ihre internationale Aufmerksamkeit betrifft. Die Anlage experimentiert mit der Besetzung städtischer Brachen, die schwer wiederverwertbar sind; sie unterstützt eine dichte Stadt, jedoch mit Räumen der Freiheit für ihre Individuen, die eine diverse und durchgemischte Nachbarschaft fördern. Der exzessive Einsatz von Beton wird durch die Begrünung der Umgebung ausbalanciert, ohne dass man die Beständigkeit des Gebäudes aus den Augen verliert; das Übrige kann sich an neue Umstände und neue Zeiten anpassen. Die kurzlebigen Elemente – die leichten Fassaden, Tischlerarbeiten, Geländer, Decken und Bodenbeläge – werden einer rigorosen und beschränkten Palette an Materialien unterworfen. Bei aller optischen Leichtigkeit ist der Komplex umweltfreundlich und keineswegs monoton; das liegt an der Sorgfalt und dem Maßstab, mit dem auf allen Ebenen gearbeitet wurde: vorgefertigte Pflanztröge in den Atrien, für große Lasten ausgelegte Bodenplatten, die Abstufung des Untergeschosses zur Angleichung der Höhen, die

Differenzierung der Höhen der Wohnbauten von jener der Garage, die leichte Anhebung der Wohnungen des 1. Geschosses über den Hof und die Öffnung des Raumes für die dicken Träger des Baus, die ihrerseits Vertiefungen für Wasserbecken und Bäume aufweisen.

Der Weg, der durch Experimente wie dieses freigemacht wurde, scheiterte nicht an mangelndem Interesse oder zu viel Anpassung an die urbane Wohnbaupolitik. Die Ölkrise von 1973 versetzte der Wirtschaft einen konjunkturellen Schlag und bedeutete aus heutiger Perspektive den Beginn des Abbaus des Wohlfahrtsstaates und seiner Sozialpolitik. Der Wegfall der *kommunistischen Gefahr* und die engen Margen des Wirtschaftswachstums in einem Szenario verschiedener produzierender Regionen im weltweiten Wettbewerb führten zu einer Rezession und zu mehr Kontrolle des Immobiliensektors durch den Markt.

Die Terrassenhaussiedlung St. Peter ist ein repräsentatives Beispiel für die Baukultur ihrer Zeit. Sie teilt mit anderen zeitgenössischen Bauten – die größere Aufmerksamkeit erfuhren oder weniger Glück hatten – viele theoretische Ansätze des Faches, welche die Krise der 68er-Generation vorwegnahmen, und trat der unreflektierten Mechanisierung im Wohnbau jener Zeit entgegen.

Der in zahlreichen Dimensionen strukturalistische Bau befasste sich mit der qualitativen Aufwertung des Wohnraumes auf allen Ebenen: von der urban-landschaftlichen bis zur häuslichen. Er verlieh einem hoch spezialisierten und unkonventionellen Stahlbetonskelett Form, ließ jedoch auch Spielräume und Überdimensionierungen für verschiedene und veränderliche Wohnbaukonfigurationen zu.

Bibliografie

Gross, Eugen: Wie beeinflusste der Strukturalismus die Grazer Schule der Architektur?, in: Wagner, Anselm und Senarclens de Grancy, Antje (Hg.): Was bleibt von der „Grazer Schule"? Architektur-Utopien seit den 1960ern revisited (architektur + analyse Bd. 1), Berlin 2012, 214–225, online: https://www.gat.st/en/news/wie-beeinflusste-der-strukturalismus-die-grazer-schule-der-architektur? (Zugriff am 02.04.2021)

Guttmann, Eva/Kaiser, Gabriele/HDA (Hg.): Werkgruppe Graz 1959–1989. Architecture at the Turn of Late Modernism, Zürich 2013

Hufnagl, Viktor: Städtisches Wohnen, in: Bauforum 1 (1967), 18–25

Koolhaas, Rem/Mau, Bruce: S, M, L, XL, New York 1995

Mollerup, Jens: Terrassehusbebyggelse i Graz-St. Peter, in: Arkitekten 20 (1978), 462–466

Nograsek, Marlies: Wohnwert. Werturteile im Vergleich an ausgewählten Wohnanlagen in Graz. Diss. TU Graz 2001, Band 1, online: https://ftp.tugraz.at/pub/landsaving/hong_kong/diss/cd_gesamt.pdf (Zugriff am 15.10.2021)

Steixner, Gerhard/Welzig, Maria (Hg.): Luxus für alle. Meilensteine im europäischen Terrassenwohnbau, Basel 2020

Abbildungsnachweis

Cascales Barrio, Juan: 3, 4, 5, 6
González Sainz, Blanca: 1
Velasco Aceval, Javier: 2

Übersetzung aus dem Spanischen von Sebastian Landschbauer-Scherr und Mario Wagner; Überarbeitung von Maria Nievoll

Claudia Volberg

SICHTBETON: DER STOFF, AUS DEM TRÄUME SIND

Brutalismus revisited

In der Frage nach der heutigen Identität der Terrassenhaussiedlung St. Peter und dem weiteren Umgang mit dem emblematischen brutalistischen Bau aus den späten 1960er Jahren spielt seine prägnante Sichtbetonsprache eine bedeutende Rolle. Denn sie ist das tektonische Gestaltungsmittel, um die Gesamtwahrnehmung der Siedlung als räumlich einzigartiges Ensemble inmitten eines heterogenen urbanen Kontextes zu definieren. So fungiert der schalungsrohe Sichtbeton als wesentliches Erkennungszeichen, der den Wohnbau zudem als Stellvertreter des österreichischen Brutalismus und kulturellen Erinnerungsraum von Graz kennzeichnet.

Doch wie die öffentlichen und fachlichen Debatten gezeigt haben, verbergen sich hinter dem Stil des sogenannten Brutalismus oftmals vielschichtige Deutungs- und Interpretationsmöglichkeiten, die je nach nationalen Unterschieden, eigenen Erfahrungen oder Hintergrundwissen negative oder positive Konnotationen haben. Die Assoziationen von Brutalismus sind dabei unabdinglich mit dem für die Zeit typischen Material *beton brut* verquickt. Denn für die einen steht das Material für die Bausünden der 1960er und 1970er Jahre, für die anderen ist es aber das Material vieler Erinnerungen und eines besonderen Lebensgefühls.

Diese Dualität, gar Widersprüchlichkeit des Bestandes – unpersönlicher Massenwohnbau versus kunstfertiger Wohnbau – trägt die Architektur des Brutalismus seit ihrer Entstehung in sich, sodass eine umfassende Beurteilung des brutalistischen Bestandes als Masse keine Gültigkeit haben kann.

Denn die Beschäftigung mit der Terrassenhaussiedlung St. Peter weist als kulturelles Erbe sowie bereits attestierter qualitativer Wohn- und Lebensraum darauf hin, dass die Ausformulierung der prägnanten plastischen Sichtbetonsprache eine wesentliche architektonische Intention der Architekten war. Folgende Frage stellt sich bei der Reflexion: Kann es sein, dass ein wesentlicher Teil der Besonderheit und des Raumgefühls gerade durch die stigmatisierte Materialität des Sichtbetons erreicht wird? Dafür bedarf es einer näheren Betrachtung der „Flugbahn" [1] des Brutalismus.

Brutalismus – einst ein internationaler Begriff, der in Kunst und Architektur für revolutionär andersartige Ideen, Methoden und Veränderung stand. Er kam in den frühen 1950er Jahren auf, als sich gesellschaftliche Veränderungen und erste Auswirkungen des architektonischen Funktionalismus nach den ersten Jahren des Kriegsendes bemerkbar machten. Die jüngere Generation leitete ein Umdenken des Architekturverständnisses und der planerischen Zielsetzung ein. Einen wesentlichen Einfluss auf die neue Ausrichtung der jungen Architekturszene nahm dennoch Le Corbusier, da er mit seiner Materialsprache des *beton brut* den Zeitgeist traf. [2] Die Symbiose von Natur und Wissenschaft sollte sich in der unverfälschten, authentischen Materialsprache im Sinne eines zeitgemäßen Ausdrucks widerspiegeln. Damit wird die theoretische Basis des frühen Brutalismus angesprochen. Das Material wird dabei in seiner Beschaffenheit, Konstruktion und Funktion so eingesetzt, dass diese innere Organisation und Logik zum Vorschein kommt. Dabei ist der abzulesende Prozess des Entstehens wie auch in der Natur ein wesentlicher Teil der Vervollkommnung des Gesamtwerkes. In dieser Architektursprache, die als *architecture d'autre* in die Architekturtheorie einging, steht *beton brut* in seiner rohen, haptisch und räumlich starken Ausprägung sowie statischen Funktionalität beispiellos für die Verwirklichung der neuen Haltung. Denn aufgrund seiner Eigenschaften ließ sich ein Sichtbarmachen des strukturellen Aufbaus, der eine schlüssige Einheit bildet, baulich umsetzen. Diese Leitidee zeichnet den wesentlichen Charakter der *architecture d'autre* [3] bis heute aus. „Die menschliche Wirklichkeit" diente hierfür als Grundlage für die Entwicklung der neu zu schaffenden gebauten Umwelt. [4]

Die englischen Architekt:innen Alison und Peter Smithson waren insbesondere in Bezug auf die Definition des internationalen Brutalismus-Begriffs prägende Größen. Sie brachten bereits 1953 mit den Beschreibungen zu ihrem Projekt „House of Soho" den Begriff des Brutalismus [5] in die Debatte ein. Sie verbanden die Materialsprache der von Schweden und der Kunstszene importierten Idee des Rohen *as found* [6] mit ihrem ethischen Verständnis von Architektur.

1]   Legault 2017, 25.
2]   Vgl. Banham Brutalismus 1966, 75.
3]   Vgl. Oechslin 2017, 59–60.
4]   Hecker 2007, 83.
5]   Vgl. Banham The new Brutalism 1966.
6]   Vgl. Smithson 1968.

Sie verstanden die architektonische Aufgabe der Zeit als sozialen Auftrag, der über die ästhetisch-tektonische Ebene, wie sie sich bereits in der *architecture d'autre* im *beton brut* abzeichnete, kommuniziert und legitimiert werden sollte. Die Ursprünglichkeit der Architektursprache lag dem Diskurs um Gestaltungswillen und Architekturhaltung des Rohen – also Unbehandelten, Ursprünglichen – zugrunde, was durch die Materialsprache vor allem des schalungsrohen Betons vermittelt und angestrebt werden sollten.

Das neue Verständnis der Architektur, wie ihn das Ehepaar Smithson mithilfe des Architekturkritikers Reyner Banham in die internationale Architekturdebatte einbrachte, traf den Zeitgeist der 1960er Jahre. Als internationale Architektursprache des Brutalismus beziehungsweise New Brutalism [7] englischen Ursprungs, die zwar nicht per se *beton brut* sein musste, ging der rohe Sichtbeton sinnbildhaft für die brutalistische Architektur aus einer ethisch und ästhetisch begründeten Architekturhaltung in das Allgemeinverständnis von Bauten des Brutalismus ein. Bezeichnend für die Mehrheit der Bauten dieser Jahre ist die Körperhaftigkeit, die aus einer strukturellen Ordnung oder einem Organisationssystem von innen nach außen entwickelt wurde. Anette Busse vergleicht die damals entstehenden Betonskulpturen auch mit „Collagen", da die einzelnen Elemente durch ihre Materialität, Position im Ganzen und Oberflächenbeschaffenheit eine Einheit bilden. Durch die Virtuosität, die architektonischen Intentionen mithilfe der ästhetischen Ebene als atmosphärisch dichten Raum entstehen zu lassen, zeichnet sich die kunstfertige Qualität der Planungen dieser Zeit aus.

Die Formbarkeit und Vielfalt der Möglichkeiten von Sichtbeton zum Erreichen von Plastizität und Tiefenwirkung wurden dabei ausgelotet. In der Perfektion des hergestellten Materials konnte sich die Baukunst widerspiegeln und weiter von Architekt:innen innovatorisch angewendet werden. [8] Louis Kahn ist einer der Vertreter, die in ihren Arbeiten eine Symbiose von tektonischer Ordnung und Körperhaftigkeit verfolgten, die auf dem Anspruch auf Perfektion im Sinne einer tektonischen Symbiose von Material und Raum beruhen. Dies schaffte Kahn durch die genaue Planung der Sichtbetonelemente und die Kontrolle der Ausführung der Bauten. [9]

---

[7]   Banham Brutalismus 1966, 10, 15.
[8]   Marcel Breuer, Alvaro Aalto sind dafür Beispiele. Vgl. Busse 2017,
        33. Gio Ponti als Stellvertreter der italienischen Moderne sah den
        rohbelassenen Beton als Sinnbild für eine innovative Architektur, die
        verbesserte Bedingungen für die Gesellschaft des modernen Italien
        anzubieten hatte. Als Repräsentant für den neuen soziokulturellen
        Ansatz steht der roh belassene Beton. Der damals neuartige Einsatz
        des Materials wird zudem durch die in Szene gesetzte statische Eigen-
        schaft des Betons hervorgehoben. Ponti wie auch seine Kolleg:innen
        verdeutlichen hierdurch die tektonische Weiterentwicklung von Archi-
        tektur in Bezug auf ihre Zeit.
[9]   Lehnen 2016, 120–140.

Eine andere Ausprägung erfuhr die weiterverfolgte Plastizität der Freiform in Kirchenbauten. Die Wallfahrtskirche in Ronchamps (1951–1955) von Le Corbusier ist dafür ein bedeutendes Beispiel, das außerdem Le Corbusiers Interesse an stimmungsreicher Architektur aufzeigt. Die gezeigte Kunstfertigkeit und Perfektion im Umgang mit dem Beton zur Betonung des plastischen Charakters eines Raumkörpers führt diese Architektur der Ursprünglichkeit in ihrer starken Atmosphäre beispielhaft vor Augen (→1).

(1) Le Corbusier, Notre-Dame-du Haut, Ronchamps, 1954–1955, Ansicht Südfassade

Diese Bauten stehen in einem deutlichen Bezug zu dem Prinzip der expressiven Körperhaftigkeit eines Betonexpressionismus. Der Einsatz des Sichtbetons markiert dabei eine klare Zäsur des Neuanfangs nach den Kriegsjahren, in denen Sichtbeton von den Nationalsozialisten als „entartetes" Material verboten worden war. So wurde *beton brut* zum Material des neuen Zeitgeistes der 1960er Jahre. [10]

Die sich 1973 vollziehende Energiewende, das daraufhin wachsende ökologische Bewusstsein und die hervorgehobene Stellung des Individuums im gesellschaftlichen Diskurs stellten eine neue Zäsur in der Architektur und im ästhetischen Verständnis dar. Der ursprünglich innovative Charakter wurde vom landläufigen Image einer veralteten Architektursprache verdrängt, auch wenn noch in den späten 1960er und 1970er Jahren innovative Wohnbaukonzepte auf sich als „moderne Monumente" aufmerksam machten, die mithilfe eines

10] Vgl. Lehnen 2016, 38–39.

Betonexpressionismus Großformen generierten. [11] Ihr innovativer Charakter wurde aber von sozialen und politischen Missständen oftmals negativ geprägt. Oft blieben enorme verwahrloste Baukörper zurück, die durch ihre Größe das urbane Umfeld mit stigmatisierten. Die menschenverachtenden Großbauten verfestigten sich als gebaute Zeugnisse der Missstände. Ein anderer Grund für die Stigmatisierung der Sichtbetonbauten und damit des markanten *beton brut* war die erdrückende Menge der minderwertigen Bauten des unkontrollierten Baubooms der späten 1970er Jahre. Diese wurden zum Sinnbild einer ökologischen und ökonomischen Sünde, [12] die noch heute in der Gesellschaft nachzuweisen ist.

Denn ein Erkunden von Grenzen und Neuheiten, wie es Innovationen mit sich bringen, birgt ebenfalls ein Risiko, Missstände oder im weiteren Verlauf Fehlentwicklungen zu provozieren. Vor allem, wenn ein Begriff in seiner Essenz mehrdeutig gebraucht oder gar missbraucht wird. So verfestigte sich im allgemeinen Verständnis der Gesellschaft je nach nationaler Ausprägung ein generalisierendes, oftmals fälschlicherweise negativ besetztes Bild von Brutalismus. Dabei steht das Material von schalungsreinen Betonbauten im Mittelpunkt. Zum einen, weil es das innovative Material des brutalistischen Zeitgeistes war, und zum anderen, weil es insbesondere in den 1970er Jahren eine immense Produktion von mittelmäßigen bis schlechten Wohnbauten ermöglichte. Letztere verfestigten das seither weit verbreitete negative Verständnis von *beton brut* in der Gesellschaft.

Bis in die 1990er Jahre hinein haftete Sichtbetonbauten das negative Image einer qualitativ minderwertigen, überdimensionalen und menschenverachtenden Architektur an. Die plastisch anmutenden Bauten in *beton brut* wurden mit Bunkern assoziiert. In den folgenden Jahren kam es allerdings zu einer neu aufkommenden Faszination für Sichtbeton in seiner puristischen Prägnanz und seinen unbegrenzten Möglichkeiten, den Kontrast von Leichtigkeit und Massivität darzustellen. Diese Neueinschätzung führte zu einem Aufschwung des Materials im Hochbau der späten 1990er Jahre.

In diesen Jahren stand die Rückbesinnung auf die Sinnlichkeit in der Architektur, wie sie in der *architeture d'autre* verstanden wurde, im Mittelpunkt. Mit der Betonung des rohen und ursprünglichen Charakters des Sichtbetons konnte diese Wirkung in einer Stärke erreicht werden, die den erneuten Einsatz des Sichtbetons im Außen- sowie Innenkonzept erklärt. In diesem Zusammenhang bezieht sich der Begriff der Schlichtheit auf die Reduktion der Materialien und die klaren Formen. Die Kombination unterschiedlicher Materialien wird in ihrem Zusammenwirken für das Erzeugen einer Stimmung im Raum

[11]   Vgl. Hnilica 2018, 112–117.
[12]   Vgl. Leuenberger 2009, 24.

gewählt, [13] entgegen der Bildhaftigkeit der vorangegangen Jahre der Postmoderne. Seither wird die dabei entstandene Architektursprache im Sinne des Purismus als Qualitätszeichen ebenso in der öffentlichen Meinung verstanden.

Für das Schaffen einer starken Stimmung sind Aspekte des Lichts und der Oberflächenveränderungen von Bedeutung, die mithilfe einer kunstvollen Zuordnung von Schwere und Leere – offen, geschlossenen – sowie unterschiedlicher Tiefen in der Materialität raumstruktureller Elemente erzielt wurde. Der Sichtbeton stellte hierfür wieder eine breite Palette an Optionen zur Verfügung: Die Möglichkeit, die Einheit des Raumkörpers durch seine Beibehaltung der Materialität innen wie außen herzustellen und dabei über die Oberflächenbehandlung der Sichtbetonflächen eine haptisch-taktile sowie visuelle Körperhaftigkeit zu schaffen, brachte den bis dahin verrufenen Sichtbeton wieder in den Architekturdiskurs ein. Das Revival durch die Weiterentwicklung des einst verpönten Materials führte zu einer Umdeutung der Materialsemantik. „Die Zeit schreibt sich in den Raum ein; Raum ist Kultur, ist kultureller Wandel." [14]

Mit ihrer starken atmosphärischen, ursprünglichen, puren Wirkung verweisen die Bauten der Gegenwartsarchitektur auf das Materialverständnis und die Architekturhaltung Le Corbusiers und der Vertreter:innen des Brutalismus: eine Architektur der Emotionen und Stimmungen.

Die junge Generation der Architekt:innen sieht wieder wie ihre Vorgänger:innen in der unverfälschten Materialsprache die Möglichkeit, eine „Architektur der Seele" herzustellen. „Formaler Purismus und monolithische Miniaturen" sowie urbane Großformen in Hochhausform bestimmen die gegenwärtige Architekturszene. [15]

Die Stärke liegt in der atmosphärischen Dichte der Bauten, die dabei der Gesellschaft neue Nutzungskonzepte liefern können, wie es Hybridbauten, neue Wohnkonzepte oder neuere Bürogebäude zeigen. Dabei unterliegt die Architektur einer sozialen Verantwortung, die aber auf keiner erzieherischen Haltung gründet, da diese Komponente aus den Jahren des Brutalismus in den Bauten des ausgehenden 20. und 21. Jahrhunderts nicht mehr zum Architekturverständnis gehört.

Für die Bildung der plastischen Masse ist der Umgang mit ihrem Material wesentlich, da jegliche Oberflächen- und Volumenbehandlung die Wahrnehmung bestimmt. In der Körperhaftigkeit kommt hier die Fähigkeit des Sichtbetons zum Tragen, das Volumen nicht als überdimensionale Masse wirken zu lassen.

13]   Vgl. Zumthor 2004, 12.
14]   ebd., 133.
15]   Detterer 2019.

Eine konstruktive Umsetzung eines Entwurfs kann sowohl durch die Setzung der Fugen, die Oberflächenbehandlung und die formale Gliederung das Verhältnis zwischen Negativ- und Positivform bestimmen. Zugleich wird die Artikulation am menschlichen Maßstab ausgerichtet. Da es hierfür keines Wechsels der Materialität bedarf, wird das Volumen trotz Diversität weiterhin als ein Ganzes gelesen. „Der Entwurf geht von dem Gedanken aus, einzelne autonome Körper so zueinander zu stellen, dass sich dazwischen neue räumliche Bezüge ergeben. Positive Körperform und negativer Zwischenraum werden in Korrelation gebracht." [16]

Die Bedeutung der Körperhaftigkeit der Sichtbetonbauten für die Schaffung einer räumlichen Atmosphäre wird von Fachleuten und in den letzten Jahren auch von fachfremden Personen vermehrt als Qualität verstanden, wie die Analyse von Peter Zumthor, die Äußerungen der jüngeren Generation von Architekt:innen sowie die Internetgruppen zum Brutalismus zeigen. [17] „Heute rücken Sichtbetonbauten vom Bereich des Authentischen wieder in den Bereich des Exklusiven." [18]

Blicken wir auf die Terrassenhaussiedlung in Graz, lassen sich die beschriebene brutalistische Architektursprache und interessanterweise der Gestaltungswillen der *architecture d'autre* wiedererkennen. Ebenso wie bei den brutalistischen Ansätzen einer Kunstfertigkeit handelt es sich auch bei der Entwicklung der Terrassenhaussiedlung Graz um eine gezielt entworfene Betonsprache mit Anspruch auf eine architektonische Ausdrucksfähigkeit – ganz nach ihrem sozialpolitischen Architekturverständnis. [19] Der Aspekt der architektonischen virtuosen Ausführung des Sichtbetons wird selten in der Darlegung der Qualitäten der Siedlung hervorgehoben. Doch nimmt sie einen wesentlichen Anteil an den überdauernden räumlichen Stärken und dem individuellen Ausdruck der Siedlung. Sie ist das Resultat des durchgehenden architektonischen Anliegens der Werkgruppe Graz. Es sollte zu einer „kommunikativen Architektur kommen, in der über eine Verzahnung raumstruktureller Elemente individuelle Bezugsräume" [20] geschaffen werden. Die Intention zeigt sich sowohl im städtebaulich bestimmten großen als auch im lebensräumlich bestimmten kleinen Maßstab, der beispielsweise bei der Betrachtung der Ausführungsdetails wiederzufinden ist.

[16]   Ungers 2010, 42.
[17]   Vgl. Volberg 2019, Kapitel „Forschungshintergrund".
[18]   Reckermann 2009, 13.
[19]   Die Architekten der Werkgruppe Graz beschäftigen sich bereits seit ihrer Studienzeit mit Architekturkonzepten und der Sprache, die den damaligen Diskurs über die Neuausrichtung der Architektur und des Städtebaus widerspiegelte. Die gebaute Umwelt sollte hinsichtlich ihrer sozialen und soziokulturellen Rolle geplant werden. Vgl. Guttmann/Kaiser/HDA Graz 2013, 14–21.
[20]   Vgl. Gespräch mit Eugen Gross, geführt von Claudia Volberg, 23.4.2018.

(2) Werkgruppe Graz, Terrassenhaussiedlung, Blick nach Südwesten auf Haus 29, 2018

Im gewachsenen urbanen Kontext von St. Peter[21] ist der Großwohn-
komplex weiterhin als Einheit lesbar, innerhalb derer wiederum viele
kleinere Einheiten – sprich Wohnungen – bestehen.
Die plastische Ausformulierung betont die Einheit der Siedlung im heterogenen urbanen Umfeld. Mithilfe einer tektonischen Hierarchisie-
rung entsteht eine sichtbare Gliederung und kann eine Verzahnung der
Baukörper untereinander erreicht werden, wodurch ein Aufbrechen
und ein dynamisches Erscheinungsbild gegen eine aufkommende
Monotonie aufgrund der Größe des Ensembles entstehen.[22] So
zeigt sich heute noch, dass die Primärstruktur solide, aber auch offen
gestaltet wurde, um einen Rahmen vorzugeben, der Veränderungen
zulässt.
Die rhythmisch gesetzten Erschließungskerne sind ein wichtiges
Element der Komposition. Denn die vertikalen, freistehenden offenen
Erschließungskerne zwischen den Riegeln brechen die Masse auf,
was zusätzlich zur axialen Verschiebung der Riegel eine Reduzierung
der Maßstäblichkeit und eine Rhythmisierung der Masse schafft.
Dadurch wird einer Monotonie, wie sie in seriellen Wohnbauten zu
finden ist, entgegengewirkt (→2).

21]   Vgl. Doytchinov 2018, 5–9.
22]   Die Betonung der Plastizität über die Betonsprache greift hier – wenn
       auch verspätet – die internationale Tendenz der 1960er Jahre auf, die
       eine Betonung der Räumlichkeit gegenüber der Moderne wiederher-
       stellen wollte. Vgl. Philipp 2011, 20–22.

Die Ausformulierung der offenen Erschließungskerne ist entscheidend, um diese als strukturelle Zäsur der Baukörper zu lesen und damit räumliche Diversität und Orientierung zu schaffen. Die erkennbare Eigenständigkeit innerhalb der Einheit wird über die Ausführung des Sichtbetons und die Fügung der einzelnen Elemente in den Treppenkernen erreicht. Denn sie folgen zwar der Sichtbetonsprache der Gesamtanlage, aber über die tektonische Fügung der Elemente – der in Ortbeton geschalte Kern der Treppenläufe berührt nicht die angrenzenden Baukörper – präsentieren sie sich als expressive Treppenskulpturen. Diese werden nur über die Podeste verbunden, die wiederum zurückgesetzt sind und daher visuell in den Hintergrund treten. Die Schalungsfugen des Treppenkerns sind so gesetzt, dass sie hinter den umlaufenden Treppenläufen verschwinden oder nicht ins Auge fallen. Dies wird zudem über die Betonung der vertikal verlaufenden eingelegten Abwasserrinne verstärkt, da sie im Gegensatz zu den nur wenige Zentimeter großen horizontalen Schalungsfugen eine 20 Zentimeter breite vertikale Zäsur aufweisen, die die horizontalen Fugen in den Hintergrund treten lässt. Durch diese Ausführungsdefinition haben die Architekten notwendige Regenrohre kunstfertig als Element der Betonskulptur zur Betonung der räumlichen Zugehörigkeit genutzt und dementsprechend den statisch notwendigen Treppenhauskern detailliert entwickelt (**→3**). [23]

(3) Werkgruppe Graz, Terrassenhaussiedlung, Erschließungsturm und Fußgängerbrücke, 2018

[23]   Der Aspekt der Kunstfertigkeit und der Betonung der Plastizität findet Parallelen zu brutalistischen Bauten als „ästhetische Revolte". Vgl. Buttlar 2017, 63, 66–68, 71. Diesbezüglich ist die Analyse zum Thema der Ästhetik und der Kunstfertigkeit in ihrer Gesamtheit der Betrachtung der Lehre des Aristoteles verpflichtet. Vgl. Hnilica 2018, 117–118.

(4) Werkgruppe Graz, Terrassenhaussiedlung, Gestaltung
Erschließungskern und Treppenlauf, 2018

Mit der vertikalen Zäsur wird die Vertikalität der Treppenskulptur betont, die sich dadurch von der starken Betonung der horizontalen
Schichtung der Wohnungseinheiten abhebt und somit eine für sich
stehende Komponente innerhalb der Gesamtstruktur bildet. Die Brüstungen entsprechen in ihrer Ausformulierung aus Paneelen der Konzeption der Brüstungen der Balkone und Fußgängerplateaus, wobei
ihre uniforme graue Farbe sie wiederum klar als Teil des Sichtbeton-
kerns der vertikalen Erschließung zuordnet (→4).
Dadurch werden die vertikalen Skulpturen als ein außenliegendes,
aber spezifisches Element der Siedlung markiert. Die Fertigteile der
Treppenläufe sind über ihre identische Formung effizient, aber auch in
der Gesamtanlage aufgrund ihrer gebogenen Eckbereiche einzigartig.
Zudem betonen sie dem Konzept folgend den Entstehungsprozess
der Skulptur, denn die Fertigteile der Läufe sind mit einer Schattenfuge an den massiv wirkenden Aufzugskern gesetzt. Demnach werden die Elemente des Erschließungskerns betont. Ihre statische
Abhängigkeit – somit die bauliche Abfolge – wird über die Doppel-
funktion des Sichtetons als tragendes Element sowie Fassaden-
material sichtbar. Die Betonung des Prozesshaften macht die Hierarchie
der einzelnen Strukturelemente und somit das räumliche Ordnungs-
prinzip der ganzen Siedlung verständlich. Darüber hinaus zeigt die
Ausführung, dass durch die Betonung des Aufbaus aus einzelnen
Elementen der Bezug zum menschlichen Maßstab erreicht wird,
was wiederum der plastischen Großform den Anflug von Leichtigkeit innerhalb massiver Plastizität verleiht. Das gesamte Ensemble
wirkt als eine in sich stimmige Skulptur, die sich durch ihre plastische Eigenart auszeichnet und dadurch den Identifikationsprozess

der Bewohner:innen mit dem Wohn- und Sozialraum fördert. [24] Diese Struktur, nach der die Wohnungseinheiten gegliedert sind, setzt auf das Prinzip der Wiedererkennung der strukturalen Ordnung und die Artikulation der spezifischen Ausführung der Volumina. Der Aufbau der Wohnriegel ist in ihrer Stapelung erkennbar. Dies geschieht über die Setzung der Schalungsfugen und das Rücksetzen der Wandflächen gegenüber den Vertikalen und horizontalen Stirnseiten der Decken beziehungsweise der Wandscheiben, die die Körperhaftigkeit hervorheben. Diese plastische Komposition wird darüber hinaus mit Betonfertigelementen an den Deckenköpfen klar von der flächigen Betonstruktur der Wände abgesetzt (→5).

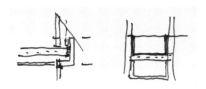

(5) Werkgruppe Graz, Terrassenhaussiedlung, Detailskizze Prinzip Schalungstisch und Verkleidung Stirnseite Decken

(6) Werkgruppe Graz, Terrassenhaussiedlung, Sichtbetonkörper und sanierte Pflanztröge, 2018

Ausgefächert wird dieses Strukturgerüst mit Ortbetonscheiben, die daraufhin auf der zweiten Ebene – konstruktiv wie organisatorisch – die Funktion der Wandscheiben der Wohnungen übernehmen. Dieser Aufbau wird über die schrittweise geschalten Ebenen erreicht, die den Prozess der Stapelung abbilden. Somit zeigen auch die Riegel den Verlauf der Bildung der Baukörper. Hier wird die Horizontalität betont, die durch die Schichtung und horizontale Verschiebung erreicht wird. Vor allem über die Betonung der horizontal verlaufenden Bänder im Kopfbereich der Deckenplatten werden die Elemente als

[24]   Vgl. Walden 1993, 17–18, 24–26.

Boxen im Sinne von Raumkörpern wahrnehmbar gemacht. Es wird über die Ausführungsdetails der Fügung erreicht. Die ablesbaren „Tischschalelemente" [25] nehmen eine Einteilung mittels der Fugen und Deckenstöße vor, wobei die Geschosse voneinander abgesetzt werden. Dadurch wird das menschliche Maß der Einheiten als Körper erkennbar. Die entwickelte Schalung des Tisches und der Rahmen zum Schutz vor Witterungseinflüssen auf die Fassade sind ablesbar und heben über die auf den Bau abgestimmten Details die Horizontalität in der gesamten Großform hervor.

So entsteht ein Zusammenspiel zwischen den vertikalen Erschließungstürmen und den plastisch betonten Wohnungseinheiten, die der Siedlung trotz der Großform zu einer räumlichen Vielfalt sowie persönlichen Orientierbarkeit verhelfen – ein nur in der Siedlung St. Peter vorzufindendes Detail, das wiederum ein Indiz für die intendierte Hervorhebung der Prozesshaftigkeit als Element der Kunstfertigkeit der Baustruktur ist. Diese Sonderlösung untermauert den individuellen Charakter der Gesamtanlage, hebt sie von der als minderwertig gesehenen Massenware ab. Die Wandscheiben treten mit ihrer glatten Struktur der Rahmenschalung gegen die flächigen Sichtbetonbereiche des Sockels hervor, da diese durch die eingesetzte Brettschalung eine andere Patina als die glatte Rahmenschalung der Scheiben aufweist. [26]

Die Verschiebung der Volumina und das erläuterte Zusammenspiel der vertikalen und horizontalen Artikulation innerhalb der Struktur wendet die Monotonie oder eine Überproportionalität einzelner Riegel ab, da die Elemente der Fassadenbereiche auf unterschiedlichen Ebenen eingesetzt sind. So schaffen die dem Deckenkopf leicht vorgesetzten Betonfertigteilwinkel, die als Tropfnasen und Witterungsschutz dienen, eine leichte Schattenfuge; die Proportionalität bleibt auf den Maßstab des Menschen bezogen. Ebenso sind die konischen Pflanztröge in ihrer Dreidimensionalität geeignet, aufgrund ihrer Form unterschiedliche Schatten zu werfen. Die Einteilung des Trogelementes, das in Verbindung mit einer offenen Fuge mehrmals aneinandergereiht wird, folgt dem Maß der dahinterliegenden Wohnung. Zudem machen die Ecktröge die Volumina mit ihren Vorsprüngen und Verschiebungen erlebbar, was wiederum zum Verständnis des Aufbaus der Siedlung und ihrer Vielfalt an Raumerlebnissen beiträgt. Auf diese Weise wird jede Monotonie vermieden (**→6**).

Eine facettenreiche Farbigkeit und Haptik der verschiedenen Elemente verstärken im Sinne der Sensualität des intendierten Brutalismus die räumlich dichte Atmosphäre. Der Facettenreichtum in der

[25]   Eugen Gross definiert die Methode der Schalung und den Ablauf mit diesem Vergleich. Vgl. Gespräch mit Eugen Gross, geführt von Claudia Volberg, 23.4.2018.

[26]   Vgl. Kapfinger 2013, 270–272.

Gestaltung wird auch dadurch erreicht, dass die Betonmischung für Fertigteile eine andere Körnung als die Ortbetonteile aufwies und dadurch ein anderes Schalungsverhalten zu Tage tritt. Ein besonders signifikantes Element sind die gut sichtbaren Pflanztröge, die für die vorherrschende Begrünung sorgen. Sie mussten aufgrund einer geringeren Betonüberdeckung der Bewehrung, entsprechend dem damaligen Stand der Technik und weil sie zudem dauerhaft der Witterung ausgesetzt sind, inzwischen saniert werden. Der Prozess der Alterung, ein natürlicher Vorgang, unterstützt so die Differenzierung der unterschiedlichen Bauteile. Die Veränderung des heutigen gegenüber einem früheren Zustand tritt deutlich zutage, verstärkt sogar den besonderen Charakter des Siedlungskomplexes.

Wie ausgeführt, spielen die Erschließungskerne für den Ausdruckscharakter der Terrassenhaussiedlung eine wichtige Rolle, da sie unabhängig von der „variablen" sekundären Struktur für sich stehen. Die überlagernde Struktur des Primärsystems bleibt als Gerüst bestehen und bringt zugleich durch die Hauserschließungen einen ordnenden Rhythmus in die Anlage. [27] Gleichzeitig wird über die Ausformulierung der einzelnen Strukturelemente auf jeder Ebene die Berücksichtigung des menschlichen Maßstabs in der Großform gewährleistet. Die tragenden massiven Bauteile können als solche definiert und wahrgenommen werden. Durch die Artikulation der plastischen Masse entsteht die räumliche Dichte, die wiederum Leerräume proportional dazu freigibt und so die gebaute Masse in der Durchwegung reduziert wahrnehmbar macht. Das Phänomen wird sowohl in den Momentaufnahmen der Siedlung als auch in der Betrachtung des Schwarzplans mit der Definition der Leerräume verständlich. Denn als Massivbau in Sichtbetonweise bietet die Ausführung des einschaligen Systems der Scheiben und Platten die Möglichkeit, innerhalb der gleichen Materialsprache sowohl Elemente zur Lesbarkeit der Proportionen als auch Variationen in der Oberflächengestaltung wahrzunehmen: Die Ausführung des Sichtbetons gibt somit der Großform einen skulpturalen und zugleich einen individuellen Charakter. [28] Das dadurch entstehende Wechselspiel der Komposition in seiner geschlossenen und offenen Baustruktur wird heute zudem über die üppig gewachsene Begrünung und den Baumbestand im inneren und äußeren Bereichen der Siedlung verstärkt, womit der Charakter einer Siedlung „im Grünen" betont wird. Der einheitsbildende Sichtbeton schafft durch seine unterschiedlich gestalteten Oberflächen eine räumliche Diversität, bei der die bewusst gewählte Sichtbetonerscheinung als eine kraftvolle, solide Klammer die Einheit der „Partitur" [29] bestimmt (→**7**).

[27]   Vgl. Hafner 2013.
[28]   Vgl. Hnilica 2018, 116–117.
[29]   Kapfinger Interfaces 2013, 269–272.

(7) Werkgruppe Graz, Terrassenhaussiedlung, Blick Richtung
Westen zum Plabutsch, 2018

Der Stoff, aus dem Träume sind

Kritische Aussagen über das nicht immer positive Assoziationen we-
ckende Erscheinungsbild der Sichtbetonarchitektur spiegeln indirekt
noch weiterhin bestehende Vorurteile gegenüber der Sichtbetonarchitektur des Brutalismus wider.
So wirkt eine untergründig europaweit bestehende Stigmatisierung
des Beton in Wohnbauten, die den Großwohnbauten der 1960er und
1970er Jahre weiterhin anhaftet, fort. Das erschwert den Umgang
mit dem Bestand und die Vermittlungsarbeit. [30] Darüber hinaus zeigt
sich hier, dass wichtige konzeptuelle und qualitative Unterschiede
verschiedenartiger Großwohnbauten bei der Beurteilung der Bauten in der breiten Öffentlichkeit ausgeklammert werden. Nur das

[30]   Vgl. Glaser 2013, 203–204, vgl. Scheurmann/Meier 2017, 142–144.
         Allerdings muss angemerkt werden, dass es hier Unterschiede in der
         „wirklichen" Vernichtung von altbekannten Strukturen gibt. So liegt im
         Fall Graz keine flächendeckende Abrisspolitik, wie sie beispielsweise
         in Deutschland oder England durchgeführt wurde, vor. Die Terrassen-
         haussiedlung bewirkte sogar eine Aufwertung einer nicht als Bauland
         deklarierten Fläche. Doch die Stigmatisierung der Beispiele aus
         Nachbarländern, die den Diskurs nach dem Denkmalpflegejahr 1975
         in Europa beherrschte, machte sich auch in Graz bemerkbar. Diese Ge-
         neration hat Tabula-rasa-Planungen des Wirtschaftsfunktionalismus in
         dem Maße wie in den Nachbarländern weder direkt miterlebt noch ist
         ihr Lebensraum zerstört worden. Trotz dieses Unterschiedes ist weiter-
         hin bei der Generation der Nachkriegszeit diese Rezeption verfestigt.
         Für eine Betrachtung der Stimmung und des kontroversen Diskurses
         vgl. Reaktionen auf den Filmbeitrag in der ARD 2017 sowie die positive
         Darstellung der Dokumentationsserie im WDR. Vgl. Architektur der
         1960er Jahre 2018.

Aufbrechen der Stigmatisierung des Betons kann bestehende Vorurteile reduzieren, um einer intensiveren Beschäftigung mit der Bedeutung der Materialsprache und dabei mit den Qualitäten des jeweiligen Projekttyps und des soziokulturellen Umfeldes den Weg zu bahnen. Eine verstärkte Vermittlungsarbeit zum Verständnis des Facettenreichtums und damit der Qualität des Bestandes und der plastischen Sichtbetonsprache sind daher nach wie vor notwendig, was auch die vorliegende Publikation leisten will. So können sowohl die städtebaulich-architektonischen Stärken als auch die räumlich-atmosphärisch hohe Qualität als Wohnbau-Ressource, wie sie die Terrassenhaussiedlung St. Peter in Graz darstellt, für die Gesellschaft erlebbar, zugleich als kulturelles Erbe geschätzt und langfristig genutzt werden. Andernfalls geraten sie nach einer Welle des öffentlichen Interesses in Vergessenheit oder versinken im Zustand des Verfalls oder im besten Fall des Wohnbaus einer kleinen Gruppe von Gleichgesinnten in Bedeutungslosigkeit.

(8) Marko Lulić, Der Stoff, aus dem Träume sind, Kunst im öffentlichen Raum, 2010

Die Differenzierung der Intentionen der brutalistischen Materialsprache ist dabei von Bedeutung. Wie die Terrassenhaussiedlung zeigt, ist die Architekturhaltung im Entstehungsprozess relevant für die Ausformulierung der meist großformatigen Sichtbetonbauten, die nun mit aufkommenden Möglichkeiten des Dämmbetons [31] entstehen können. So zeigt die Terrassenhaussiedlung in Anbetracht der konstruktiven Kunstfertigkeit der Gesamtstruktur Parallelen zu der Virtuosität in der Gestaltung des Sichtbetons bei prominenten Bauten wie beispielsweise beim Salt Institute von Louis Kahn (→9, 10).

[31]   Schlaich 2018, 7.

(9, 10) Louis Kahn, Salt
Institute, La Jolla, Kalifornien,
1962–1965

Auch finden sich Parallelen zum Gestaltungswillen der *architecture d'autre*, dem bewussten Prozess, einen inneren logischen Aufbau sichtbar zu machen. Die mit hoher Sorgfalt gestaltete Architektur macht die Terrassenhaussiedlung Graz zu einem einzigartigen Baukomplex. Dabei ging es der Werkgruppe Graz wohl um die soziopolitische Intervention durch eine Architektur im Sinne des Ausdrucks von Sozialstrukturen, aber als Experiment zur Erkundung von Kommunikativität. Die Siedlung hebt sich zwar in ihrer Einheit vom heterogenen Umfeld ab und steht weiterhin für ein innovatives Wohnbaukonzept, anonymisiert den Menschen aber nicht oder erdrückt ihn durch übersteigerte Dimensionen, die im Wohnbau oft in Monotonie endeten.

Die Betrachtung der Sichtbetonsprache in der Siedlung St. Peter zeigt, dass der Beton hier als sprechender Baustoff einer Zeit und im besonderen als Träger einer spezifischen Aussage gelesen werden muss, der das Raumangebot für individuelles Wohnen innerhalb einer urbanen Struktur für eine große Zahl von Menschen zum Ausdruck bringt. Den Bedeutungsgehalt des Materials in seiner Materialsemantik zeigt auch der weit sichtbare Satz des Künstlers Marko Lulić „Der Stoff, aus dem Träume sind" an der Stirnwand des Hauses 33 (→8). Es ist hier nicht der Beton der landläufigen Massenwohnbauten, die in der Kritik der Architekten standen, sondern der eines kunstfertig konzipierten Wohnbaus mit einem langfristigen sozio-urbanen Konzept. Zum Nachdenken: „Die zu Stein geronnenen Ideen haben zudem noch mehr bewirkt: Der Zeitgeist hat sich im Lebensstil symbolisch eingeschrieben." [32]

32]   Katschnig-Fasch 1998, 129.

Bibliografie

Architektur der 1960er Jahre, 02.08.2018, https://www.ardmediathek.de/ard/player/Y3JpZDovL3dkci5kZS9CZWI0cmFnLWFmZDkzN2M1LTE5NjktNGVlMy04YWIxLWQyNjIyZmNkM2VhYw/ (letzter Zugriff: 20.11.2018)

Banham, Reyner: Brutalismus in der Architektur. Ethik oder Ästhetik? (= Dokumente der Modernen Architektur 5), Stuttgart/Bern 1966

Banham, Reyner: The new Brutalism, New York 1966

Busse, Anette: Von brut zum Brutalismus. Die Entwicklung von 1900 bis 1955, in: Elser, Oliver/Kurz, Philip/Cachola Schmal, Peter (Hg.): SOS Brutalismus. Eine internationale Bestandaufnahme, Zürich 2017

Buttlar, Adrian von: Brutalismus in Deutschland. Fortschrittspathos als ästhetische Revolte, in: Wüstenrot Stiftung (Hg.): Brutalismus, Zürich 2017, 63–75

Detterer, Gabriele: Baukunst im Bild (6.12.2016), https://www.nzz.ch/feuilleton/kunst_architektur/schweizer-architektur-heute-baukunst-im-bild-ld.132716 (letzter Zugriff: 20.09.2022)

Deutsches Architekturmuseum (DAM)/Wüstenrot Stiftung: #SOSBrutalismus. https://www.sosbrutalismus.org (letzter Zugriff: 20.09.2022)

Doytchinov, Grigor: Stadträumliche Analyse. Ein Beitrag, in: Gross, Eugen/Projektpartner P6: Beilagenkatalog zum Endbericht – Gebäude. Smarte Modernisierung Terrassenhaussiedlung Graz – SONTE, Graz 2018, 24–54

Glaser, Marie Antoinette/ETH Wohnforum (Hg.): Vom guten Wohnen. Vier Zürcher Hausbiografien von 1915 bis zur Gegenwart, Sulgen 2013

Guttmann, Eva/Kaiser, Gabriele/HDA Graz (Hg.): Werkgruppe Graz. Architecture at the Turn of Late Modernism, Graz 2013

Hafner, Bernhard: Nachtrag zum Gespräch mit Eugen Gross (22.12.2013), http://www.gat.st/en/news/nachtrag-zum-gespraech-mit-eugen-gross (letzter Zugriff: 19.5.2018)

Hecker, Michael: structurel – structural. Einfluss ‚strukturalistischer' Theorien auf die Entwicklung architektonischer und städtebaulicher Ordnungs- und Gestaltungsprinzipien in West-Deutschland im Zeitraum von 1959-1975, Diss. TU Stuttgart 2007

Hnilica, Sonja: Der Glaube an das Große in der Architektur der Moderne. Großstrukturen der 1960er und 1970er Jahre, Zürich 2018

Kapfinger, Otto: Gedanken zu Architektur als Partitur. Anmerkungen zur Ausstellung und Buchpräsentation der Werkgruppe Graz (10.11.2013), https://www.gat.st/news/gedanken-zu-architektur-als-partitur (letzter Zugriff: 20.09.2022)

Kapfinger, Otto: Interfaces. Helmut Tezaks fotografische Lektüre von Werkgruppe-Bauten, in: Guttmann, Eva/Kaiser, Gabriele/HDA Graz (Hg.): Werkgruppe Graz. Architecture at the Turn of Late Modernism, Graz 2013, 268–275

Katschnig-Fasch, Elisabeth: Möblierter Sinn. Städtische Wohn- und Lebensstile, Wien/Köln/Weimar 1998

Legault, Réjean: Die Flugbahn des Brutalismus. England, Deutschland und darüber hinaus, in: Elser, Oliver/Kurz, Philip/Cachola Schmal, Peter (Hg.): SOS Brutalismus. Eine internationale Bestandaufnahme, Zürich 2017, 20–25

Lehnen, Martin: Opus Moderne. Die Wand aus glatt geschaltem Sichtbeton, Berlin 2016

euenberger, Michael: Vom Sündenfall zum Lifestyleobjekt. Interview mit Andrea eplazes, über die archaische Kraft und die polarisierende Wirkung von Beton, in: unst und Architektur in der Schweiz 4 (2009), 24–27

echslin, Werner: New Brutalism. Moderne zwischen Stil, Geschichte und Kunstgeschichte: ‚une architecture autre', in: Wüstenrot Stiftung (Hg.): Brutalismus, Zürich 2017, 49–62

hilipp, Klaus Jan: Einführung in die international Leitbildentwicklung der 1960er nd 1970er Jahre, in: Hecker, Michael/Krings, Ulrich (Hg.): Bauten und Anlagen der 960er Jahre und 1970er Jahre – ein ungeliebtes Erbe?, Köln 2011,19–27

eckermann, Zara: Kathedralen aus Beton. Das künstlerische Potenzial des Jahrundertbaustoffs, in: Kunst und Architektur in der Schweiz 4 (2009), 4–14

cheurmann, Ingrid/Meier, Hans-Rudolf: Die Sprache der Objekte und das Sprehen über sie. Ein Ausblick, in: Eckardt, Frank u. a. (Hg.): Welche Denkmale welher Moderne? Zum Umgang mit Bauten der der 1960er und 70er Jahre, Berlin 017, 263–271

chlaich, Mike u. a. (Hg.): Infraleichtbeton. Handbuch für Entwurf, Konstruktion nd Bau, Berlin 2018

mithson, Alison (Hg.): Team 10 primer, London 1968

ngers, O. M.: Architekturlehre. Die Berliner Vorlesungen 1964–65 (= archplus 79, 2010)

olberg, Claudia: Bedeutungsträger Beton. Potenziale der Materialsemantik am eispiel von Großwohnbauten der 1960er und 1970er Jahre, Diss. Technische Universität Graz 2019

Walden, Rotraut: Lebendiges Wohnen. Entwicklung psychologischer Leitlinien zur Wohnqualität (= Europäische Hochschulschriften IV), Frankfurt a. M./New York 1993

umthor, Peter: Atmosphären. Architektonische Umgebungen. Die Dinge um nich herum, Detmold 2004

Abbildungsnachweis

resevic, Ziga: 9, 10

rischner, Alexander: 8

Meisterhofer, Barbara: 1

inger, Andrea: 3, 4

olberg, Claudia: 2, 5, 6, 7

Karen Beckmann

URBANITÄT DURCH DICHTE?
Die Terrassenhaussiedlung im Kontext von städtebaulichen Utopien und gesellschaftlichem Fortschrittsglauben

Die Planung und der Bau der Terrassenhaussiedlung Graz-St. Peter fallen in eine Zeit politischer und gesellschaftlicher Aufbruchstimmung. In Österreich, wie in vielen Teilen Westeuropas, entwickelte sich eine durch linke Jugendbewegungen angetriebene, liberalere Gesellschaft, die durch kulturelle Einflüsse aus den USA geprägt wurde und neue Konsumformen hervorbrachte. [1]

Die „Grenzen des Wachstums" [2] waren noch nicht beschrieben und großmaßstäbliche, utopisch anmutende Architekturentwürfe sowie deren Umsetzung zeugen von einer optimistischen, technik- und fortschrittsgläubigen Gesellschaft. Auch städtebaulich vollzog sich ein Umbruch. War das Bauen der Moderne noch von freistehenden Wohnzeilen und -türmen geprägt, entstand nun der Wunsch nach Vielfalt und Dichte. Ausgehend und geprägt durch strukturalistische und brutalistische Gestaltungsprinzipien und Vorbilder wie das Team Ten (eine aus der CIAM hervorgegangene Architektengruppe) oder die Metabolisten aus Japan entstanden auch in Österreich Entwürfe utopischer Megastrukturen, die als *urban fiction* Aufmerksamkeit erregten.

Die Terrassenhaussiedlung in Graz-St. Peter ist ein herausragendes Beispiel dieser großmaßstäblichen Bebauungsstrukturen. Sie wurde Mitte der 1960er Jahre geplant und in den Jahren 1972 bis 1978 auf dem Gelände einer alten Ziegelfabrik errichtet.

Der Wohnkomplex besteht aus vier Wohngebäuden, die auf einer sie verbindenden Tiefgarage gelagert sind. Über terrassierten Sockeln entwickeln sich die Gebäude in einer abwechslungsreichen und komplexen Gestalt. Die Haupterschließung auf der Ebene +1 erfolgt fußläufig auf einer abwechslungsreich gestalteten und stark durchgrünten Freifläche. Ein kleines Einkaufszentrum mit Café und Zeitungskiosk im Zentrum des Komplexes, das den Bewohner:innen neben Wohnen und Erholung Einkaufsmöglichkeiten hätte bieten sollen, konnte aber nicht umgesetzt werden. Heute zeugen neben dem

---

[1]   Vgl. Schwendter 1995, 168ff.
[2]   1972 warnte ein Forscherteam aus den USA erstmals vor den Folgen eines unverminderten wirtschaftlichen Wachstums. Vgl. Meadows u. a. 1972.

vielfältigen Wohnungsangebot vor allem Arztpraxen und eine starke Aneignung des öffentlichen Raumes – vor allem in den Sommermonaten – von einer funktionalen Durchmischung des Quartiers. Die Erschließung der Wohnungen erfolgt über offene Treppentürme, die pro Etage maximal drei Wohnungen erschließen. Auf der Ebene des 4. Obergeschosses wird mit einer durchlaufenden Kommunikationsebene eine weitere öffentliche Erschließung angeboten, die die Gebäudeteile untereinander verbindet. Das strukturalistische Prinzip einer tragenden Grundstruktur und flexibler Ausbaumodule ist in der Fassadenstruktur der Terrassenhaussiedlung ablesbar. In den Kopfbauten werden offene, überdachte Räume den Bewohner:innen als Aneignungsraum für verschiedene Nutzungen zur Verfügung gestellt.

Bereits zum Zeitpunkt ihrer Fertigstellung wurde die in Sichtbeton errichtete Siedlung stark diskutiert, erreichte nach Besiedlung bald einen hohen Beliebtheitsstatus, der bis heute, über 40 Jahre nach Bezug der Wohnungen, in vollem Maß anhält. Hervorzuheben ist, dass die Großwohnanlage in der Fachwelt ein international hohes Ansehen genießt, das durch Publikationen, wissenschaftliche Arbeiten, Ausstellungen und Führungen belegt ist.

Um diesen mit der Zeit gewachsenen Erfolg verstehen und den Gebäudetypus architekturhistorisch einordnen zu können, müssen wesentliche Paradigmen, städtebauliche Strömungen und daraus resultierende Bebauungsstrukturen der Zeit der Errichtung näher in den Blick genommen werden.

Urbanität durch Dichte

Das Leitbild der Urbanität durch Dichte, das sich exemplarisch in der Gestaltung der Terrassenhaussiedlung niederschlägt, entwickelte sich mit Beginn der frühen 1960er Jahre in Westeuropa. Während in den 1950er Jahren „Licht, Luft und Sonne" sowie die Funktionstrennung von Wohnen, Arbeiten, Verkehr und Erholung prägend für die städtebauliche Anordnung freistehender Wohngebäude war, wurde in den 1960er Jahren Kritik an diesen Bebauungsstrukturen laut. Bemängelt wurden die fehlende „Urbanität" und funktionale Mischung sowie der damit einhergehende Mangel an gesellschaftlichem Leben und informellen Kontakten. Die Stadt- und Architekturkritikerin Jane Jacobs untersuchte 1961 in ihrer Publikation *Tod und Leben großer amerikanischer Städte* diese Entwicklung und kam zu dem Schluss, dass es in monofunktionalen Wohnquartieren mit streng geordneten Grünräumen zwischen den Gebäuden zu einer Verödung des öffentlichen Raumes komme. [3] In einer weiteren Publikation mit dem

3]   Vgl. Jacobs 1961, 18.

Titel *Die gemordete Stadt. Abgesang auf Putte und Straße, Platz und Baum* erläuterten die Autor:innen, dass die „familiengerechte, durchgrünte Bauweise [...] Sterilität und aseptische Ordentlichkeit" [4] zum Preis habe. Mit dem neuen Leitbild der Urbanität durch Dichte sollte eine Antwort auf diese monofunktionalen Schlafstädte der 1950er und frühen 1960er Jahre gefunden werden.

Bewohnerdichte allein, das zeigte sich jedoch in den folgenden Jahren anhand einiger erster auf Basis des Leitbildes Urbanität durch Dichte errichteter Wohnbauprojekte, war keine Lösung für mangelnde Urbanität: Satellitenstädte in Deutschland, verdichtete Wohnquartiere mit langen, mäandernden Wohnarmen in Großbritannien oder die die Villes nouvelles („neue Städte") in Frankreich, in den Außenbezirken großer Städte errichtet, erreichten nicht das erwünschte Ziel der Urbanität.

Die Architekturkritikerin Martina Düttmann fasste die Kritik an diesen Bebauungsstrukturen 1985 zusammen: „Großstrukturen, die in die Landschaft wachsen, was für ein Irrsinn; Grünzüge durch die Stadt, lächerlich ..." und eröffnete damit eine neue Sichtweise auf den öffentlichen Raum: „... [Die] Stadt darf ruhig ein wenig rußig sein und laut und ungebärdig, wichtig ist nur der Kiez und die Kneipe an der Ecke und der kleine Laden von alters her und die Oma, die ihre Ellenbogen ins Fenster stellt und an allen teilhat ..." [5]

Urbanität, das wurde nun vermehrt diskutiert, entstehe durch Nutzungsüberlagerung von Wohnen, Arbeiten, Einkaufen und Freizeitgestaltung, durch fußläufige Erschließungsmöglichkeiten, die informelle Kontakte und ungeplante Treffen ermöglichen, eine Freiraumgestaltung, die zum Aufenthalt einlädt und eine kleinteilige und vielfältige Gestaltung von Gebäuden und Außenräumen. Die Stadt wurde vermehrt als Ort der Möglichkeiten, des überraschenden Erlebnisses diskutiert. Die Inhalte der CIAM-Kongresse, [6] initiiert 1928 unter anderem von Le Corbusier und bekannt als Wegbereiter der modernen Stadtplanung mit strenger Funktionsteilung, verdeutlichen seit 1951 bis zur Auflösung der Kongresses 1959 diesen Paradigmenwechsel: Bereits 1951 wurde unter dem Titel *The Heart of the City: Towards the Humanisation of Urban Life* das Stadtzentrum als sozialer und kultureller Ort fokussiert und öffentlich diskutiert. Im CIAM-Kongress 1959 in Otterlo wurde angedacht, die CIAM in „Arbeitsgruppe für die Untersuchung der Beziehungen zwischen sozialen und gebauten Strukturen" umzubenennen, was noch einmal mehr das Umdenken von einem rein funktionalen hin zu einem vermehrt sozialräumlichen Denken veranschaulicht. [7]

[4]   Siedler/Niggemeyer 1978, 9.
[5]   Düttmann 1985, 360.
[6]   CIAM – Congrès Internationaux d'Architecture Moderne.
[7]   Vgl. Lüchinger 1981, 10.

(1) Chamberlin, Powell and Bon,
Barbican Centre, London

(2) Heinle, Wischer und Partner,
Olympisches Dorf, München

Gleichzeitig führte der zunehmende Individualverkehr zu Problemen. Unfälle, Lärm und Luftverschmutzung nahmen zu. Auch das Straßennetz war für die steigenden Anzahl an PKW nicht ausgelegt. Im Buchanan Report von 1963 wurde daher eine Trennung von Fußgängerverkehr und motorisiertem Individualverkehr auf unterschiedlichen Ebenen angeregt. Gebäude und Verkehrswege sollten verbunden werden und sich überlagern: „Das Kraftfahrzeug erzwingt förmlich eine völlig neue Gestalt der Städte. Der von uns beschriebene Plan vermittelt einen Eindruck von der Art der erforderlichen Anlage. Er zeigt, daß es durchaus möglich wäre, ein dichtes, vielgestaltiges, interessantes, lebhaftes und blühendes städtisches Environment zu schaffen, mit dem gleichzeitig die Vorzüge des Kraftfahrzeuges weitgehend ausgenutzt werden könnten." [8]

Komplexe Bebauungsstrukturen

Aus den beschriebenen Grundlagen heraus entstanden seit Mitte der 1960er Jahre in Westeuropa Planungen zu komplexen Bebauungsstrukturen, deren Realisierung wenige Jahre darauf begann. Das Barbican Centre in London, geplant in den 1960er Jahren und realisiert bis 1972, das Olympische Dorf in München, eröffnet zu den Olympischen Spielen 1972 als Sportlerquartier oder die Autobahnüberbauung Schlangenbader Straße in Berlin, zwischen 1976 und 1982 erbaut, sind herausragende Beispiele dieser Zeit (→**1, 2, 3**).

Diese sogenannten Großwohnkomplexe zeichnen sich durch ihre Platzierung im innerstädtischen Kontext aus und grenzen sich durch ihren Maßstab, die spezifische Fassadengestaltung der 1960er/ 1970er Jahre und die Durchmischung und Überlagerung der Funktionen in einem Gebäude klar vom umgebenden Stadtraum ab. Aufgrund ihrer Größe sind sie sowohl Gebäude als auch städtebauliche Struktur. Großwohnkomplexe zeichnen sich durch Nutzungsmischung von Wohnen, Arbeiten, Gastronomie sowie Einkaufs- und Freizeit-

(3) Georg Heinrichs, Gerhard Krebs und Klaus Krebs, Autobahnüberbauung, Schlangenbader Straße, Berlin

möglichkeiten aus. Die fußläufige Erschließung erfolgt über eine oberhalb der Tiefgarage angeordnete Fußgängerebene. Der öffentliche Raum innerhalb von Großwohnkomplexen wird als städtischer Außenraum wahrgenommen. [9] Dichte wird im Kontext von Großwohnkomplexen als ein Zusammenspiel von hoher Bewohnerdichte mit räumlicher, funktionaler Dichte und gestalterischer Komplexität definiert. Unterschiedliche Wohnungstypen von Terrassenwohnungen über Geschoss- und Maisonettwohnungen bis zu Penthäusern sowie unterschiedliche Wohnungsgrößen fördern eine heterogene Bewohnerstruktur. Den öffentlichen Räumen wird ein besonderer Stellenwert zugeschrieben, bildet sich hier, insbesondere im Vergleich zu Siedlungen und Großstrukturen der 1950er und 1960er Jahre, doch eine hohe räumliche und gestalterische Qualität aus. [10]

Neben diesen Großwohnkomplexen, die einen hohen Anteil an Wohnnutzung mit unterschiedlichen Funktionen des täglichen Lebens verbinden und damit einen urbanen, städtischen Ort bilden, entstanden gleichzeitig multifunktionale Großstrukturen wie Krankenhäuser, Universitäten oder Einkaufszentren, deren Gestaltung, Maßstab und Abfolgen von (Frei-)Räumen sowie deren Umgang mit dem ruhenden Verkehr Ähnlichkeiten zu Großwohnkomplexen aufweisen. Diese Großstrukturen entwickelten sich in den 1960er/1970er Jahren zu einem eigenen Typus: „Großstrukturen waren das architektonische Resultat des modernen technischen Fortschrittsglaubens. Man baute mit industriellen Methoden für die moderne Massengesellschaft. Die neuen, großen Bauten wurden rational organisiert und streng im Raster konstruiert. Sie hatten einen hochgradig utopischen Gehalt, denn die ausgeführten Bauten wurden zumeist als Prototypen verstanden – als Beginn einer neuen, umwälzenden Architekturentwicklung. Man erwartete, dass Großstrukturen die traditionelle Stadt mit ihrem Straßennetz und ihren Plätzen, den parzellierten Blöcken und Einzelhäusern in naher Zukunft ablösen würden." [11]

[9]   Vgl. Beckmann 2015, 11ff.
[10]   Vgl. ebd.
[11]   Hnilica 2018, 5.

Strukturalismus

Parallel zur Entwicklung des städtebaulichen Leitbildes der Urbanität durch Dichte entstand die architektonische Strömung des Strukuralismus, die weitreichenden Einfluss auf die Gestaltung von großmaßstäblichen Gebäudestrukturen wie Großwohnkomplexen hatte. Arnulf Lüchinger, Architekt und Autor, beschrieb den Strukuralismus im Jahr 1981 als eine „Denkart des 20. Jahrhunderts", die sich in unterschiedlichen Wissenschaftszweigen entwickelte. Grundlage sei das Sprachmodell Ferdinand de Saussures, der das Bild der Sprache als eine Verbindung von *langue* als kollektives System und *parole* als individuelle Sprache zeichnete. [12] Übertragen auf die Architektur stehe das Modell einer übergeordneten Struktur mit veränderbaren Zellen, die in das System eingehängt werden können, Pate. Eine Primärstruktur bilde die Grundlage für eine veränderbare Sekundärstruktur. [13] Dabei begründe das Raster, wie der Takt bei der Musik, das ordnungsgebende Grundelement für die veränderbare Sekundärstruktur.

Neben dieser Idee einer ordnungsgebenden Struktur prägte den Strukuralismus die Kritik am Funktionalismus der Moderne und dessen Auswirkungen auf den Städtebau. Der Verlust des Straßenkorridors durch die aufgelockerte, durchgrünte Stadt wurde kontrovers diskutiert und eine Rückbesinnung auf die gewachsene Stadt gefordert. [14] Alison und Peter Smithson, Mitbegründer:innen des Team 10, [15] schlugen auf der CIAM-Tagung 1953 in Aix-en-Provence vor, die funktionalistische Teilung im Städtebau nach Wohnen, Arbeiten, Freizeit und Verkehr durch die Begriffe Haus, Straße, Distrikt und Stadt zu ersetzen. Dabei bedeutet nach Alison und Peter Smithson die Straße eine direkte Kontaktgemeinschaft, der Distrikt eine Gemeinschaft von Bekannten und die Stadt eine intellektuelle Kontaktgemeinschaft. [16] In ihrem Entwurf zur „Golden Lane housing competition" präsentieren sie aus dieser Idee heraus ein Gebäude, das durch offene Erschließungsstraßen auf unterschiedlichen Ebenen geprägt war: „It is the idea of street, not the reality of street, that is important – the creation of effective group-spaces fullfilling the vital function of identification and enclosure making the socially vital life-of-the-streets possible." [17] Als ein weiterer Protagonist der strukturalistischen Strömung beschreibt

---

12] Vgl. Lüchinger 1981, 14.
13] Vgl. ebd, 42.
14] Vgl. ebd. 26.
15] Namensgebend für das funktionalismuskritische Team 10, einer Architektengruppe bestehend aus Alison und Peter Smithson, Georges Candilis, Shadrach Woods, Jacob Bakema, Aldo van Eyck, Giancarlo De Carlo und Stefan Wewerka, war die Beauftragung, den zehnten und letzten CIAM-Kongress zu organisieren.
16] Vgl. Lüchinger 1981, 30.
17] Smithson/Smithson 2001, 30.

Aldo van Eyck „das Reich des Zwischen". Für van Eyck lösten sich im Strukturalismus die Pole Öffentlichkeit und Privatheit ebenso wie Individualität und Gemeinschaft auf. „Durch die Verstädterung von Gang und Halle innerhalb des Gebäudes zu Straße und Platz (durch die Betonung des Draußen-Seins) entsteht eine Relativierung des Begriffes Gebäude. Zusammen mit der Relativierung des Begriffes Stadt (durch die Betonung des Drinnen-Seins) verundeutlicht die Grenze zwischen Gebäude und Umgebung und als letzte Konsequenz verschwindet sie." [18] Besonders deutlich wird die Umsetzung dieser Idee in Herman Hertzbergers Bürogebäude von 1972, in welchem sich Materialien, die typisch für den Einsatz im Außenraum sind, in den Innenräumen des Gebäudes wiederfinden. Daraus ergibt sich eine neue Sichtweise auf Architektur und Städtebau: Der gemeinschaftliche, öffentlicher Raum innerhalb eines Gebäudes kann im Sinne eines „inneren Urbanismus" als Außenraum betrachtet werden. Der Raum zwischen den Gebäuden wird urbaner Innenraum. Damit wird deutlich, wie dem Raum zwischen den Gebäuden im Strukturalismus ein neuer Stellenwert zugemessen wird. Dies deckt sich mit dem Leitbild der Urbanität durch Dichte, in welchem ebendiese Zwischenräume als urbane Räume der Stadt wiederentdeckt wurden.

Brutalismus

Während die funktionalistische Gestaltung der modernen Architektur „einen bewusst auf Präzision und Perfektion hin konzipierten ästhetischen Ausdruck" [19] hervorgebracht hatte, entstand in der architektonischen Strömung des Brutalismus, vergleichbar mit den oben beschriebenen Tendenzen im Städtebau, der Wunsch nach „Rauheit und Ursprünglichkeit". [20] Namentlich begründet durch den von Le Corbusier verwendeten Begriff des *béton brut* (französisch für Sichtbeton), etablierte sich von England ausgehend zunehmend der Begriff „New Brutalism". Er „umschreibt eher ein Programm, eine Einstellung zur Architektur" [21] und wurde vielmehr als Ethik denn als Ästhetik verstanden. Für Alison und Peter Smithson, in deren Kreisen der Begriff in den 1960er Jahren vermehrt verwendet wurde, verband sich das Wort Brutalismus mit Begriffen wie Verantwortung, Wahrheit, Objektivität, Material- und Konstruktionsgerechtigkeit sowie Ablesbarkeit. Unter Verantwortung verstanden die „Brutalisten" dabei sowohl die Einordnung des Gebäudes in den Kontext der Stadt als auch die Verantwortung der Architekt:innen gegenüber der Gesellschaft.

[18]   Herman Hertzberger, zit. nach Lüchinger 1981, 52–54.
[19]   Hecker 2007, 25.
[20]   Joedicke 1969, 28.
[21]   Banham 1966, 10.

(4) Patrick Hodgkinson, Brunswick
Centre, Ansicht Straßenseite

(5) Patrick Hodgkinson, Brunswick
Centre, Erschließung

Wahrheit bedeutete für sie, dass das Gebäude seine Herstellungsart zeigen solle, Objektivität bezogen sie auf die Darstellung der Nutzung des Gebäudes und Material- und Konstruktionsgerechtigkeit sowie Ablesbarkeit können als Verdeutlichung von Räumen, Konstruktion und Baustoffen zusammengefasst werden.

Heute wird der Begriff Brutalismus vermehrt in Verbindung mit Oberflächenmaterialien wie Stahl, Glas, Beton oder Ziegel genutzt. Durch diese markante Materialität und die plastische und großmaßstäbliche Formensprache grenzen sich brutalistische Gebäude deutlich von der umgebenden Stadt ab und schaffen Ikonen im Stadtraum.

Terrassenhäuser

Terrassenhäuser bilden einen wiederkehrenden Baustein in den (Wohn-)Bebauungsstrukturen der 1960/1970er Jahre. Durch die terrassierte Bauweise wird den Wohnungen jeweils ein großzügiger privater Außenbereich ohne direkten Einblick auf die nachbarschaftlichen Balkone zugeordnet. Ausblicke auf den öffentlichen Außenraum und Kommunikation mit Passant:innen bleiben dabei gewährleistet. Aufgrund der vielfach starken Begrünung der Terrassen entstehen klimatische Vorteile, wie sommerlicher Wärmschutz oder eine Verbesserung der Luftqualität. Terrassenhäuser bilden durch ihre sich nach oben verjüngende Fassadenstruktur nicht nur offene und zugleich dichte Bebauungsstrukturen, sondern gewährleisten auch die notwendigen Abstandsflächen. In (utopischen) Megastrukturprojekten wurden terrassierte Gebäude oft als Überbauung von Verkehrswegen geplant. Die ansonsten im Inneren angeordneten, schlecht belichteten Gebäudeteile können sowohl als Abstellräume oder Garagen als auch für Haustechnik oder zur Erschließung genutzt werden. Welche skulpturalen Qualitäten aus einer offenen Tragstruktur eines Terrassenhauses hervorgehen können, wird im Projekt Brunswick Centre in London deutlich. Hier wird die Erschließung der einseitig orientierten Terrassenhäuser durch den rückwärtigen Teil des Gebäudes geführt **(→4, 5, 6)**.

Megastrukturen

In den 1960er Jahren entstanden im Zusammenhang mit den strukturalistischen Gestaltungsprinzipien weltweit utopische Megastrukturen, die maßgeblichen Einfluss auf die Entwicklung und Realisierung großmaßstäblicher, komplexer Bebauungsstrukturen wie der Terrassenhaussiedlung in Graz-St. Peter hatten. Eines der bekanntesten utopischen Megastrukturprojekte wurde vom japanischen Architekten und Mitglied der „Metabolisten" Kenzo Tange mit der Überbauung der Bucht von Tokio entwickelt. Senkrecht zu einer die Bucht von Tokio überspannenden Achse, an welcher sich öffentliche Gebäude anordnen, entstanden mit A-förmigen Terrassenhäusern überbaute Verkehrsachsen. Sowohl das gesamte Projekt als auch die Einzelgebäude, in denen sich Verkehr und Gebäude überlagern, waren als Megastruktur geplant. [22] In Europa präsentierte Yona Friedmann mit der *ville spatiale* und einem Entwurf zur Überbauung von Paris, „Paris spatiale", eine Bebauungsstruktur, die sich von der Umgebung und dem Erdboden lösend Städte und Landschaften überspannen sollte. Innerhalb einer dreidimensionalen Infrastruktur sollten die Bewohneri:nnen ihre (Wohn-)Räume individuell platzieren und verändern können. „Die Bewohner der Struktur können sich so ihre Unterkünfte nach individuellen Wünschen durch ein großes Sortiment an vorgefertigten Bauteilen errichten." [23] Die Struktur sollte als Tragwerk dienen, in dem die darin montierten Module ständig veränder- und erweiterbar sein konnten. [24] Einem ähnlichen Prinzip folgend entwarf Constant Nieuwenhuys seit 1950 nicht nur eine architektonisch-städtebauliche Utopie erweiterbarer, flexibler Raumstrukturen, sondern verband mit ihnen gleichzeitig eine Sozialutopie. „Er überzieht die gesamte Erde mit seinen expressiven Architekturgebilden, die den ‚homo ludens' in eine Welt aufnehmen sollen, in der der befreite Mensch seine Privatheit weitgehend aufgibt, um in öffentlichen Räumen zu leben. Constant erhebt die situationistische ‚dérive', das Sich-Treiben-lassen, zum Maß aller Dinge und zum Vorbild für die Menschheit." [25]
Während viele der utopischen Megastrukturprojekte in der Präsentation und Darstellung vage blieben, veröffentlichten Archigram, eine Gruppe junger britischer Architekten, 1963 mit der „Plug-in City" einen ebenfalls auf den strukturalistischen Gestaltungsprinzipien der Primär- und Sekundärstruktur basieren Stadtentwurf. Die Primärstruktur beinhaltete dabei alle nötigen Infrastrukturen wie Wasser-, Abwasser- oder Stromleitungen, an die die individuellen Wohn-, Arbeits- oder

[22]   Vgl. Banham 1976, 51.
[23]   Düesberg 2013, 145.
[24]   Vgl. Banham 1976, 60.
[25]   Maruhn 2008, 35.

(6) Patrick Hodgkinson, Brunswick Centre, London

Geschäfts-„Kapseln" angedockt werden sollten. Zur Montage sah die Primärstruktur fest installierte Kräne als Teil der Primärkonstruktion vor, um eine ständige (Re-)Montage der Kapseln zu ermöglichen. Die Kapseln wurden detailliert ausgearbeitet und klare Vorschläge zu Lebensdauer und Austausch formuliert. [26]

In Österreich entwickelten die Architekten Günther Domenig und Eilfried Huth mit der Überbauung der Stadt Ragnitz als Ausstellungsbeitrag 1967 – gemeinsam mit der Ausstellung „Kristallisationen" der Werkgruppe Graz – eine ähnliche Struktur: Sie forderten darin eine „Trennung des Stadtvolumens in zwei Bereiche: in ein primäres, von der öffentlichen Hand finanziertes und unterhaltenes Versorgungsnetz, das die Konstruktion mit einschließt, und einen Sekundärbereich zur individuellen Ausgestaltung". [27] Insbesondere das zu diesem Projekt gebaute, komplexe Modell wurde von Reyner Banham als „the ultimate megastructure model" [28] und als „triumph of the Austrian connection" gelobt. Der „Austrian connection" gehörten neben Günther Domenig und Eilfried Huth unter anderem auch Hans Hollein und Walter Pichler an. [29]

Die Terrassenhaussiedlung im Kontext der beschriebenen Entwicklungen

Die Architekten der Terrassenhaussiedlung, die sich schon beim Studium kennengelernt hatten, können der „Grazer Schule der Architektur" zugeordnet werden. Die Bezeichnung trat erstmals im Rahmen einer Veröffentlichung zu einer Ausstellung studentischer Arbeiten am MIT im Jahre 1949 auf, an der Werner Hollomey als

[26]   Vgl. Düesberg 2013, 102.
[27]   Stempl 2008, 170.
[28]   Banham 1976, 161.
[29]   Vgl. ebd.

Ältester beteiligt war. Geprägt wurden die Architekten der Werkgruppe durch die Teilnahme am CIAM 1959 – gemeinsam mit Professor Hubert Hoffmann – in Otterloo und durch die Veröffentlichungen der japanischen „Metabolisten" wie Kenzo Tange und anderen. Unter diesem Einfluss entstand mit den Planungen für mehrere Projekte wie die Mensa Graz, die Volks- und Hauptschule Kapfenberg-Walfersam und das Atelierhaus des Forum Stadtpark seit 1960 auch die Terrassenhaussiedlung in Graz-St. Peter.

Im Entwurf der Terrassenhaussiedlung finden sich sowohl strukturalistische als auch brutalistische Gestaltungsansätze wieder. Die Ausgestaltung der Freiräume und die städtebauliche Anordnung folgen dem Leitbild der Urbanität durch Dichte der späten 1960er und 1970er Jahre. Durch ihre eigene Gestalt, die gestalterische und räumliche Dichte, den Maßstab im Stadtraum, die fußläufige Erschließung oberhalb eines Parkdecks für PKW und die unterschiedlichen Gebäudestrukturen – hier als Kombination von Terrassenhaus und Geschosswohnungsbau – entspricht sie explizit der Definition von Großwohnkomplexen.

Entwurfsleitender Gedanke zur Gestaltung der Terrassenhaussiedlung war die Schaffung einer Primärstruktur, eines Gerüsts aus horizontalen und vertikalen Verkehrswegen, die der Strukturierung und Orientierung dienen. [30] Die Sekundärstruktur, die Wohnung als Ort der Individualität, muss für die Bewohner:innen ablesbar sein und ihren Bedürfnissen entsprechen, so zum Beispiel die Vorzüge eines Einfamilienhauses mit der Gemeinschaft einer Wohnanlage verbinden. Die erstmals bei einem Großprojekt gepflegte Partizipation hebt die Terrassenhaussiedlung gegenüber anderen Anlagen im In- und Ausland hervor. Als Tertiärstruktur ist der Selbstbau anzusehen, der nach Übergabe der Wohnungen beispielsweise den Einbau von Galerien oder die Ausgestaltung der privaten Dachterrassen betraf. [31]

Die Terrassenhaussiedlung in Graz-St. Peter wurde über einer den gesamten Gebäudekomplex erschließenden Tiefgarage errichtet, wobei ein öffentlicher Freiraum als Fußgängerebene gewonnen wurde. Diese dient dem Zugang zu den Häusern für Bewohner:innen und Nutzer:innen der Dienstleistungsbetriebe verschiedener Art, in hohem Maß Arztpraxen. Zugleich erreichen alle Bewohner:innen ihre Wohnungen trockenen Fußes über Lifte und Treppenhäuser, die von der Garagenebene aufsteigen.

Gemäß den Grundsätzen des Leitbildes der Urbanität durch Dichte wurde der Platzierung der Gebäude und der Gestaltung der Freiflächen ein hoher Stellenwert zugeschrieben: Auf einer gerasterten

---

[30]   Vgl. Angeringer-Mmadu 2004.
[31]   Vgl. ebd.

(7) Werkgruppe Graz, Terrassenhaussiedlung, Blick von Haus 31 in den Hof. Kleinteilig gestalteter öffentlicher Freiraum, private Gärten und halböffentliche Erschließung im 4. OG

(8) Werkgruppe Graz, Terrassenhaussiedlung, Blick von St.-Peter-Hauptstraße, Zufahrt Tiefgarageneinfahrt und überdachte Freiparkflächen

(9) Werkgruppe Graz, Terrassenhaussiedlung, Haus 29, komplexe Fassadengestaltung und terrassierter Sockel

Tragstruktur entwickeln sich vier versetzt zueinander angeordnete Gebäude mit gestaffelten Höhenverläufen. Die Freiflächen sind dem konstruktiven Raster folgend kleinteilig gestaltet und bieten durch Sitzflächen, Nischen und Rückzugsmöglichkeiten sowie Wasserbecken eine hohe Aufenthaltsqualität. Analog der von Alison und Peter Smithson entwickelten Idee der „Streets in the sky" wurde als zusätzlicher, kommunikativer, öffentlicher Raum im 4. Obergeschoss eine horizontale Verbindungsstraße zwischen den Treppenhaustürmen geschaffen. Den strukturalistischen Ansätzen einer offenen und wachsenden Struktur folgend wurden jeweils an den Kopfpunkten der Gebäude bestimmte Flächen ohne Funktionsbestimmung belassen. Diese Räume wurden den Bewohner:innen als nutzbare, halböffentliche Räume zum Ausbau oder zur spontanen Nutzung als Freifläche zur Verfügung gestellt. Die Gebäude basieren statisch auf einer Scheibenbauweise, innerhalb der die Wohnungen individuell geplant werden konnten. So entstanden eine

Vielzahl von Wohnungsgrößen und -typen wie Terrassen-, Maisonette- oder Geschosswohnungen sowie Penthäuser. Durch die individuelle Ausgestaltung der Wohnungen entwickelte sich eine heterogene Fassadenarchitektur, die zu der Komplexität der Gestaltung beiträgt. Die terrassierten Sockel der Wohnscheiben verdichten den öffentlichen Raum auf dem Niveau der fußläufigen Erschließung und lassen gleichzeitig eine hohe Ausnutzung des Grundstückes bei optimaler Belichtung der Wohnungen zu. Die Ablesbarkeit der Konstruktion und der „Einsatz echter Materialien" im Sinne der Werkgerechtigkeit, wie sie von den Brutalisten gefordert wurde, findet sich in der prägenden Gesamterscheinung in Sichtbeton, in den Fassadenelementen und Brüstungsverkleidungen in Eternit, den verzinkten Geländern, den Betonrasterplatten und Asphaltwegen der Außenräume ebenso wieder wie in der Raumumhüllung der unausgebauten Freiräume (→**7, 8, 9**).

Abschließend kann ausgesprochen werden, dass mit der Terrassenhaussiedlung ein Gebäudekomplex geschaffen wurde, der sich über die Jahre bis heute einer hohen Bewohnerzufriedenheit erfreut. [32] Eine vielfache Erwähnung in Fachpublikationen und Forschungsprojekten zeugt von einem starken Interesse an dieser Bebauungsstruktur, die in den Diskussionen über die „Stadt der kurzen Wege" oder aktuelle Re-Urbanisierungstendenzen der letzten Jahre eine neue Aktualität erfährt.

Bibliografie

Angeringer-Mmadu, Ute: 1965 Demonstrativbauvorhaben Terrassenhaussiedlung, (12.07.2004) www.gat.st/news/1965-demonstrativbauvorhaben-terrassenhaussiedlung (letzter Zugriff: 20.09.2022)

Banham, Reyner: Brutalismus in der Architektur. Ethik oder Ästhetik?, Stuttgart 1966

Banham, Reyner: Megastructure. Urban futures of the recent past, London 1976

Beckmann, Karen: Urbanität durch Dichte? Geschichte und Gegenwart der Großwohnkomplexe der 1970er Jahre, Bielefeld 2015

Buchanan, Colin: Verkehr in Städten. Aus dem Englischen von Hinrich Lehmann-Grube, London 1963, deutsche Ausgabe: Essen 1964

Düesberg, Christoph: Megastrukturen. Architekturutopien zwischen 1955 und 1975, Berlin 2013

Düttmann, Martina: Keine abschließenden Urteile, in: Stadtbauwelt 88 (1985), 360–361

[32]   Vgl. Institut für Wohnbauforschung 2018.

Hecker, Michael: structurel structural. Diss. Universität Stuttgart 2007

Hnilica, Sonja: Der Glaube an das Grosse in der Architektur der Moderne. Gross-strukturen der 1960er und 1970er Jahre, Zürich 2018

Institut für Wohnbauforschung (Hg.): SONTE. Sondierungsstudie Smarte Moder-nisierung Terrassenhaussiedlung Graz-St. Peter. Modernisierungsleitfaden – für ein gemeinschaftliches und nachhaltiges Morgen, Graz 2018

Jacobs, Jane: Tod und Leben großer amerikanischer Städte. Frankfurt am Main 1963 (Erstveröffentlichung 1961, USA)

Joedicke, Jürgen: Moderne Architektur, Stuttgart 1969

Lüchinger, Arnulf: Strukturalismus in Architektur und Städtebau, Stuttgart 1981

Maruhn, Jan: Le Corbusier und seine revolutionären Kinder. Von der ville radieuse nach New Babylon, in: Van der Ley, Sabrina/Richter, Markus (Hg.): Megastructure reloaded, Berlin 2008, 33–48

Meadows, Dennis u. a.: Die Grenzen des Wachstums. Bericht des Club of Rome zur Lage der Menschheit. Aus dem Amerikanischen von Hans-Dieter Heck, New York 1972

Schwendter, Rolf: Das Jahr 1968. War es eine kulturelle Zäsur?, in: Sieder, Rein-hard/Steinert, Heinz/Tálos, Emmerich (Hg.): Österreich 1945–1995. Gesellschaft. Politik. Kultur, Wien 1995, 166–175

Sieder, Reinhard/Steinert, Heinz/Tálos, Emmerich (Hg.): Österreich 1945–1995 Gesellschaft. Politik. Kultur, Wien 1995

Siedler, Wolf Jobst/Niggemeyer, Elisabeth: Die gemordete Stadt. Abgesang auf Putte und Straße, Platz und Baum, Berlin/München 1964, zweite Auflage: Berlin/München 1978

Smithson, Alison/Smithson, Peter: The idea of the street has been forgotten, in: Fezer, Jesko (Hg.): Housing the street. Halbstarker Urbanismus des Team Ten ab 1953, Berlin 2001, 30

Stempl, Markus: „Nicht auf dem Boden, sondern in der Luft", in: Van der Ley, Sabrina/Richter, Markus (Hg.): Megastructure reloaded, Berlin 2008, 169–192

Abbildungsnachweis

Beckmann, Karen: 1, 2, 3, 4, 5, 6, 7, 8, 9

Jomo Ruderer

ASPEKTE DER PARTIZIPATION
Vom spätmodernen Strukturalismus zur Beteiligung

Partizipation kann auf alle Lebensbereiche bezogen werden, sei es Arbeit, Politik, Kulturproduktion, Konsum oder die Mitgestaltung des direkten Lebensumfeldes. Man wird Teil von etwas, das auch ohne einen stattfindet, jedoch durch Teilhabe befriedigender, schöner, gerechter, individueller oder demokratischer passiert. [1] Wie sieht Partizipation in der Architektur aus? Wie lässt sie sich gestalten und wie lässt sie sich planen? Der Partizipationsgedanke in der Terrassenhaussiedlung in Graz-St. Peter wurde von Beginn an in unterschiedlichen Aspekten berücksichtigt. Das sogenannte Demonstrativbauvorhaben, gefördert durch das Bundesministerium für Bauten, [2] gilt als das letzte große Wohnbauvorhaben in der Steiermark. Es wird der bekannteste Bau der Werkgruppe Graz, [3] der bis heute von den Bewohner:innen sowie im Architekturdiskurs geschätzt wird. Auch das Bundesdenkmalamt wurde auf die brutalistische Wohnhausanlage aufmerksam.
Dieser Artikel gibt Einblick in unterschiedliche Partizipationsaspekte der Großwohnanlage. Eingangs verortet ein Rückblick die Planungsideen der Werkgruppe Graz im spätmodernen Kontext. Anschließend werden drei Aspekte im Entwurf beleuchtet, die von den Architekten angewandt wurden, um eine Beteiligung der zu Beginn unbekannten Bewohner:innen zu ermöglichen. Der letzte Teil behandelt Aspekte, die sich mit der Nutzung der Terrassenhaussiedlung befassen. Seit fast fünf Jahrzehnten wird die Anlage von den Bewohner:innen selbst verwaltet. Zudem werden die Teilhabe im direkten Lebensumfeld sowie die Aneignung von Räumen behandelt. Mehrere Besuche und Gespräche geben Einblick, wie sich Planungs- und Nutzungsaspekte der Partizipation bis heute darstellen.

[1]   Vgl. Fezer/Heyden 2004, 14–15.
[2]   Vgl. Koch 1981, 1.
[3]   Vgl. Adam 2013, 30.

Rückblick – spätmoderner Strukturalismus und die Werkgruppe Graz

Im Architekturdiskurs war bereits eine Debatte zur Nachkriegsmoderne entbrannt. 1953 formulierten – später als Team 10 bekannte – Architekt:innen ihre Reformvorstellungen gegenüber dogmatischem funktionalistischem Städtebau, der seit 1929 mit der Gründung der Congrès Internationaux d'Architecture Moderne (CIAM) zum Leitbild des Architekturgeschehens wurde.

Schließlich kam es 1959, nach dem von Team 10 organisierten Kongress in Otterlo, zur Auflösung der CIAM. Am letzten Kongress nahm auch Kenzo Tange teil, der für die Bewegung des Metabolismus im japanischen Kulturraum steht. Tange-Partner Takashi Asada hatte 1959 in Tokio Stadtplaner:innen und Architekt:innen vereint, die in Großstrukturen das Potenzial für neue städtische Architekturen sahen. Mit Hubert Hoffmann, der 1959 als Leiter an das Institut für Städtebau der TH Graz berufen wurde, kam es zum direkten Kontakt zwischen der CIAM und der Werkgruppe Graz. Hoffmann war bereits seit den 1930er Jahren Mitglied der CIAM und mit seinem Assistenten Friedrich Groß-Rannsbach mit einem Vortrag beim Kongress in Otterlo vertreten. [4] Nach deren Rückkehr traf sich Friedrich Groß-Rannsbach mit Eugen Gross, Werner Hollomey und Hermann Pichler, um die Idee einer Architektengruppe zu besprechen. [5] Die vier fassten den Entschluss, beim Gewinn eines Wettbewerbs oder einer Direktbeauftragung ihre zwischenzeitlichen Tätigkeiten aufzugeben und ein Team zu bilden. [6]

Städtebaulicher Wettbewerbsbeitrag Innsbruck-Völs

Die Basis für die zukünftige Gruppe war gelegt. Es folgten mehrere Wettbewerbsteilnahmen, wie das städtebauliche Wettbewerbsprojekt für Innsbruck-Völs (1962–1963), das als Vorläuferprojekt zur Terrassenhaussiedlung gilt. [7]

Gemeinsam mit den assoziierten Partnern Walter Laggner und Peter Trummer reichte die Werkgruppe einen Entwurf für eine Stadtteilerweiterung ein. Auf einem 40 Hektar großen Grundstück wurde eine Stadterweiterung um einen künstlich angelegten See entwickelt. Dabei wurden öffentliche Einrichtungen wie ein Einkaufszentrum, eine Kirche, eine Schule, ein Kindergarten, ein Fernheizwerk sowie 800 Wohnungen unterschiedlicher Größe entworfen. Um das Zentrum

[4]   Vgl. Adam 2013, 26–28.
[5]   Vgl. Guttmann/Kaiser/HDA Graz 2013, 16.
[6]   Vgl. Adam 2013, 26.
[7]   Vgl. ebd.

der Anlage, einen künstlichen Hügel mit Einfamilienhäusern im verdichteten Flachbau, entwickelt sich flankierend um den See eine Stahlbetonskelettkonstruktion für die Geschosswohnungen. Exemplarisch wurde ein System von acht unterschiedlichen Wohnungstypen entwickelt. Die zukünftigen Bewohner:innen sollten innerhalb des strukturalistischen Systems Einfluss auf die Gestaltung ihrer Wohnung nehmen können. [8] Im Vordergrund des Entwurfs steht ein flexibles System, das in der Folge die Partizipation als Möglichkeit zur Ausnutzung des Angebotes ermöglichen sollte. [9]

Werner Hollomey beschreibt im Rückblick den Zugang der Werkgruppe als stark geometriegeleitet, rektangulär und geometrisch. Es sei damals die Zeit gewesen, in der solche Überlegungen in der Luft lagen und einige der Projekte könnten als strukturalistisch bezeichnet werden, wenn auch nicht im dogmatischen Sinn. [10]

Von Innsbruck-Völs bis Graz-St. Peter

Der Wettbewerb in Innsbruck-Völs wurde zwar nicht gewonnen, dennoch war der Grundstein für die Entwicklung in Graz-St. Peter gelegt. Das Konzept, zuerst für ein Grundstück in Graz-Algersdorf adaptiert, kam auch hier nicht zur Umsetzung. Schließlich stellte Walter Laggner den Kontakt zum Grundstückseigentümer in St. Peter her. Dieser wollte aufgrund eines Bombenschadens des Hausmeisterhäuschens der ehemaligen Ziegelei eine Wohnbebauung des gesamten 4,5 Hektar großen Grundstücks mit dem günstigen Wohnhauswiederaufbaufonds finanzieren. [11] Die Werkgruppe Graz entwickelte in Eigenleistung das Projekt. [12] Sie erarbeiteten Entwürfe als Team, jedoch gab es immer einen oder zwei Hauptverantwortliche in einem Projekt, die ihre Handschrift zum Ausdruck brachten. Bei der Terrassenhaussiedlung war es als Entwerfer Hermann Pichler, der bis heute dort wohnt, während Eugen Gross die administrative Projektleitung übernahm. [13]

[8]   Vgl. Guttmann/Kaiser/HDA Graz 2013, 73.
[9]   Vgl. Gespräch mit Eugen Gross, geführt von Julia Fröhlich, Rebekka Hirschberg, Anna Jäger, Jomo Ruderer, zoom, 23.03.2022.
[10]   Vgl. Guttmann/Kaiser/HDA Graz 2013, 18.
[11]   Vgl. Gespräch mit Walter Kuschel, Hermann Pichler, Günter Sternig, geführt von Rebekka Hirschberg, Anna Jäger, Jomo Ruderer, Terrassenhaussiedlung, 11.04.2022.
[12]   Vgl. Gespräch mit Eugen Gross, geführt von Julia Fröhlich, Rebekka Hirschberg, Anna Jäger, Jomo Ruderer, zoom, 23.03.2022.
[13]   Vgl. Gespräch mit Eugen Gross, geführt von Jomo Ruderer, Terrassenhaussiedlung, 02.07.2022.

„Neue städtische Wohnformen" – (nur) eine Utopie wird gebaut

Mit dem Titel „Neue städtische Wohnformen" wurde 1966 von der Österreichischen Gesellschaft für Architektur eine Ausstellung durchgeführt und im Folgejahr eine Publikation desselben Titels herausgegeben. Die Ausstellung zeigte weltweite Positionen, wie das Problem städtischen Wohnens gelöst werden kann, und formulierte neun Forderungen an den Wohnbau. Zudem leisteten 29 österreichische Architekt:innen und Gruppen einen Beitrag zum Thema. Darunter fällt auch die Terrassenhaussiedlung Graz-St. Peter, [14] die als einzige umgesetzt wurde. [15] Im Entwurf der Terrassenhaussiedlung spiegeln sich die Forderungen von Viktor Hufnagl und Wolfgang und Traude Windbrechtinger wider. Der Begriff der Partizipation kam in den Forderungen und auch in der Projektbeschreibung nicht vor, jedoch nannte der Punkt acht die „schöpferische Aktivierung der Bewohner als Möglichkeit zur Selbstverwirklichung der Persönlichkeit" [16] und thematisierte somit die Mitbestimmung zukünftiger Bewohner:innen.

Partizipationsaspekte im Entwurf – Planen für unbekannte Bewohner:innen

Die Terrassenhaussiedlung wurde als Demonstrativbauvorhaben (DBV) eingereicht und zum ersten Projekt der neuen Wohnbauforschung bestimmt. [17] „Als Demonstrativ-Bauvorhaben werden Wohnungsbauvorhaben bezeichnet, die unter Mitarbeit eines Bauforschungsinstituts nach den neuesten Erkenntnissen von Städtebau, Baukunst, Bautechnik und Bauwirtschaft möglichst vorbildlich durchgeführt und dabei systematisch als Lehrobjekt zur Verbreitung der neuen Erkenntnisse verwendet werden." [18] In der Vorgabe zum DBV ist Partizipation beziehungsweise Mitbestimmung keine Voraussetzung. Aspekte des technischen Fortschritts und der Kostensenkung standen im Vordergrund der Wohnbauforschung, jedoch wurden auch soziale Aspekte untersucht.

Generell und auch in der Terrassenhaussiedlung standen Bauträger:innen und Planung vor der Herausforderung, für zunächst unbekannte Bewohner:innen, ohne deren Verhältnisse und Ansprüche zu kennen und ohne entsprechende Prognosemodelle zur Verfügung zu haben, zu planen. Um den zukünftigen Bedürfnissen zu entsprechen,

[14]   Vgl. Österreichische Gesellschaft für Architektur 1967.
[15]   Vgl. Koch 1981, 1.
[16]   Österreichische Gesellschaft für Architektur 1967.
[17]   Vgl. Koch 1981, 1.
[18]   Forschungsgesellschaft für den Wohnungsbau 1964.

versuchte man mit drei Aspekten im Entwurf die zukünftigen Bedürfnisse zu befriedigen: ein vielfältiges Wohnungsangebot, die Adaptierbarkeit (Flexibilität) der eigenen Wohnung und ein großes Wohnbegleitangebot in der Siedlung. [19]

(1) Werkgruppe Graz, Terrassenhaussiedlung, Ausschnitt Model. Am Verkaufsmodell wurde bei d Grazer Messe die geeignete Wo nung ausgesucht. Heute befind es sich im Zentrum der Terrasse haussiedlung.

Vielfältiges Wohnungsangebot

Die Kombination der Wohnbautypologien Terrassenhaus und Geschosswohnbau ermöglichte ein vielfältiges Wohnungsangebot. Die zunächst 509 geplanten und 522 realisierten Wohnungen lassen sich in drei Wohnungsarten einteilen. [20] Davon sind 33 Prozent Terrassenwohnungen, 40 Prozent Maisonetten und 27 Prozent Etagenwohnungen. Sie standen in 24 verschiedenen Wohnungsvarianten in der Größe von 42 bis 142 Quadratmetern den zukünftigen Bewohner:innen zur Auswahl. [21] In der Wohnwertuntersuchung wurden den entwickelten Wohnungen gute funktionelle Zusammenhänge zugesprochen. Die Basis für eine gute soziale und altersmäßige Durchmischung wurde geschaffen. [22] Es bildete sich eine homogene Bewohner:innenschaft von am Projekt Interessierten. [23] Es wurde ein großes Verkaufsmodell hergestellt, das zu den Grazer Messezeiten mit begleitender Bauberatung die Auswahl der passenden Wohnung der Wohnungswerber:innen unterstützte (→1). [24]

[19]   Vgl. Holub 1975, 4.
[20]   Vgl. Jany 2019, 33.
[21]   Vgl. Holub 1975.
[22]   Vgl. Riccabona/Wachberger 1975, 47.
[23]   Vgl. Katschnig-Fasch 1998, 130.
[24]   Vgl. Gespräch mit Walter Kuschel, Hermann Pichler, Günter Sternig,
         geführt von Rebekka Hirschberg, Anna Jäger, Jomo Ruderer, Terrassenhaussiedlung, 11.04.2022.

Flexibilität

Die Begleitforschung des DBV umfasste zwölf unterschiedliche Forschungsschwerpunkte, darunter die „Wohnwertvergleiche und Bewertung verschiedener Wohnungstypen". [25] Diese vergleichenden Untersuchungen differenzierten zwischen einer inneren und einer äußeren Flexibilität. Erstere bezog sich auf die einzelne Wohnung. Sie konnte entweder durch eine Widmungsflexibilität, die Nutzungsänderung der Räume durch unterschiedliche Möblierung oder die Ausbauflexibilität, die Veränderung vom Innenausbau bis zu den Fassadenelementen, erreicht werden. Die äußere Flexibilität bezog sich auf die Möglichkeiten, mehrere Wohnungen zu kombinieren, oder Teile von Wohnungen zu einer anderen hinzuzuschalten. [26]

Innere Flexibilität

Ab drei Aufenthaltsräumen bieten sich unterschiedliche Möglichkeiten der Ausbauflexibilität, die mit der Wohnungsgröße steigen. [27] Die Ausbauflexibilität ist nicht als eine Perfektionierung zu verstehen, sondern als Anpassung unterschiedlicher Wohnauffassungen und Bedürfnisse. Diese Adaptierungsmöglichkeiten konnten vor der Ausfertigung eingearbeitet werden und sollten es ermöglichen, in der gesamten Lebensdauer der Wohnung auf Bedürfnisveränderungen, zum Beispiel Veränderungen der Familienstruktur, zu reagieren. [28] Die Primär-, Sekundär- und Tertiärstruktur des Entwurfs bilden das Gerüst für die Ausbauflexibilität der Wohnungen.

Die Primärstruktur bildet das grundlegende Ausdrucksmittel des Entwurfs. Horizontale und vertikale Erschließungswege werden als offener Raum geplant. Auf die Terrassenhäuser bis zum 4. Geschoss stapeln sich Garçonnièren, Atelierwohnungen und Maisonetten teilweise bis ins 14. Geschoss. Eingepasst in einem Raster mit 7 Meter Achsabstand bilden Sichtbetonwandscheiben und regelmäßige Versorgungsschächte sowie hohe Fußbodenaufbauten die technische Voraussetzung der Ausbauflexibilität. [29] Diese konnten von den zukünftigen Bewohner:innen nicht beeinflusst werden.

Die Sekundärstruktur bilden die nichttragenden Ausbauelemente, wie Fassadenelemente, Innenwände und Fußbodenbeläge, die von den zukünftigen Bewohner:innen mitbestimmt werden konnten. Zu ungefähr 80 Prozent wurden Änderungen vorgenommen. [30] Es

25]   Holub 1975, 7.
26]   Vgl. Riccabona/Wachberger 1975, 66–70.
27]   Vgl. ebd., 77.
28]   Vgl. ebd., 63.
29]   Vgl. ebd., 64.
30]   Vgl. Holub 1975, 4.

konnten nicht nur die Ausstattung, sondern auch die Raumgrößen und zugehörige Freiräume sowie Fensteröffnungen verändert werden. Loggien und Terrassen konnten vergrößert oder verkleinert werden, soweit es die Primärstruktur zuließ. [31] Zwei Aspekte der Ausbauflexibilität werden in der Forschung benannt. Nutzer:innenbedürfnisse, die nach der Planung, jedoch vor der Ausfertigung artikuliert werden und somit vor dem Erstbezug verändert werden können, und jene Anpassungen, die aufgrund veränderter Bedürfnisse, Familienstruktur und Wohnauffassung während der gesamten Lebensdauer der Wohnung möglich sein sollen. [32]

Die Tertiärstruktur bezeichnet Aus- oder Aufbauten, die unabhängig von der Bauphase weiterentwickelt werden können. Gestalterisch treten sie vor allem auf den Terrassen hervor. Bei den wohnungszugehörigen Dachterrassen wurde die Belastbarkeit der Decken auf 1000 Kilopond pro Quadratmeter erhöht, damit kleine Aufbauten oder sogar ein Pool aufgestellt werden können. Auch für die Atelierwohnungen im 4. Obergeschoss haben die Architekten eine Tertiärstruktur mitgedacht. Die Wohnräume dieser Wohnungen sind eineinhalb Geschosse hoch, somit können Galerien in Leichtbauweisen von den Bewohner:innen eingebaut werden.

Eine weitere Form der Tertiärstruktur stellen im „Luftgeschoss" des 4. Obergeschosses die in den Kopfbauten für zukünftige Nutzungen ausgewiesenen Bereiche dar. Sie wurden für eine zukünftige Nutzung als Gemeinschaftsflächen offengelassen. Dies trifft heute auf den Raumbereich im Haus 31g zu, in dem beispielsweise Public-Viewing von Sportveranstaltungen für die Bewohner:innen angeboten wird (→5). Ein Teil wird von den Bewohner:innen zum Wäscheaufhängen, zur Unterbringung von Pflanzen oder Sportgeräten genutzt, der Großteil steht bedauerlicherweise bis heute leer. [33]

Änderungen vor dem Erstbezug

Wenn sich Wohnungswerber:innen für den Kauf einer Wohnung entschieden hatten, konnten sie für die Adaptierung ihrer Wohnung einen Beratungstermin mit den Planer:innen vereinbaren. Wie die Bauleitung waren diese zu Beginn in einem Behelfsgebäude und später in Wohnungen der Terrassenhaussiedlung untergebracht. Wenn die Wohnung den Bedürfnissen entsprach und der Wohnungsplan von den Bauwerber:innen formell unterschrieben wurde, wurden 12 Plan-

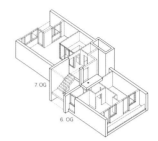

(2) Werkgruppe Graz, Terrassenhaussiedlung, Beispielwohnung, Axonometrie. Ursprungszustand: Im Obergeschoss war die Küche mit einem verglasten Leichtbauelement vom Wohnbereich abgetrennt. Im Untergeschoss gab es zwei Zimmer und einen belichteten Abstellraum.

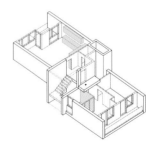

(3) Umbau 1: Beim ersten Umbau wurde im Obergeschoß die Küche mit dem Wohnraum verbunden. Das Untergeschoß entwickelte die Familie möglichst frei, mit einem Elternschlafzimmer, einem offenen Spielbereich und dem Kabäuschen, dem Schlafbereich für die Kinder.

[31]   Vgl. Gespräch mit Walter Kuschel, Hermann Pichler, Günter Sternig, geführt von Rebekka Hirschberg, Anna Jäger, Jomo Ruderer, Terrassenhaussiedlung, 11.04.2022.
[32]   Vgl. Holub 1975, 63–64.
[33]   Vgl. Gespräch mit Eugen Gross, geführt von Julia Fröhlich, Rebekka Hirschberg, Anna Jäger, Jomo Ruderer, zoom, 23.03.2022.

pausen für alle ausführenden Firmen angefertigt und nach der Revision ein neuer Ausführungsplan erstellt. [34] Der Mehraufwand der Planer:innen durch diesen Partizipationsprozess wurde von den Architekten in Eigenleistung getragen. [35] Der ehemalige Baukoordinator Walter Kuschel erzählt, dass es auch abseits dieses Prozesses ungeplante und unerwünschte Änderungsversuche gab. Es wird berichtet, dass einzelne Wohnungseigentümer:innen die Arbeiter mithilfe von Bierkisten beeinflussten und sie dazu brauchten, eine Wand oder eine Aufgerichtung einer Türe entgegen der Planung zu verändern. Wenn sich dann beispielsweise Elektrodosen auf der Hinterseite der Tür befanden, zeigten die Bewohner:innen gegenüber der Bauleitung ihren Unmut, den diese abwehrte. [36]

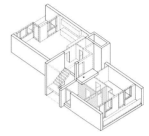

Änderungen in der Nutzungsphase –
zu Besuch bei Daniel und Regina

Daniel und Regina wohnen seit knapp zehn Jahren mit ihren zwei Kindern in die Siedlung. Daniel ist ein Bewohner der ersten Stunde. Als er vier Jahre alt war, sind seine Eltern in die Terrassenhaussiedlung gezogen. Während des Studiums ist Daniel ausgezogen und ungeplant wieder zurückgekommen. Mit seiner Partnerin Regina hatte er nicht speziell hier etwas gesucht, jedoch woanders nichts gefunden, das ihren Vorstellungen entsprach. Als die junge Familie zu Besuch bei seinen Eltern war, die auch heute noch in der Terrassenhaussiedlung wohnen, kam der Gedanke, dass hier wahrscheinlich eine leistbare Wohnung mit einem guten Grundriss zu haben sein könnte. Tatsächlich stand eine zum Verkauf. Die Wohnung gefiel den beiden und Daniel wusste als ausgebildeter Architekt gleich, welche Möglichkeiten der Umgestaltung es in der Wohnung gab. Mittlerweile wurde sie zweimal an die Familienstruktur angepasst, einmal beim Einzug und erneut vor ein paar Jahren, als die Kinder jeweils ein eigenes Zimmer brauchten **(→2, 3, 4)**. [37] „Ich kannte ja fast jeden Grundriss, weil ich fast überall einen Freund gehabt habe. Bei der Wohnungsbesichtigung hab ich gleich gewusst, die Wand kann man rausnehmen, da kann man eine Wand reinstellen und die Wohnung ist flexibel genug, dass

(4) Umbau 2:
Schon beim Einzug war klar, dass zumindest während der Pubertät der Kinder eine Zeit lang zwei Jugendzimmer vorhanden sein sollen. Vor ein paar Jahren wurde auch dieser Schritt umgesetzt, eine Wand eingezogen und das Fenster des ehemaligen Abstellraumes mit Milchverglasung zu einer Balkontüre umgebaut. Somit sind zwei Jugendzimmer entstanden.

[34]   Vgl. Gespräch mit Walter Kuschel, Hermann Pichler, Günter Sternig, geführt von Rebekka Hirschberg, Anna Jäger, Jomo Ruderer, Terrassenhaussiedlung, 11.04.2022.
[35]   Vgl. Gespräch mit Eugen Gross, geführt von Jomo Ruderer, Terrassenhaussiedlung, 02.07.2022.
[36]   Vgl. Gespräch mit Walter Kuschel, Hermann Pichler, Günter Sternig, geführt von Rebekka Hirschberg, Anna Jäger, Jomo Ruderer, Terrassenhaussiedlung, 11.04.2022.
[37]   Vgl. Gespräch mit Daniel Bauer und Regina Novak, geführt von Julia Fröhlich, Anna Jäger, Jomo Ruderer, Terrassenhaussiedlung, 12.04.2022.

sie das gewährleistet [...]". Dass jeder jetzt sein eigenes Zimmer hat, tut der ganzen Familie gut." [38] Wenn die Kinder ausgezogen sein werden, wird die Wohnung vielleicht noch einmal umgebaut. [39]

Äußere Flexibilität

In der Begleitforschung wurde die Möglichkeit untersucht, die eigene Wohnung durch Addition oder Kombination mit Nachbarwohnungen zu verändern. Jedoch bot sich dafür nur knapp die Hälfte der Wohnungen aufgrund der versetzten Wohnebenen an. Es wurde bereits im Forschungsbericht darauf verwiesen, dass hier Schwierigkeiten aufgrund der Verfügbarkeit bestehen und rechtliche Umstände diese Flexibilität erschweren. [40] In einer Semesterarbeit am Institut für Gebäudelehre der TU Graz wurden 2009 diese Möglichkeiten untersucht, jedoch erwies sich, dass nur größere Bereiche erfasst werden können, wobei statische Eingriffe unumgänglich sind.

Wohnbegleitangebot und Gemeinschaftseinrichtungen – die Entfaltung der sozialen Aktivitäten

Mit ca. 2000 Bewohner:innen zur Entstehungszeit entsprach die Terrassenhaussiedlung einer kleinen Ortschaft. [41] Sie wurde als Stadtraum entworfen und sollte Bereiche für öffentliches wie auch privates Leben zur Verfügung stellen. Die Gemeinschafts- und Wohnfolgeeinrichtungen entsprachen diesem Entwurfsgedanken. Basierend auf einer auf die Moderne zurückgehenden Haltung der Trennung des PKW-Verkehrs von den Fußgängerbereichen wurden die Kommunikationsebenen im 1. und 4. Geschoss sowie die Treppenfixpunkte zu wesentlichen Kommunikationsbereichen. Ein offenes Ausbauvolumen wurde wie erwähnt im 4. Obergeschoss freigelassen. [42] Das geplante Versorgungszentrum kam aufgrund des fehlenden Mieterinteresses nicht zustande, jedoch wurde ein Gemeinschaftszentrum für die Hausverwaltung und Sitzungen der Interessensgemeinschaft (IG) eingerichtet. Dort können auch Kurse, Ausstellungen und Feste stattfinden, die dem Gemeinschaftsbewusstsein der Bewohner:innen dienen. [43]

[38]   Vgl. Gespräch mit Daniel Bauer und Regina Novak, geführt von Julia Fröhlich, Anna Jäger, Jomo Ruderer, Terrassenhaussiedlung, 12.04.2022.
[39]   Gespräch mit Daniel Bauer und Regina Novak, geführt von Julia Fröhlich, Anna Jäger, Jomo Ruderer, Terrassenhaussiedlung, 12.04.2022.
[40]   Vgl. Holub 1975, 80.
[41]   Vgl. Gross u. a. 1979, 17.
[42]   Vgl. Gross u. a. 1979, 13.
[43]   Vgl. ebd., 17.

Partizipationsaspekte in der Nutzung – Selbstverwaltung und Aneignung durch Bewohner:innen

(5) Werkgruppe Graz, Terrassen-haussiedlung, Haus 31, Gemein-schaftsbereich im 4. OG, 2022

In einen Radiointerview unterstrichen die Architekten ihren prozess-orientierten Zugang zur Architektur: „[…] für uns ist der Bau eigentlich nicht abgeschlossen, wenn er fertiggestellt ist, sondern er ist immer eine offene Struktur, die weitergeht, die erst realisiert wird dadurch, dass er gebraucht wird, dass er genutzt wird, dass in ihm Feste stattfinden, dass er einfach zu einer Form des Lebens wird." [44] Im Folgenden werden Aspekte der Selbstverwaltung und der Nutzung dargestellt.

Die Selbstverwaltung der Eigentums-Wohnanlage

Die Terrassenhaussiedlung ist die größte Eigentums-Wohnanlage in Österreich, die sich selbst verwaltet. Dass sich die Eigentümer:innen in einem Verein zur Vertretung ihrer Interessen organisiert haben,

[44]   Werkgruppe Graz: Gedanken über Beton. Die Architekten der Werk-gruppe Graz, Interview von Hildegard Kolleritsch, ORF, 29.10.1980, zit. n. Jany 2019, 50–51.

ist eine Rarität unter den Eigentums-Wohnanlagen. Als es zu einer drastischen Erhöhung der Baukosten seit der Baukostenschätzung in einer Zeit der Hochkonjunktur mit Indexerhöhungen kam, ist der Verein tätig geworden. [45] Die Gründe sind vielfältig: Änderung der Bauordnung 1968, doppelte Einreichung aufgrund der Umstellung der Wohnbauförderung, Umstellung der Mehrwertssteuer auf die Umsatzsteuer, um nur einige zu nennen. [46] Die Eigentümer:innen formierten ihren Protest wegen zu erwartender Mehrkosten und marschierten mit Transparenten über die Herrengasse zum Landeshauptmann (→6). Die Aktion stärkte das Selbstverständnis der IG. [47] Bis heute ist sie das Organ der Selbstverwaltung. Die IG übernimmt vielfältige Aufgaben und bietet Angebote, die soziale, umweltbezogene und wirtschaftliche Belange des gemeinsamen Wohnens in der Terrassenhaussiedlung betreffen. [48] In aktuell acht Arbeitskreisen werden die Aufgaben unter Wohnungseigentümer:innen verteilt – AK Betriebskosten, AK Erhaltung & Sanierung, AK Soziales, Gesundheit & Sport, AK Nachhaltigkeit, AK Denkmalschutz, AK Umwelt, AK Information & Kommunikation, AK Recht & Statuten. Zudem wurde von der IG eine Hausverwaltung eingesetzt. Jahrzehntelang waren Bewohner:innen der ersten Generation maßgeblich in der Arbeit der IG vertreten, nun ist ein Generationenwechsel im Gange. [49]

(6) „Der Stoff, aus dem Träume sind – 1975–2015. Wohnprojekte in Österreich", Film von Michael Rieper und Lotte Schreiber, 2019, Stadtkino Filmverleih, Standbild

[45]   Vgl. Gespräch mit Walter Kuschel, Hermann Pichler, Günter Sternig, geführt von Rebekka Hirschberg, Anna Jäger, Jomo Ruderer, Terrassenhaussiedlung, 11.04.2022.
[46]   Vgl. Koch 1981, 8.
[47]   Vgl. Gespräch mit Walter Kuschel, Hermann Pichler, Günter Sternig, geführt von Rebekka Hirschberg, Anna Jäger, Jomo Ruderer, Terrassenhaussiedlung, 11.04.2022.
[48]   Vgl. Interessensgemeinschaft Terrassenhaus St. Peter 2020.
[49]   Gespräch mit Daniel Bauer und Regina Novak, geführt von Julia Fröhlich, Anna Jäger, Jomo Ruderer, Terrassenhaussiedlung, 12.04.2022.

(7) Werkgruppe Graz, Terrassenhaussiedlung, Hofcafé, SONTE,
2017

AK Soziales, Gesundheit & Sport

Die meisten Bewohner:innen kommen direkt mit dem Arbeitskreis
Soziales, Gesundheit & Sport in Berührung. Ziel des Arbeitskreises ist
es, die Gemeinschaft im Terrassenhaus zu stärken und dabei auf die
unterschiedlichen Bedürfnisse der Bewohner:innen einzugehen. Die
Belebung des Zentrums für Kurse, Kulturveranstaltungen und soziale
Angebote soll intensiviert werden und ein Angebot von Kino, Kon-
zerten, Workshops und so weiter soll unterstützt werden. Durch das
regelmäßige Hofcafé **(→7)** und das jährliche Hoffest soll der niederschwellige Austausch unter den Bewohner:innen gestärkt werden. [50]

AK Erhaltung und Sanierung

Sanierungsarbeiten sind ständig durchzuführen und entsprechend
nach „Sparsamkeit, Wirtschaftlichkeit und Zweckmäßigkeit" zu
priorisieren. [51] Im Jahr 2017 wurde das einjährige Forschungsprojekt SONTE (Sondierungsstudie Smarte Modernisierung Terrassen-
haussiedlung/Graz) zur partizipativen Entwicklung eines Moderni-
sierungsleitfadens für die Anlage entwickelt. Maßnahmen zu den
Themen Gebäude und Energie, Grün- und Freiraum, nachhaltige

[50]   Vgl. Interessensgemeinschaft Terrassenhaus St. Peter 2022.
[51]   Vgl. ebd.

Mobilität und Kommunikation und Gemeinschaft wurden von verschiedenen Expertenteams bearbeitet und mittels Fragebögen, Workshops, Sprechstunden und einem Symposium mit den Bewohner:innen abgestimmt. Nur Maßnahmen mit über 50 Prozent Zustimmung wurden abschließend in drei Umsetzungsebenen – individuell, nachbarschaftlich und extern – eingeteilt, um in unterschiedlichen Einflussbereichen Lösungswege vom Individuum bis zur gesamten Gemeinschaft aufzuzeigen. [52]

AK Denkmalschutz

Auch die Debatte um den Denkmalschutz kann in einer Betrachtung von Partizipationsaspekten nicht unberücksichtigt bleiben. Seit die Eigentümer:innen vom Bundesdenkmalamt 2020 brieflich über das Unterschutzstellungsverfahren in Kenntnis gesetzt worden sind, gibt es ein weiteres Partikularinteresse, das Anspruch auf die Gestaltung in der Terrassenhaussiedlung erhebt. Viele Eigentümer:innen waren vom RSB-Brief des BDA überrascht. [53] Themenbezogene Berichte folgten in der *Kleinen Zeitung* und erinnern an das starke Auftreten der IG, als es zur Kostenexplosion kam. Mit der Broschüre *Denkmalpflegerische Leitlinien* möchte das Bundesdenkmalamt den Eigentümer:innen sowie ihren Vertreter:innen der IG und der Hausverwaltung die Besonderheit und Bedeutung aus Sicht des Denkmalschutzes näherbringen und eine Orientierung für denkmalgerechte Sanierungs- und Instandsetzungsarbeiten geben. [54] Die Richtlinien würdigen die strukturelle Entwurfsidee, wie sie die Primärstruktur vorranging zum Ausdruck bringt, und sehen auch Änderungen in der Sekundärstruktur als vertretbar, sofern sie der Primärstruktur entsprechen. Auch Änderungen in der Tertiärstruktur, wie zum Beispiel Wintergärten auf Terrassen, Pergolen und Vordächer sind vertretbar, [55] „wenn sie in ihrer Positionierung, Größe, Gestaltung und Farbigkeit so geplant werden, dass das Erscheinungsbild der Wohnblöcke nicht gestört wird". [56] Allerdings müssen solche Vorhaben im Vorhinein mit dem Denkmalamt abgestimmt sein, [57] sollte es zu einer rechtskräftigen Unterschutzstellung der Terrassenhaussiedlung kommen. Dann sind auch Leitlinien in Hinsicht auf technische beziehungsweise thermische Verbesserungen geplant. [58] Bewohner:innen befürchten mit der Unterschutzstellung eine Wertminderung der Immobilie sowie unverhältnismäßig hohe Kosten und eingeschränkte

[52]   Vgl. Jany/Kelz-Flitsch 2018, 2–5.
[53]   Vgl. Interessensgemeinschaft Terrassenhaus St. Peter u. a 2021.
[54]   Vgl. Bundesdenkmalamt 2021, 3.
[55]   Vgl. ebd., 9–10.
[56]   ebd., 10.
[57]   Vgl. ebd., 15.
[58]   Vgl. Bundesdenkmalamt 2022, 9.

Sanierungsmöglichkeiten. [59] Ein Dialog der Beteiligten ist besonders wichtig, geht es doch mit der Mitsprache im direkten Lebensumfeld um ein Kernthema der Terrassenhaussiedlung. Ein Denkmalschutz, der Änderungen im Sinne der partizipativen Entwurfsidee zulässt sowie eine ausgewogene Unterstützung mit öffentlichen Geldern an Sanierungskosten der Anlage vorsieht, ist wünschenswert. Denkmäler können nur erhalten werden, wenn sie ihrer Funktion entsprechend genützt werden.

Teilhabe im direkten Lebensumfeld – ein offenes, vielfältiges Raumangebot

Die Terrassenhaussiedlung ist ein hervorragendes Beispiel für eine Architektur mit einem offenen Raumangebot. Das zeigt sich im Großen wie im Kleinen. Sucht man Kontakt, kann man über den Hof durch die Siedlung spazieren. Möchte man unauffällig bleiben, verlässt man sie über die Garage, die alle Gebäude miteinander verbindet.

Die Primärstruktur wurde von den Architekten als „Ausdruck für ein Bewusstsein von Gemeinschaft" [60] bezeichnet. Dieser Ausdruck gestaltet sich räumlich anhand der Kommunikationszonen im 1. und 4. Obergeschoss, der offenen Treppenhausanlagen, Gemeinschaftsterrassen und für gemeinsame Aktivitäten frei gelassene Räume im 4. Obergeschoss der Kopfbauten und des Besucherzentrums sowie des Kindergartens. Räumliche Strukturen haben einen starken Einfluss darauf, wie Bewohner:innen miteinander in Beziehung stehen und kommunizieren. [61] Ein Schlüsselelement einer kommunikativen Nachbarschaftssituation sind soziale Interaktionen. Diese werden gefördert, wenn sich Gelegenheiten für Kontakte ergeben und ein angemessenes Raumangebot für Interaktionen vorhanden ist. [62] Besonders der passive Kontakt, die unbeabsichtigte Begegnung zweier Personen, kann durch räumliche Gegebenheiten, wie sie in der Terrassenhaussiedlung vorzufinden sind, gefördert werden. Ob aus sozialen Interaktionen auch soziale Beziehungen werden, kann die Architektur nicht beeinflussen, denn die werden bevorzugt mit Menschen eingegangen, die ähnlich gesinnt sind. [63] Die Homogenität ökonomischer, sozialer und kultureller Vorstellungen der ersten Bewohner:innengeneration ist auffallend hoch, wie in einer kulturanthropologischen Untersuchung festgestellt wurde. [64] Die Bewohner:innen der ersten Stunde waren zu 50 Prozent junge

[59]   Vgl. Bernd Hecke 2022.
[60]   Gross u. a. 1979, 13.
[61]   Vgl. Abu-Ghazzeh 1999, 41.
[62]   Vgl. ebd. 42.
[63]   Vgl. ebd. 43.
[64]   Vgl. Katschnig-Fasch 1998, 130.

Akademikerfamilien, leitende Angestellte und Angehörige freier Berufe, die Hälfte der Interessierten hatte bereits Kinder. [65] Somit konnten die von der Primärstruktur angeregten Kontakte unter einer homogenen Bewohner:innenschaft ihr Potenzial zur Aktivierung sozialer Beziehungen voll entfalten.

Die Gemeinschaftsbereiche im 4. Geschoss – zu Besuch bei Markus und Kordula

Das Interesse, die brachliegende Fläche intensiver zu nutzen, war groß und so haben sich Markus und Kordula um eine gemeinschaftliche Nutzung bemüht. Zu Beginn war es nur ein kleiner Kreis, mit der Zeit wurden es immer mehr Menschen, die diesen Raum nutzten. Hier finden gesellige Zusammenkünfte statt. „Im Winter mit Pelzmantel und Decken. Es ist für gewöhnlich recht frisch im 4. Stock, weil es sehr durchzieht. Im Sommer angenehm, aber im Winter eine harte Partie. Es ist wichtig, hier Rücksicht auf die direkten Nachbarn zu nehmen. Bisher ist das immer gut gelungen. Letztlich deshalb, weil alle unmittelbaren Bewohner des Hauses gegenüber der Hausverwaltung ausgedrückt haben, wir wollen das. Sonst schaut es hier so aus wie da drüben," erzählt Markus und zeigt auf das leere 4. Geschoss im Nachbargebäude. [66]

Aufwachsen in der Terrassenhaussiedlung

Ein Entwurfsziel war es, das Einfamilienhaus als Inspirationsquelle familiengemäßen Wohnens in den Geschosswohnbau zu übersetzen. [67] Oft ist es die Mehrgeschossigkeit, die den Einfamilienhäusern im Vergleich zu Geschosswohnungen vorbehalten ist. Mit zahlreichen Maisonette-Typen wurde diese Qualität in die Terrassenhaussiedlung eingeführt und Daniel und Regina schätzen sie sehr. „Diese Zweigeschossigkeit, das ist einfach ein Hammer, vor allem, wenn du Kinder hast. Die sind unten, wir sind oben und wir können dann sogar noch eine Türe dazwischen zumachen – das ist wichtig. Das ist viel besser, als wenn alle nebeneinander sind. Und das ist jetzt keine riesengroße Wohnung, aber sie erfüllt den Zweck dieser Distanzierung ziemlich gut." [68]

[65]   Vgl. Katschnig-Fasch 1998, 126.
[66]   Gespräch mit Markus Auer und Kordula Auer, geführt von Rebekka Hirschberg, Anna Jäger, Jomo Ruderer, 4. OG der Terrassenhaussiedlung, 11.04.2022.
[67]   Vgl. Österreichische Gesellschaft für Architektur 1967.
[68]   Gespräch mit Daniel Bauer und Regina Novak, geführt von Julia Fröhlich, Anna Jäger, Jomo Ruderer, Terrassenhaussiedlung, 12.04.2022.

Aber auch außerhalb der Wohnung bietet die Siedlung besonders der jüngsten Generation im Haus qualitätsvolle Räume. Die Teilhabe von Kindern im (halb-)öffentlichen Raum wird durch die Struktur der Anlage wesentlich mitgeprägt. Die Möglichkeit, sich selbstständig zu bewegen, ist besonders wichtig. „Es ist hier ein geschützter (verkehrsfreier) Raum, den sie ganz gut kennen und sich selbst erobern können, ohne dass du Angst haben musst. Mit vier Jahren konnte sich unsere Tochter schon allein auf dem Gelände bewegen", erzählt uns Regina und spricht von den hohen Qualitäten, die durch dieses Raumkonzept gegeben sind. Auch Daniel erzählt, wie „toll" es war, hier in der Jugend den Raum zu erkunden und sich anzueignen. „Die Gstätten rundherum waren unser riesiger Spielplatz. Man hat sich einen Bezugsraum erobert. Zuerst war es die Siedlung. Als wir älter wurden, waren wir dann auch in anderen Siedlungen." [69]

Fazit

Ab den 1960er Jahren treten Partizipationsaspekte – selbstorganisiert, flexibel, offen – meist kombiniert auf. [70] So auch in der Terrassenhaussiedlung Graz-St. Peter. Eine große Auswahl unterschiedlicher Wohnungstypen, die Mitgestaltung der Sekundär- und Tertiärstruktur wie zahlreiche nutzungsoffene Verkehrs- und Gemeinschaftsflächen prägen die Anlage. Die Bewohner:innen organisierten sich als Verein und verwalten die Eigentümer:inneninteressen bis heute selbst. Die Architekten verankerten den partizipativen Wohnbau im steirischen Architekturdiskurs, der gemeinsam mit der von Eilfried Huth geplanten Eschensiedlung in Deutschlandsberg den Weg zum politischen Programm „Modell Steiermark" vorbereitete. Aktuell schafft die Denkmalschutzdebatte einen weiteren Aspekt zur Partizipation. Von Architekt:innen ohne Zweifel als wichtiges Denkmal erkannt, ergeben sich für manche Bewohner:innen andere Sorgen.
Als erstes Projekt der österreichischen Wohnbauforschung wird das Demonstrativbauvorhaben Terrassenhaussiedlung Graz-St. Peter umfänglich interdisziplinär begleitet. Große Zufriedenheit unter den Bewohner:innen und ein hoher baukulturellen Wert zeugen bis heute davon. Die Aspekte der Partizipation prägen die Gestalt und erschaffen einen Möglichkeitsraum für eine freiwillige niederschwellige Teilhabe am direkten Lebensumfeld. Diese Qualitäten haben Vorbildcharakter für jegliche Architekturproduktion und sind ein Baustein für ein gelingendes Miteinander.

69]   ebd.
70]   Vgl. Fezer/Heyden 2004, 18.

Bibliografie

Abu-Ghazzeh, Tawfiq: Housing Layout, Social Interactions, and the Place of Contact in Abu-Nuseir, Jordan, in: Journal of Evnvironmental Psychology 19 (1999), 41–73

Adam, Hubertus: Das Jahr 1959 und die Folgen. Die Werkgruppe Graz im internationalen Kontext, in: Guttmann, Eva/Kaiser, Gabriele/HDA Graz (Hg.): Werkgruppe Graz 1959-1989. Architektur an der Wende zur späten Moderne, Zürich 2013, 26–37

Bundesdenkmalamt: Denkmalpflegerische Leitlinien. Terrassenhaussiedlung Graz-St.Peter, Graz 2021

Bundesdenkmalamt: Stellungnahme. IG Terrassenhaussiedlung (17.03.2022), https://www.terrassenhaus.at/bda-stellungnahme/ (letzter Zugriff: 11.07.2022)

Fezer, Jesko/Heyden, Mathias: Hier Entsteht. Strategien partizipativer Architektur und räumlicher Aneignung, Berlin 2004

Forschungsgesellschaft für den Wohnungsbau: Österreichische Richtlinien für Demonstrativ-Bauvorhaben, Wien 1964

Gross, Eugen u. a. (Hg.): Demonstrativbauvorhaben Terrassenhaussiedlung Graz-St. Peter, 1972–1978, Graz o. J. [1979]

Guttmann, Eva/Kaiser, Gabriele/HDA Graz (Hg.): Werkgruppe Graz 1959–1989. Architektur an der Wende zur späten Moderne, Zürich 2013

Hecke, Bernhard: Streit um Grazer Betonsiedlung, in: Kleine Zeitung (20.01.2022) https://www.kleinezeitung.at/steiermark/graz/6091503/Streit-um-Grazer-Beton-siedlung_Terrassenhaussiedlung_Bewohner (letzter Zugriff: 13.07.2022)

Holub, I. E. (Hg.): Demonstrativbauvorhaben Graz-St. Peter, Zusammenfassender Schlussbericht, Wien 1975

Interessensgemeinschaft Terrassenhaus St. Peter: Präsentation der Mitgliederversammlung vom 17.05.2022, https://www.terrassenhaus.at/neuer-vorstand-im-ig-terrassenhaus/ (letzter Zugriff: 11.07.2022)

Interessensgemeinschaft Terrassenhaus St. Peter: Statuten des Vereins Interessensgemeinschaft Terrassenhaus St. Peter, 2020, https://www.terrassenhaus.at/interessensgemeinschaft/satzung/ (letzter Zugriff: 08.07.2022)

Interessensgemeinschaft Terrassenhaus St. Peter u. a: Terrassenhaus Newsletter Nr. 1 (06.2021), www.terrassenhaus.at/wp-content/uploads/Newsletter_1-THS_IG.pdf (letzer Zugriff: 11.07.2022)

Jany, Andrea: Experiment Wohnbau. Die partizipative Architektur des Modell Steiermark, Berlin 2019

Jany, Andrea/Kelz-Flitsch, Christina: Kurzfassung Modernisierungsleitfaden Terrassenhaussiedlung. Für ein gemeinschaftliches und nachhaltiges Morgen, o. O. 2018

Katschnig-Fasch, Elisabeth: Stadträume und Lebensstile. Der Einfluß neuer Raumstrukturen, in: Ehalt, Hubert/Konrad, Helmut (Hg.): Möblierter Sinn. Städtische Wohn- und Lebensstile, Wien/Köln/Weimar 1998, 109–137

Koch, Robert (Red.): Wohnbau 5 (1981)

Österreichische Gesellschaft für Architektur (Hg.): Neue städtische Wohnformen, Wien 1967

Riccabona, Christof/Wachberger, Michael: Wohnwertvergleiche und Bewertung verschiedener Wohnungstypen des Demonstrativbauvorhabens, in: Holub, I. E.: Demonstrativbauvorhaben Graz-St. Peter, Zusammenfassender Schlussbericht, Wien 1975, 47–105

Interviews

Gespräch mit **Daniel Bauer und Regina Novak**, geführt von Julia Fröhlich, Anna Jäger, Jomo Ruderer, Terrassenhaussiedlung, 12.04.2022

Gespräch mit **Eugen Gross**, geführt von Jomo Ruderer, Terrassenhaussiedlung, 12.07.2022

Gespräch mit **Eugen Gross**, geführt von Julia Fröhlich, Rebekka Hirschberg, Anna Jäger, Jomo Ruderer, zoom, 23.03.2022

Gespräch mit **Markus Auer und Kordula Auer**, geführt von Rebekka Hirschberg, Anna Jäger, Jomo Ruderer, 4.OG der Terrassenhaussiedlung, 11.04.2022

Gespräch mit **Walter Kuschel, Hermann Pichler, Günter Sternig**, geführt von Rebekka Hirschberg, Anna Jäger, Jomo Ruderer, Besucherzentrum Terrassenhaussiedlung, 11.04.2022

Rechercheteam

Wohnlabor: Julia Fröhlich, Rebekka Hirschberg, Anna Jäger, Jomo Ruderer

Abbildungsnachweis

Hirschberg, Rebekka: 2, 3, 4, 5

Jany, Andrea: 7

ORF (Österreichischer Rundfunk), Zeitreise, Demonstration gegen Terrassenhaussiedlung, 10.11.1978, Standbild in: Scheiber, Lotte/Rieper, Michael: Der Stoff aus dem Träume sind: 6

Ruderer, Jomo: 1

Alexander Eberl

DENKMALSCHUTZ ODER KLIMASCHUTZ?
Mögliche Sanierungsszenarien für die Terrassenhaussiedlung

Einleitung

„Die Terrassenhaussiedlung St. Peter in Graz ist ein herausragendes Beispiel für den Wohnungsbau der 1970er-Jahre in Österreich. Sie ist nahezu zur Gänze im Original erhalten und stellt in ihren Formen des *béton brut* (ins Deutsche übersetzt mit Brutalismus) ein authentisches Zeugnis für die Baukultur der Nachkriegsmoderne dar." [1] Dies ist nicht bloß die persönliche Meinung des Autors, sondern die offizielle Stellungnahme des Bundesdenkmalamtes zur geplanten Unterschutzstellung der Terrassenhaussiedlung Graz. Eine Entscheidung, die bei den Eigentümer:innen der Siedlung nicht auf viel Gegenliebe stößt. Diese sehen im Denkmalschutz vor allem eine Gefahr des Wertverlustes, der Einschränkung ihrer Freiheiten sowie möglicher zukünftiger Sanierungsmaßnahmen und kämpfen dagegen juristisch an. [2]

Vor dem Hintergrund dieser „Denkmalschutzkontroverse" und der anhaltenden Ukrainekrise, die uns schmerzhaft vor Augen führt, wie abhängig wir immer noch von fossiler Energie sind, möchte ich in diesem Text der Frage nachgehen, ob sich Denkmalschutz und Klimaschutz in der Terrassenhaussiedlung vereinen lassen, und dabei mögliche Potenziale und Zielkonflikte aufzeigen. Dazu werden Energieverbräuche und Wärmeverluste analysiert, Sanierungspotenziale identifiziert, Referenzbeispiele für gelungene Sanierungen aufgezeigt und schlussendlich drei verschiedene Sanierungsszenarien skizziert und hinsichtlich bauphysikalischer sowie denkmalpflegerischer Aspekte diskutiert. Dabei sollen mögliche Potenziale, Konfliktzonen und Kompromisse auf dem Weg in eine Zukunft aufgezeigt werden, die sowohl die Interessen des Denkmalschutzes als auch des Klimaschutzes wahren.

[1]   Vgl. Bundesdenkmalamt o. J.
[2]   Vgl. Hecke Terrassenhaussiedlung 2022; Hecke Die Terrassenhaussiedlung als Grazer Denkmal 2022.

Die Terrassenhaussiedlung

Die Terrassenhaussiedlung ist eine der größten Siedlungen in Österreich, die in partizipativer Planung entstanden ist. Ihr Erscheinungsbild
ist durch eine klare Trennung zwischen Primär- und Sekundärstrukturen geprägt (→1). Die tragenden Wandscheiben sind in Sichtbeton
ausgeführt, ihre Zwischenräume mit nichttragenden Holzständer-
wänden ausgefacht. Das Gebäude ist statisch in einer Schottenbauweise konzipiert. Bei dieser Bauweise werden tragende Wandscheiben in Querrichtung des Gebäudes angeordnet, Außenwände
und Innenwände in Längsrichtung des Gebäudes sind von ihrer statischen Funktion befreit. Diese Bauweise kann als architektonische
Manifestation des partizipativen Planungsmodells verstanden werden,
bei der die Käufer:innen die Grundrisse der Wohnungen und die Fassadengestaltung mitbestimmen konnten. Die tragenden Wandscheiben mit einem Regelabstand von 7 Metern erlaubten eine relativ
freie Grundriss- und Fassadengestaltung innerhalb dieser räumlichen
Grenzen.

(1) Werkgruppe Graz, Terrassenhaussiedlung, Süd-Ost-Ansicht
Haus 29 während der Errichtungs-
phase, um 1974

Die gestalterische Entscheidung, die Tragstruktur außen sichtbar zu
machen, stellten Planung und Bauausführung vor einige bauphysikalische Probleme. Die Sichtbetonbauweise erforderte eine Dämmung
auf der Innenseite des Wandaufbaus, welche wiederum aufgrund
des starken Temperaturgefälles in der Ebene der Wärmedämmung
zu einer Kondensationsgefahr im Bauteilinneren führt. Dieser Gefahr
wurde mit einer Dampfbremse an der Innenseite der Dämmung entgegengewirkt. Zudem führte die Bauweise zu konstruktiven Wärmebrücken in den Anschlussbereichen der außenliegenden Tragstruktur,
welche wiederum zu einem Temperaturabfall auf der Innenseite der
Wärmebrücke und somit zur Gefahr von Oberflächenkondensat und

Schimmelbildung führten. Dieser Gefahr wurde mit Dämmstreifen, die innenseitig in die Schalung der Wände und Decken eingelegt wurden, entgegengewirkt. Die damit verbundenen bauphysikalischen Probleme konnten damit aber nicht vollständig behoben werden. [3]

Diese thermischen Schwachstellen können auf Thermografien sichtbar gemacht werden. Als besonders häufig vorkommende Wärmebrücken wären die Anschlüsse zwischen Stahlbetonschotten und nichttragenden Fassadenelementen (→2) sowie die Anschlüsse der Decken an die tragenden Außenwände (→3) hervorzuheben. Derartige Wärmebrücken schränken die Wirksamkeit von thermischen Sanierungsmaßnahmen ein, wenn sie in Planung und Ausführung nicht entsprechend beachtet werden. Ohne kompensatorische Maßnahmen führt eine Reduktion des Wärmestroms durch die ungestörten Bauteiloberflächen zu einer Erhöhung des Wärmestroms durch die Wärmebrücken. Thermische Sanierungsmaßnahmen werden dadurch weniger wirksam und die Gefahr von Kondensation und Schimmel im Innenraum bleibt bestehen. Jede thermische Sanierungsmaßnahme ist daher im Detail auf ihre Auswirkungen auf das thermische Verhalten der Wärmebrücken zu prüfen und sollte sich zum Ziel setzen, diese zu entschärfen.

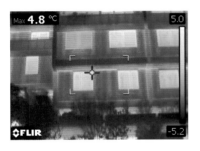 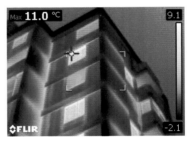

(2) Thermografie von Haus 33b, Nord-West-Fassade, Foto Februar 2017

(3) Thermografie von Haus 33e, Ecke Süd-Ost/Nord-Ost, Foto Februar 2017

Erhebung des thermischen Sanierungspotenzials

Um die richtigen Sanierungsentscheidungen treffen können, ist es zunächst notwendig, die Energieströme im Gebäude zu analysieren. Einen ersten Anhaltspunkt liefern dazu die Daten aus den Jahresabrechnungen der Energielieferanten. Diese Daten wurden im Zuge des Forschungsprojektes SONTE (Sondierungsstudie Smarte Modernisierung Terrassenhaussiedlung) [4] auf Basis von Aufzeichnungen der Hausverwaltung sowie durch Bewohner:innenbefragungen ermittelt (→4).

[3]   Vgl. Pfeiler 1975, 71–92.
[4]   Mehr Informationen unter: https://smartcities.at/projects/smarte-modernisierung-terrassenhaussiedlung-graz-sonte/.

Die Ergebnisse werden einerseits als Endenergie dargestellt (das ist die Energiemenge, die vom Energieversorger bezogen wird) und andererseits als Primärenergie (das ist die theoretische Energiemenge, die einschließlich aller Vorketten und Verluste aufgewendet werden muss, um die Endenergie an den Kunden zu liefern). [5] Der mittlere jährliche Primärenergieverbrauch der Siedlung liegt bei 171 Kilowattstunden pro Quadratmeter beheizter Bruttogeschossfläche (BGF) und Jahr. Die Raumheizung nimmt mit etwa 60 Prozent den größten Anteil davon ein, gefolgt vom Haushaltsstrom, Warmwasser und Allgemeinstrom. Das größte Einsparungspotenzial liegt also in der Reduktion des Heizenergiebedarfs.

Um abschätzen zu können, wo Heizwärme eingespart werden kann, ist eine genauere Analyse der Wärmeverluste des Gebäudes notwendig. Dies kann vereinfacht über eine Berechnung des Leitwertes geschehen. [6] Der Leitwert ist der Quotient aus Wärmestrom und Temperaturdifferenz zwischen dem Inneren der Gebäudehülle und dem Außenbereich. Er sagt aus, wie viel Wärmeenergie bei einer Temperaturdifferenz von 1 Kelvin von innen nach außen strömt und wird in Watt pro Kelvin [W/K] angegeben. Dabei wird zwischen dem Transmissionsleitwert und dem Lüftungsleitwert unterschieden. Der Transmissionsleitwert gibt Auskunft darüber, wie viel Wärme durch die Gebäudehülle strömt. Er setzt sich aus den Summenprodukten der Bauteiloberflächen und deren Wärmedurchgangskoeffizienten sowie Leitwertzuschlägen für Wärmebrücken zusammen. Der Lüftungsleitwert sagt hingegen aus, wie viel Wärme durch den Luftaustausch verloren geht. Er ist vom Luftvolumenstrom abhängig und kann durch Wärmerückgewinnungsmaßnahmen reduziert werden. Als Basis für die Berechnung des Leitwertes wurde der Energieausweis des Hauses 35e-f herangezogen und durch eigene Annahmen und Berechnungen ergänzt. [7] Dieses Gebäude wurde als Referenzgebäude gewählt, da es, bezogen auf die Siedlung, einen durchschnittlichen Heizwärmebedarf aufweist. Die Leitwerte der häufigsten linearen Wärmebrücken wurden in zweidimensionalen Berechnungen [8] ermittelt. Die Ergebnisse der Analyse werden als Prozentanteile am Gesamtwärmeverlust aufgeschlüsselt (→5).

Aus den Ergebnissen der Leitwertberechnung lässt sich ablesen, dass der Großteil der Wärmeverluste in Form von Transmission durch die Gebäudehülle stattfindet und etwa 20 Prozent der Lüftung

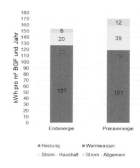

(4) Durchschnittlicher jährlicher Endenergieverbrauch und Primärenergieverbrauch der Terrassenhaussiedlung Graz, bezogen auf die beheizte Bruttogeschossfläche

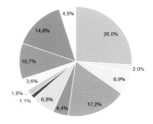

(5) Zusammensetzung der Wärmeverluste in der Terrassenhaussiedlung

5]   Der Primärenergieverbrauch wurde auf Basis der Primärenergiefaktoren für den Österreichischen Energiemix gemäß OIB-Richtlinie 6 in der Version 2015 ermittelt.
6]   Die Leitwertberechnungen erfolgten nach ÖNORM B 8110-6-1:2019.
7]   Der Energieausweis wurde von der Grazer Energieagentur GmbH im Jahr 2010 auf Basis der OIB-Richtlinie 6, Ausgabe April 2007, erstellt.
3]   Die Berechnung erfolgte mit der Software HTFlux auf Basis der ÖNORM EN ISO 10211:2018.

zuzuordnen sind. Dieser Wert beruht auf der Annahme, dass die Gebäudehülle eine relativ geringe Luftdichtigkeit aufweist und somit vergleichsweise hohe Luftwechsel durch Infiltration stattfinden. Bei der Betrachtung der Transmissionswärmeverluste lassen sich leicht die Bauteile mit dem größten Sanierungspotenzial ausmachen: Der größte Anteil der Wärmeverluste ist den Fenstern zuzuordnen. Dies liegt daran, dass Fenster im Vergleich zur opaken Gebäudehülle einen relativ hohen Wärmedurchgangskoeffizienten (U-Wert) aufweisen. Was in diese Betrachtung nicht einfließt, sind die solaren Wärmegewinne, die über die Fenster in den Raum gelangen und die Wärmebilanz der Fenster über das Jahr betrachtet deutlich verbessern. Das ändert jedoch nichts am hohen Sanierungspotenzial: Die vorhandenen Fenster sind als luftgefüllte 2-Scheiben-Verglasung ausgeführt. Mit dem Tausch der vorhandenen Glaspakete gegen eine handelsübliche 2-Scheiben-Wärmeschutzverglasung könnten die Wärmeverluste über die Fenster um 50 Prozent verringert werden, ohne die solaren Wärmegewinne erheblich zu reduzieren.

Die zweitgrößten Energieverluste sind den massiven Außenwänden aus Stahlbeton zuzuordnen. Der hohe Anteil der Stahlbetonwände an den Wärmverlusten erscheint auf den ersten Blick unerwartet, da die Leichtbaufassaden einen größeren Anteil der Fassadenfläche einnehmen. Hier ist allerdings zu beachten, dass der überwiegende Anteil der Fenster den Leichtbauelementen zuzuordnen ist. Würde man die Wärmeverluste der Fenster den entsprechenden Fassaden zuordnen, so wären die Leichtbaufassadenelemente die mit Abstand größte Wärmesenke. Hinzu kommt, dass die Leichtbauelemente aufgrund ihrer Bauweise als Holzständerwände mit Mineralwolle-Dämmung einen deutlich geringeren U-Wert als die Stahlbetonwände aufweisen, die nur eine vergleichsweise dünne Dämmschicht aus zementgebundenen Holzwolleplatten erhielten.

Weitere große Sanierungspotenziale sind bei den Dächern und Terrassen auszumachen, welche etwa 20 Prozent der Gebäudeoberflächen einnehmen. Wärmedämmmaßnahmen können hier im Vergleich zur Fassade relativ einfach und kostengünstig realisiert werden. Im konkreten Fall der Terrassenhaussiedlung gilt allerdings zu bedenken, dass die Dachterrassen großenteils von den Bewohner:innen mit diversen Aufbauten ausgebaut wurden, was eine Sanierung teilweise erschwert, wenn nicht verunmöglicht. Die Rolle der Wärmebrücken bei der Wahl der Sanierungsmethode wird auch bei der Betrachtung der Wärmeverluste deutlich: Ihr Anteil an den Gesamtwärmeverlusten ist mit über 10 Prozent fast so hoch wie der Anteil der Dächer und Terrassen.

Um das Potenzial einer thermischen Sanierung abzuschätzen, werden die errechneten Wärmeverluste einem theoretischen Sanierungsszenario gegenübergestellt. Dieses Szenario richtet sich nach den Mindestanforderungen an wärmeübertragende Bauteile bei Einzelmaßnahmen an der Gebäudehülle gemäß OIB-Richtline 6 in der Version 2019. [9] Um diese empfohlenen Werte einzuhalten, müssten unter anderem die Fenster ausgetauscht, die Dämmstärke der Außenwände um etwa 10 Zentimeter und die Dämmstärke der Decken um etwa 20 Zentimeter erhöht werden. Letzteres wäre bei den Terrassen aufgrund der damit verbundenen Erhöhung des Fußbodenniveaus nicht möglich.

Weiters beruht das Szenario auf der Annahme, dass die Wärmeverluste der Wärmebrücken um 50 Prozent reduziert werden können. Dies ist eine Annahme, die bei Innendämmung nur schwer einzuhalten ist. Zur Erhebung des Einsparungspotenzials bei der Lüftung wird eine reduzierte Infiltration und eine Wärmerückgewinnung mit einem Temperaturänderungsrad von 0,6 angesetzt. Dies ist gleichbedeutend mit einer Reduktion der Lüftungswärmeverluste um 60 Prozent. Diese Maßnahmen sind nicht als Empfehlungen zu verstehen, sondern als Erhebung des Potenzials der Reduktion von Wärmeverlusten (→6). Unter Ausschöpfung der zuvor genannten Möglichkeiten können die thermischen Verluste des Gebäudes um etwa 54 Prozent reduziert werden.

(6) Potenzial zur Reduktion der Wärmeverluste

Vorstellung der infrage kommenden Sanierungsmethoden

Für die thermische Sanierung der Gebäudehülle kommen prinzipiell drei verschiedene Vorgehensweisen oder eine Mischung aus diesen in Frage: Außendämmung, Innendämmung und der Austausch von Bauteilen. Bei der Außendämmung wird eine zusätzliche Dämmschicht auf die Außenseite der bestehenden Bauteile aufgetragen, bei der Innendämmung wird eine zusätzliche Dämmschicht innenseitig aufgebracht, beim Austausch werden bestehende Konstruktionen durch energetisch höherwertige ersetzt. Letzteres ist nur bei nichttragenden Konstruktionen wie Fenstern und Trockenbauwänden möglich. In den folgenden Kapiteln wird auf die Vor- und Nachteile dieser Strategien eingegangen und Möglichkeiten Ihrer Umsetzung werden mit Referenzeispielen belegt.

1. Außendämmung

Die Sanierung von außen ist die häufigste Sanierungsmethode, da sie zumeist relativ einfach und kostengünstig umgesetzt werden kann. Sie erfordert eine Einrüstung der Fassade und ist nur dann wirtschaftlich sinnvoll, wenn größere Gebäudeteile auf einmal saniert werden. Eine

[9]   Vgl. OIB-Richtlinie 6 2019, 6.

individuelle Sanierung einzelner Wohneinheiten ist dadurch nicht möglich. Im Gegensatz zu den anderen Sanierungsvarianten sind die Störungen im Gebäudebetrieb gering und die Bewohner:innen können üblicherweise während der gesamten Bauzeit in ihren Wohnungen bleiben. Die Dämmung an der Außenseite der raumabschließenden Konstruktion bringt einige bauphysikalische Vorteile mit sich: Die Temperaturen innerhalb der Baukonstruktion werden erhöht, Wärmebrücken werden entschärft die Gefahr von schädlicher Kondensationsbildung im Bauteilinneren sowie an Bauteiloberflächen wird reduziert und zusätzlich wird die bestehende Konstruktion vor äußeren Witterungseinflüssen geschützt. Sie stellt daher aus bauphysikalischer Sicht die günstigste Sanierungsmethode dar. Ihre Nachteile beim Einsatz in denkmalgeschützten Gebäuden liegen jedoch auf der Hand: Eine äußere Dämmschicht verändert das äußere Erscheinungsbild der Siedlung in Materialität und Proportion und stellt damit aus denkmalpflegerischer Sicht den ungünstigsten Fall dar.

Fallbeispiel Außendämmung: Cayla Apartments, Genf

Dass Außendämmung und Denkmalschutz sich nicht zwingend ausschließen, zeigt das Fallbeispiel der Cayla Apartments in Genf, einer Wohnsiedlung aus den 1950er Jahren, bestehend aus drei kompakten Türmen. Ähnlich wie bei der Terrassanhaussiedlung ist die Fassade durch lastabtragende Wand- und Deckenscheiben aus Stahlbeton gegliedert, was zu Wärmebrücken in den Anschlussbereichen führt. Im Zuge der thermischen Sanierung wurden zwei der Gebäude mit Außendämmung und eines der Gebäude mit Innendämmung nachgerüstet. Bei der Variante mit Außendämmung wurden die Betonelemente mit einem Wärmedämmputz in einer Stärke von 4 bis 8 Zentimetern versehen. Diese relativ geringen Schichtdicken wurden als Kompromiss zwischen Energieeinsparung und Veränderung des Erscheinungsbildes gewählt und mithilfe von Prototypen auf ihre optische Wirkung getestet (**→7**). [10] Tatsächlich ist es beim Vergleich der Fotos schwer auszumachen, welches der Gebäude mit Außendämmung (**→8**) und welches mit Innendämmung (**→9**) saniert wurde. [11] Dies liegt wohl in erster Linie daran, dass auch bei der Variante mit Innendämmung die Sichtbetonelemente mit einem Schutzanstrich versehen wurden und diese somit in ihrer Materialität nicht mehr wahrnehmbar sind. Zusammen mit weiteren thermischen Sanierungsmaßnahmen, wie dem Austausch der Fenster und zusätzlicher Wärmedämmung an der Außendecke und Bodenplatte konnte der

(7) G. Addor und W. Lups (Errichtung 1954)/J. Cacheiro (Renovierung 2003), Cayla Apartments, Genf, Prototyp Wärmedämmputz

[10]   Vgl. Weber/Haefeli 2009, 40.
[11]   ebd., 41.

Heizenergiebedarf um 50 Prozent im Vergleich zum Ausgangszustand und um 15 Prozent im Vergleich zur Variante mit 6 Zentimetern Innendämmung reduziert werden. Das bessere Abschneiden der Außendämmung gegenüber der Innendämmung liegt vor allem an der Reduktion von Wärmeverlusten durch Wärmebrücken. [12]

(8) G. Addor und W. Lups (Errichtung 1954)/J. Cacheiro (Renovierung 2003), Cayla Apartments, Genf, nach Renovierung mit außenliegendem Wärmedämmputz

(9) G. Addor und W. Lups (Errichtung 1954)/J. Cacheiro (Renovierung 2003) Cayla Apartments, Genf, nach Renovierung mit Innendämmung

2. Innendämmung

Die Sanierung von innen erlaubt eine Sanierung individueller Wohneinheiten, ohne Eingriffe in fremdes Eigentum und ohne die äußere Gestalt des Gebäudes zu verändern. Sie ist daher aus denkmalpflegerischer Sicht die optimale Variante. Im Gegensatz zur Außendämmung ist sie allerdings bauphysikalisch problematisch: Durch die zusätzliche Dämmschicht wird die Kondensationsebene auf die Innenseite der Konstruktion – üblicherweise auf die zwischen Dämmung und Bestandswand – verschoben. Um schädliche Kondensationsbildung in dieser Ebene zu vermeiden sind daher Maßnahmen erforderlich, um das Eindringen von Wasserdampf in die Konstruktion zu verhindern. Dies wird üblicherweise durch eine innenliegende Dampfsperre erreicht, welche wiederum eine sorgfältige Planung und Ausführung der Bauteilanschlüsse sowie einen achtsamen Umgang mit der Bausubstanz der Nutzer:innen erfordert. Jegliche Undichtigkeit kann zu einer Akkumulation von Kondenswasser innerhalb der Konstruktion und zu damit verbundenen Feuchteschäden führen. Diese Gefahren können

[12]   Vgl. Weber/Haefeli 2009.

durch die Verwendung von diffusionsoffenen, kapillaraktiven Dämm-stoffen abgemindert werden. Kapillaraktive Dämmstoffe haben die Fähigkeit, relativ große Mengen von Feuchtigkeit aufzunehmen, ohne ihre Dämmwirkung einzubüßen. Kapillaraktive Innendämmungen sind Sonderkonstruktionen und die Möglichkeit ihres Einsatzes so-wie ihre Dimensionierung sind im Einzelfall mittels hygrothermischer Simulationen zu prüfen. Es kann daher keine pauschale Empfehlung für ihren Einsatz abgegeben werden. Wärmebrücken bleiben unabhän-gig vom eingesetzten Dämmsystem bestehen und werden durch die zusätzliche Dämmschicht noch verstärkt. Aus diesem Grund sind bei Sanierungen mit Innendämmungen geringere Energieeinsparungen zu erwarten als bei Außendämmungen mit vergleichbaren Dämm-stärken. Um Oberflächenkondensat zu vermeiden und Wärme-verluste zu reduzieren, ist eine Überdämmung der Bauteile, die die Dämmebene durchdringen – eine sogenannte Halsdämmung – not-wendig. Hinzu kommt, dass durch die Innendämmung die Temperatur der Außenbauteile im Winter reduziert wird. Dadurch wird die Austrocknung verlangsamt und die Wahrscheinlichkeit von Frost-schäden erhöht.

Fallbeispiel: Cité de Lignon, Genf

Ein prominentes Beispiel für eine Sanierung von innen ist die Cité de Lignon, eine Großsiedlung der 1960er Jahre in der Nähe von Genf. Sie ist eine Ikone der Schweizer Nachkriegsarchitektur und steht seit 2009 unter Denkmalschutz. [13] Im Zuge eines Forschungsprojektes wurde nach einer Lösung gesucht, um die Siedlung denkmalgerecht und gleichzeitig kostengünstig energetisch zu sanieren. Dabei fiel die Wahl auf eine Innendämmung. Die Vorhangfassade wurde innen-seitig mit einer Dämmschicht und Dampfbremse versehen. Die Dämmstärke wurde dabei relativ gering gewählt, die bestehenden einfach verglasten Fenster wurden innenseitig mit einer zweiten Ver-glasungsschicht versehen und die Fensterdichtungen erneuert. Auf-grund dieser rein additiven Maßnahmen hatte die Sanierung keiner-lei Auswirkungen auf das äußere Erscheinungsbild. Die Einrüstung der Fassade diente alleine der Reinigung (→**10**). Trotz der geringen Dämmmaßnahmen konnte der Heizenergiebedarf um etwa 40 Pro-zent gesenkt werden. [14] Diese relativ hohe Energieeinsparung liegt wohl vor allem in der schlechten energetischen Ausgangssituation begründet.

[13]   Graf/Marino 2013, 81.
[14]   Leiva 2018, 20–23.

(10) G. Addor (Errichtung 1962–1971)/Jaccaud Spicher Architectes (Renovierung 2017–18), Cité de Lignon, Genf, Fassade während der Sanierungsarbeiten

3. Austausch von nichttragenden Elementen

Bei dieser Variante werden nichttragende Elemente der Gebäudehülle durch neue, thermisch höherwertige ausgetauscht. Die Auswirkungen auf das Erscheinungsbild und den Energiebedarf sind stark davon abhängig, welche Elemente ausgetauscht werden. Dies kann von einem bloßen Fenstertausch über den Austausch von Leichtbauwänden bis zu einer Kernsanierung gehen. In letzterem Fall bleibt nur noch die Tragstruktur im Original erhalten, während alle nichttragenden Elemente und Ausbauten erneuert werden. Unabhängig von ihrer Ausführung geht diese Sanierungsmethode immer mit dem Verlust von Originalsubstanz einher. Selbst wenn die ausgetauschten Elemente die gleichen Materialien und Proportionen aufweisen wie das Original, so geht doch die authentische Originalsubstanz mit ihren Altersspuren verloren. Bauphysikalisch gilt beim Austausch von Leichtbauelementen dasselbe wie bei Innendämmungen: Vorhandene Wärmebrücken bleiben erhalten und werden bei einer Erhöhung des Wärmedurchgangswiderstands noch weiter verschärft. Es sollten daher bei der Sanierung zusätzliche Maßnahmen zur Entschärfung von Wärmebrücken gesetzt werden.

Fallbeispiel: Park Hill, Sheffield

Ein Beispiel für eine gelungene Kernsanierung eines Baudenkmals der Spätmoderne ist die Revitalisierung des Park Hill Estate in Sheffield, England. Die soziale Großwohnsiedlung in Nordengland wurde 1961 fertiggestellt und steht seit 1997 unter Denkmalschutz. [15] Der

15]   Vgl. Agkathidis/Urbano Gutiérrez 2018, 178.

Komplex wurde nach Jahrzehnten des Verfalls teilprivatisiert und an einen Investor verkauft. Aufgrund des schlechten Erhaltungszustands der Gebäude entschied die Denkmalbehörde, dass nur das Beton-skelett in seiner Originalsubstanz zu erhalten sei. [16] Dies ließ dem Investor relativ freie Hand bei der Ausführung. Bei der folgenden Kernsanierung wurde das Gebäude bis auf die Grundstruktur kom-plett erneuert. Die nichttragenden Fassadenelemente wurden durch neue, in ihrer Gestaltung lose an das Original angelehnte, ersetzt: Ziegelelemente wurden durch Paneele in kräftigeren Farben ersetzt, die kleinteiligen Fenster wurden gegen großflächigere, moderne Fenster ausgetauscht, der Anteil der Fensterflächen insgesamt er-höht (→11). Trotz dieser augenscheinlichen Veränderungen wurde das Projekt von der Öffentlichkeit sehr positiv aufgenommen und mit vie-len Preisen ausgezeichnet. [17]

(11) Jack Lynn und Ivor Smith (Errichtung 1957–1961)/Hawkins Brown und Studio Egret West (Renovierung 2006–2022), Park Hill Estate, Sheffiled, Fassade nach und vor der Renovierung

Beschreibung der Sanierungsvarianten

Im Folgenden werden die zuvor beschriebenen Sanierungsmethoden am Beispiel der Terrassenhaussiedlung durchexerziert. Dabei wird ihre Auswirkung auf Energiebedarf, Bauphysik und Erscheinungsbild diskutiert. Die wichtigsten Aufbauten und Detaillösungen werden an-hand von drei typischen Wärmebrücken skizziert und hinsichtlich ihres wärmetechnischen Verhaltens analysiert. Anschließend wird für jede Sanierungsvariante das Potenzial zur Reduktion von Wärmeverlusten hochgerechnet.

[16]   Vgl. Madlener 2013.
[17]   Vgl. Agkathidis/Urbano Gutiérrez 2018, 185.

Variante 1: Außendämmung

Bei dieser Sanierungsvariante wird, ähnlich wie im Referenzbeispiel der Cayla Apartments auf Wärmedämmputz zurückgegriffen. Um den Einfluss auf das Erscheinungsbild möglichst gering zu halten, wird für diese Sanierungsvariante der Einsatz von Hochleistungs-Dämmstoffen wie Aerogel und Calostat vorgeschlagen. Diese erlauben es, die Wärmedämmung in relativ geringen Stärken auszuführen, was eine geringere Veränderung der äußeren Proportionen der betroffenen Bauteile zur Folge hat. Dabei bleibt zu bedenken, dass die Materialkosten um ein Vielfaches höher sind als bei konventionellen Dämmstoffen.
Sichtbetonelemente werden mit einem Aerogel-Dämmputz in einer Schichtdicke von 4 Zentimetern überdämmt. Mit dieser relativ geringen Schichtdicke kann ein U-Wert von 0,35 Watt pro Quadratmeter und Kelvin (W/m²K) erreicht werden. Leichtbaufassadenelemente werden mit einer 4 Zentimeter dicken Dämmschicht aus Calostat versehen. Diese zusätzliche Dämmung wird hinter der Fassadenverkleidung aufgebracht und hat daher keine signifikanten Auswirkungen auf das Erscheinungsbild. Auch die Fenster bleiben weitgehend unverändert: Es werden nur die Glaspakete gegen moderne Wärmeschutzverglasungen ausgetauscht, die bestehenden Rahmen bleiben erhalten. Flachdächer und Terrassen erhalten einen Warmdachaufbau mit 9 Zentimeter dicken Resol-Hartschaumplatten (→**14, 18, 21**). Visuelle Veränderungen an der Gebäudehülle finden in erster Linie an den Sichtbetonoberflächen statt. Durch den Wärmedämmputz werden diese in Ihrer Materialität und Gliederung nicht mehr wahrnehmbar, die Leichtbauelemente und Fenster bleiben hingegen weitgehend unverändert (→**12**). Trotz der Überdämmung des Betons bleibt die sichtbare Trennung zwischen Primär- und Sekundärstruktur erhalten.

(12) Variante 1: Außendämmung. Teile der Gebäudehülle, die äußerlich sichtbar verändert werden, sind in rot hervorgehoben.

Variante 2: Innendämmung

Für die Variante mit Innendämmung wird ein weitere Hochleistungswärmedämmung vorgeschlagen: Vakuum-Isolationspaneelen (VIP).[18] Diese Paneele wurden gewählt, weil sie über eine hohe Dämmwirkung bei geringen Schichtdicken verfügen. Dadurch können heutige Dämmstandards ohne eine substanzielle Veränderung der Wandstärke erreicht werden. Im Vergleich zu konventionellen Dämmstoffen sind VIP sehr teuer, sie haben dafür aber den Vorteil, dass die Dämmung keinen Verlust von Wohnfläche mit sich bringt. Im Fall der Stahlbetonaußenwände reicht es aus, die bestehende 5 Zentimeter starke

18] Für mehr Informationen zur Sanierung mit Vakuum-Isolationspaneelen siehe Panic u. a. 2009.

Innendämmung zu ersetzen, um einen U-Wert von unter 0,2 W/m²K zu erreichen. Mit konventionellen Dämmstoffen wären für dasselbe Dämmniveau etwa 16 Zentimeter notwendig. Die Innendämmung mit Vakuumisolationspaneelen ist wie bei konventionellen Dämmstoffen mit einer innenliegenden Dampfsperre auszuführen. Bei der Ausführung ist außerdem zu beachten, dass diese Paneele bei Beschädigung ihre Dämmwirkung verlieren. Es sind daher auch die Mieter:innen gefordert, mit den ertüchtigten Wänden sorgsam umzugehen und die Dämmpaneele nicht mit Nägeln oder ähnlichem zu beschädigen. Auf eine Innendämmung der Decken wird verzichtet, weil der dampfdichte Aufbau der Dachkonstruktion diese besonders anfällig für Kondensationsschäden machen würde. Stattdessen sollte die Dämmung von außen angebracht werden. Hierbei ist zu beachten, dass eine Dämmung der Terrassen einen Eingriff in die darüberliegende Wohnung bedeuten und somit den Vorteil der individuellen Sanierung konterkarieren würde. Wie in Variante 1 bleiben die Fensterrahmen bestehen und es werden nur die Glaspakete ausgetauscht. In den Ergebnissen werden zwei Untervarianten dargestellt. Die Variante 2 – Austausch – sieht keine Dämmung der Decken vor, die Variante 2a – Innendämmung + Außendämmung Flachdach – sieht eine Dämmung der Decken vor (→**16, 20, 23, 24**). Keine der vorgeschlagenen Maßnahmen wird an der äußeren Hülle des Gebäudes sichtbar (→**13**), allerdings gibt es optische Veränderungen innerhalb der Wohnungen: Die Wärmebrücken an den Anschlüssen zwischen Decke und Außenwand müssen teilweise mit Halsdämmungen überdämmt werden, um die Temperatur an den Innenkanten zu erhöhen und Schimmelbildung entgegenzuwirken. Diese Dämmstreifen werden auf die bestehende Decke aufgesetzt und bleiben dann als „Wülste" sichtbar.

(13) Sanierungsvariante 2 – Innendämmung: ohne äußere Veränderungen

Variante 3: Austausch

In dieser Sanierungsvariante werden die Fassadenelemente in Leichtbauweise samt Fenstern ausgetauscht. Im Gegensatz zu den Varianten 1 und 2 werden keine teuren Hochleistungs-Dämmstoffe wie Aerogel oder Vakuum-Isolations-Paneele eingesetzt. Sie wird in zwei Varianten berechnet: In Variante 3 – Austausch – werden nur die Fenster und Leichtbaufassadenelemente ausgetauscht; Stahlbetonwände und Decken werden nicht zusätzlich gedämmt. Variante 3a ist eine „Kernsanierung". Hier wird zusätzlich eine Innendämmung an den Stahlbetonwänden ausgeführt und Außendämmungen an der horizontalen Gebäudehülle angebracht. Während Variante 3 wohnungsweise ausgeführt werden könnte, greift Variante 3a durch die Dämmung der Außendecken auch in Nachbarwohnungen ein und könnte daher nur etappenweise ausgeführt werden (→**17, 20, 25, 26**).

Bauphysikalisch ist die Variante 3 ähnlich wie Variante 2 – Innendämmung – einzuschätzen. Vorhandene Wärmebrücken bleiben erhalten; fallweise sind Halsdämmungen notwendig, um diese zu entschärfen. Energetisch hat sie den Vorteil, dass der Austausch der Fenster und Rahmen ein hohes Potenzial der Energieeinsparung mit sich bringt. Aus der Sicht der Denkmalpflege stellt diese Variante einen Kompromiss dar: Die Sichtbetonstruktur bleibt in ihrer Materialität und Proportion erhalten, die untergeordnete Sekundärkonstruktion wird ersetzt (→**14**).

(14) Sanierungsvariante 3 – Austausch: Teile der Gebäudehülle, die äußerlich sichtbar verändert werden, sind rot hervorgehoben

Wärmebrückenanalyse

Die vorgeschlagenen Sanierungsvarianten wurden in Detailschnitte übertragen und bauphysikalisch überprüft und optimiert. Dabei wurden die häufigsten Wärmebrücken abgebildet und ihre längenbezogenen Wärmedurchgangskoeffizienten (U-Werte) ermittelt. [19] Diese fließen in weiterer Folge in die Gesamtbetrachtung der Wärmeverluste (→**28**) mit ein. Auf den nächsten Seiten werden exemplarisch die Ergebnisse von drei typischen Wärmebrücken für alle untersuchten Sanierungsvarianten dargestellt. Dabei ist jeweils das Konstruktionsdetail auf der linken Seite zu sehen und der Temperaturverlauf mit Angaben zum U-Wert auf der rechten Seite. Bei der Interpretation der Grafiken ist zu beachten, dass es sich dabei nicht um Konstruktionsdetails handelt, sondern um eine Abbildung des bauphysikalischen Modells. Wärmetechnisch nicht wirksame Bauteile, wie hinterlüftete Fassadenpaneele, Verblechungen oder Folien, sind daher in den Schnitten nicht dargestellt.

Das erste betrachtete Detail ist der Anschluss zweier Leichtbaufassadenelemente an eine durchdringende Wohnungstrennwand aus Stahlbeton, betrachtet im Horizontalschnitt (→**13, 14, 15, 16**). Wie man an den Ergebnissen sehen kann, schneidet bei diesem Vergleich die Variante 1 – Außendämmung (→**14**) – am besten ab. Der Wärmedämmputz auf der Außenseite der die Fassade durchdringenden Stahlbetonwand führt zu einer Reduktion der linearen Wärmeverluste und zu deutlich höheren Temperaturen im Bauteilinneren sowie an den Bauteiloberflächen. Variante 2 – Innendämmung (→**15**) – und Variante 3 – Austausch (→**16**) – schneiden in der Betrachtung sehr ähnlich ab und führen im Vergleich zum Bestand (→**13**) zwar zu einer leichten Erhöhung der Oberflächentemperatur, gleichzeitig aber auch zu einer leichten Erhöhung der Wärmeverluste über die Wärmebrücke.

19]   Die Berechnung erfolgte mit der Software HTFlux auf Basis der
        ÖNORM EN ISO 10211:2018.

Das zweite betrachtete Detail ist der Anschluss einer Geschoss-decke an eine außenliegende Sichtbetonwand, betrachtet im Längs-schnitt (→**17, 18, 19**). Hier verhält es sich ähnlich wie zuvor: Variante 1 – Außendämmung (→**18**) – schneidet dank des außenliegenden Wärmedämmputzes am besten ab. Die Wärmebrücke wird deutlich entschärft, die Temperaturen innerhalb der Konstruktion deutlich er-höht. Bei Variante 2 – Innendämmung (→**19**) – verhält es sich um-gekehrt: Die Wärmebrücke wird verschärft. Es müssen zusätzliche Dämmstreifen entlang der Decke angebracht werden, damit die Ober-flächentemperatur nicht unter ein kritisches Niveau sinkt. Trotz dieser zusätzlichen Dämmmaßnahmen bleibt der Wärmefluss durch die Wär-mebrücke auf dem Niveau der Bestandssituation (→**17**). Derselbe Auf-bau wie bei Variante 2 – Innendämmung – kommt auch bei der Variante 3a – Kernsanierung – zur Anwendung. Bei der Variante 3 – Austausch – kommt keine zusätzliche Dämmung auf die tragenden Außenwän-de, der Schnitt ist also identisch mit der Bestandssituation (→**17**). Das dritte betrachtete Detail ist der Übergang zwischen Leichtbau-fassade und Dachterrasse, betrachtet im Querschnitt (→**20, 21, 22, 23, 24, 25**). Von diesem Detail gibt es mehr verschiedene Varianten als bei den vorigen Details, weil einige Sanierungsvarianten mit und ohne zusätzliche Dämmung am Dach gerechnet wurden. Die Varian-ten ohne zusätzliche Außendämmung am Dach (→**22, 24**) schneiden besser ab als die Varianten mit zusätzlicher Dämmung (→**21, 23, 25**). Das liegt daran, dass mit zunehmender Dämmstärke an der Dachflä-che mehr Wärme über die Wärmebrücken strömt. Von den Varianten mit zusätzlicher Dämmung schneidet weiterhin die Variante 1 – Au-ßendämmung (→**21**) – am besten ab.

Energieeinsparungspotenzial der Sanierungsvarianten

Das Energieeinsparungspotenzial der betrachteten Sanierungs-varianten wird wieder vereinfacht über die Leitwerte ermittelt. Dabei werden die Transmissionsleitwerte der thermischen Gebäudehülle und der Wärmebrücken sowie die Lüftungsleitwerte aufsummiert und mit den Heizgradstunden des Standortes multipliziert (→**28**). Zu-sätzlich wird das Energieeinsparungspotenzial einer mechanischen Lüftung mit Wärmerückgewinnung als negativer Wert angegeben. Für die Wärmerückgewinnung wurde ein Wirkungsgrad von 75 Prozent und ein Temperaturänderungsgrad von 0,6 angenommen. Das bedeu-tet, dass die Lüftungswärmeverluste um 60 Prozent reduziert werden können als eine eher konservative Annahme. Für eine leichtere Ver-gleichbarkeit werden die Ergebnisse auch als Prozentwerte ausgege-ben. Die blauen Punkte stehen dabei für die Summe der Wärmever-luste im Vergleich zum Bestand bei natürlicher Lüftung, und die violet-ten Punkte stehen für Wärmeverluste im Vergleich zum Bestand bei

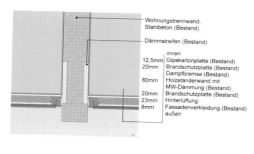
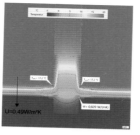

Wohnungstrennwand,
Stahlbeton (Bestand)

Dämmstreifen (Bestand)

innen
12,5mm Gipskartonplatte (Bestand)
20mm Brandschutzplatte (Bestand)
Dampfbremse (Bestand)
80mm Holzständerwand mit
MW-Dämmung (Bestand)
20mm Brandschutzplatte (Bestand)
23mm Hinterlüftung
8mm Fassadenverkleidung (Bestand)
außen

(15) Bestand: Detailschnitt (horizontal) – Bauteilanschluss Leichtbauaußenwand/Wohnungstrennwand, mit Materialansicht (links) und Temperaturprofil (rechts)

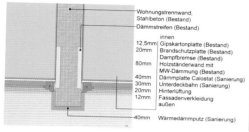
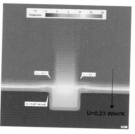

Wohnungstrennwand,
Stahlbeton (Bestand)
Dämmstreifen (Bestand)

innen
12,5mm Gipskartonplatte (Bestand)
20mm Brandschutzplatte (Bestand)
Dampfbremse (Bestand)
80mm Holzständerwand mit
MW-Dämmung (Bestand)
40mm Dämmplatte Calostat (Sanierung)
30mm Unterdeckbahn (Sanierung)
20mm Hinterlüftung
12mm Fassadenverkleidung
außen

40mm Wärmedämmputz (Sanierung)

(16) Sanierungsvariante 1 – Außendämmung: Detailschnitt (horizontal), Bauteilanschluss Leichtbauaußenwand/Wohnungstrennwand, mit Materialansicht (links) und Temperaturprofil (rechts)

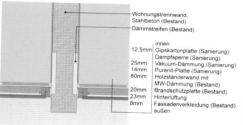
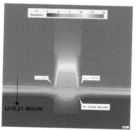

Wohnungstrennwand,
Stahlbeton (Bestand)
Dämmstreifen (Bestand)

innen
12,5mm Gipskartonplatte (Sanierung)
Dampfsperre (Sanierung)
25mm Vakuum-Dämmung (Sanierung)
14mm Purenit-Platte (Sanierung)
80mm Holzständerwand mit
MW-Dämmung (Bestand)
20mm Brandschutzplatte (Bestand)
23mm Hinterlüftung
8mm Fassadenverkleidung (Bestand)
außen

(17) Sanierungsvariante 2 – Innendämmung: Detailschnitt (horizontal), Bauteilanschluss Leichtbauaußenwand/Wohnungstrennwand, mit Materialansicht (links) und Temperaturprofil (rechts)

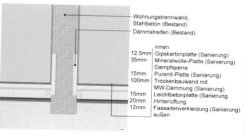
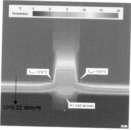

Wohnungstrennwand,
Stahlbeton (Bestand)
Dämmstreifen (Bestand)

innen
12,5mm Gipskartonplatte (Sanierung)
35mm Mineralwolle-Platte (Sanierung)
Dampfsperre
15mm Purenit-Platte (Sanierung)
100mm Trockenbauwand mit
MW-Dämmung (Sanierung)
15mm Leichtbetonplatte (Sanierung)
20mm Hinterlüftung
12mm Fassadenverkleidung (Sanierung)
außen

(18) Sanierungsvariante 3 – Austausch: Detailschnitt (horizontal), Bauteilanschluss Leichtbauaußenwand/Wohnungstrennwand, mit Materialansicht (links) und Temperaturprofil (rechts)

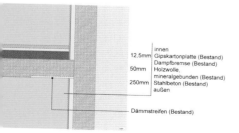
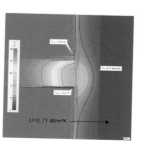

innen
12,5mm Gipskartonplatte (Bestand)
Dampfbremse (Bestand)
50mm Holzwolle,
mineralgebunden (Bestand)
250mm Stahlbeton (Bestand)
außen

Dämmstreifen (Bestand)

(19) Bestand und Variante 3 – Austausch: Detailschnitt (vertikal), Deckenanschluss Außenwand, mit Materialansicht (links) und Temperaturprofil (rechts)

mechanischer Lüftung mit Wärmerückgewinnung. Es bleibt darauf hinzuweisen, dass es sich bei den Ergebnissen nicht um Verbrauchsprognosen handelt, sondern um überschlägige Abschätzungen von Wärmeverlusten. Sie dienen nicht dazu, einen zukünftigen Verbrauch vorherzusagen, sondern dazu, die Sanierungsvarianten untereinander anschaulich vergleichbar zu machen. Für eine umfassende Verbrauchsprognose fehlen noch wichtige Parameter, wie innere Wärmelasten, Nutzungsprofile, solare Gewinne und eingesetzte Gebäudetechnik, die nicht in die Betrachtung miteingeflossen sind.

Aus den Berechnungsergebnissen (→28) lässt sich Folgendes ablesen: Die Variante 3 – Austausch – schneidet mit Abstand am schlechtesten ab. Das liegt an dem relativ kleinen Anteil der Gebäudehülle, der thermisch verbessert wurde. Variante 3a – Kernsanierung – schneidet hingegen am besten ab. Das lässt sich damit erklären, dass die Fenster ausgetauscht werden und somit die Wärmeverluste im Vergleich zu den Varianten 1 und 2, wo nur die Glaspakete ausgetauscht werden, noch einmal deutlich reduziert werden. Trotz der höheren Wärmeverluste über Wärmebrücken schneidet die Variante 2a – Innendämmung + Außendämmung Decken – besser ab als die Variante 1 – Außendämmung. Das liegt daran, dass für die Innendämmung ein äußerst leistungsfähiger Dämmstoff gewählt wurde und die Sichtbetonwände in der Fläche damit deutlich geringere Wärmeverluste haben als bei der Variante 1 – Außendämmung – , bei der Wärmedämmputz eingesetzt wurde. Mit dem Einbau einer mechanischen Lüftung mit Wärmerückgewinnung lassen sich die Wärmeverluste nochmals um etwa 10 Prozent reduzieren.

Zusammenfassung und Diskussion

Die Variante 1 – Außendämmung – ist die bauphysikalisch sicherste Variante. Sie entschärft Wärmebrücken, reduziert die Gefahr von Bauteil- und Oberflächenkondensation und schützt die Baukonstruktion vor schädlichen Witterungseinflüssen. Weiters hat sie den Vorteil, dass Sanierungsarbeiten während des laufenden Betriebs durchgeführt werden können. Aus der Sicht des Denkmalschutzes ist sie jedoch die ungünstigste Variante: Sie verdeckt die für die Siedlung und die Epoche ihrer Entstehung so charakteristische Sichtbetonkonstruktion. Diese Sanierungsvariante kann daher nur dann empfohlen werden, wenn der Erhalt der Sichtbetonoberflächen aus Gründen der Wirtschaftlichkeit oder der Standsicherheit nicht mehr tragbar ist.

Die Variante 2 – Innendämmung – ist die bauphysikalisch ungünstigste Variante. Sie erfordert besondere Sorgfalt durch ausführende Firmen und Nutzer:innen, damit keine Beschädigungen der Dämmpaneele und der Dampfsperre und somit Folgeschäden durch eindringenden Wasserdampf entstehen. Wärmebrücken werden tendenziell

(28) Einsparungspotenzial der Wärmeverluste für alle Sanierungsvarianten

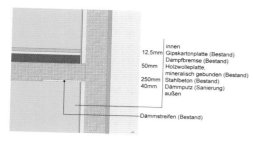
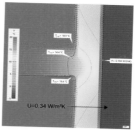

innen
12,5mm Gipskartonplatte (Bestand)
Dampfbremse (Bestand)
50mm Holzwolleplatte,
mineralisch gebunden (Bestand)
250mm Stahlbeton (Bestand)
40mm Dämmputz (Sanierung)
außen

Dämmstreifen (Bestand)

U=0.34 W/m²K

(20) Sanierungsvariante 1: Außendämmung: Detailschnitt (vertikal),
Deckenanschluss Außenwand, mit
Materialansicht (links) und Temperaturprofil (rechts)

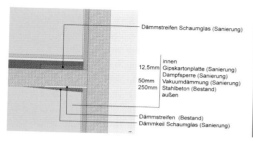
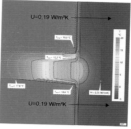

Dämmstreifen Schaumglas (Sanierung)

U=0.19 W/m²K

innen
12,5mm Gipskartonplatte (Sanierung)
Dampfsperre (Sanierung)
50mm Vakuumdämmung (Sanierung)
250mm Stahlbeton (Bestand)
außen

Dämmstreifen (Bestand)
Dämmkeil Schaumglas (Sanierung)

U=0.19 W/m²K

(21) Sanierungsvariante 2 – Innendämmung und Variante 3a – Kernsanierung: Detailschnitt (vertikal),
Deckenanschluss Außenwand, mit
Materialansicht (links) und Temperaturprofil (rechts)

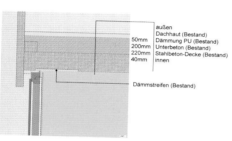
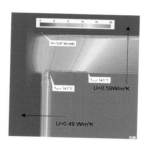

außen
Dachhaut (Bestand)
50mm Dämmung PU (Bestand)
200mm Unterbeton (Bestand)
220mm Stahlbeton-Decke (Bestand)
40mm innen

Dämmstreifen (Bestand)

U=0.59 W/m²K

U=0.49 W/m²K

(22) Bestand: Detailschnitt (vertikal), Attika, mit Materialansicht
(links) und Temperaturprofil
(rechts)

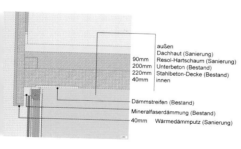
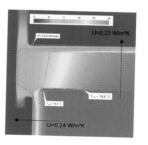

außen
Dachhaut (Sanierung)
90mm Resol-Hartschaum (Sanierung)
200mm Unterbeton (Bestand)
220mm Stahlbeton-Decke (Bestand)
40mm innen

Dämmstreifen (Bestand)
Mineralfaserdämmung (Bestand)
40mm Wärmedämmputz (Sanierung)

U=0.23 W/m²K

U=0.24 W/m²K

(23) Sanierungsvariante 1 – Außendämmung: Detailschnitt (vertikal),
Attika, mit Materialansicht (links)
und Temperaturprofil (rechts)

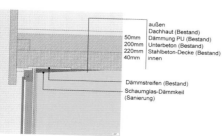

außen
Dachhaut (Bestand)
50mm Dämmung PU (Bestand)
200mm Unterbeton (Bestand)
220mm Stahlbeton-Decke (Bestand)
40mm innen

Dämmstreifen (Bestand)
Schaumglas-Dämmkeil
(Sanierung)

U=0.59W/m²K

U=0.49 W/m²K

(24) Sanierungsvariante 2 – Innendämmung: Detailschnitt (vertikal),
Attika, mit Materialansicht (links)
und Temperaturprofil (rechts)

verstärkt und es sind fallweise Maßnahmen wie Halsdämmungen zu treffen, um kritische Oberflächentemperaturen zu vermeiden. Die Sanierung von innen hat den Vorteil, dass sie individuell in einzelnen Wohnungen durchgeführt werden kann, und kommt damit dem Umstand entgegen, dass es sich bei der Terrassenhaussiedlung ausschließlich um Eigentumswohnungen handelt. Wenn zusätzlich zur Innendämmung auch noch Wärmedämmmaßnahmen an den Außenseiten der Decken und Terrassen vorgenommen werden, so hat sie ein hohes Potenzial zur Energieeinsparung, das das Potenzial der Außendämmung sogar noch übertrifft. Bei dieser Vorgehensweise entfällt aber der Vorteil der individuellen Sanierung. Aus der Sicht des Denkmalschutzes ist sie die ideale Variante, da sie keinerlei Änderung am äußeren Erscheinungsbild zur Folge hat.

Die Variante 3 – Austausch – stellt aus der Sicht des Denkmalschutzes einen Kompromiss dar: Die primäre Sichtbetonstruktur bleibt in ihrer Materialität und Proportion erhalten, die sekundären nichttragenden Konstruktionen werden ausgetauscht. Diese Herangehensweise entspricht dem gestalterischen Konzept des Gebäudes und hätte das Potenzial, den Partizipationsprozess, der in der Fassadengestaltung maßgeblich war, weiterzuführen. Der größte energetische Vorteil dieser Sanierungsmethode ist, dass Fenster samt Stock und Rahmen ausgetauscht und durch thermisch hochwertigere Modelle ersetzt werden können. Diese Maßnahme alleine bringt schon eine Energieeinsparung von 20 Prozent gegenüber dem Bestand. Gleichzeitig ist aber gerade der Fenstertausch aus Sicht des Denkmalschutzes als fragwürdig einzustufen: Die bauzeitlichen Fensterrahmen sind großteils in Mahagoniholz ausgeführt und wurden speziell für die Siedlung angefertigt. Ihr Material ist typisch für die Entstehungszeit und ihre Ausführung charakteristisch für die Siedlung. Ihr Austausch würde daher mit einem Verlust an Authentizität einhergehen. Allerdings gibt es einige Häuser, in denen thermisch wie auch gestalterisch weniger hochwertige Fenster aus Aluminium verbaut wurden. Gerade in diesen Bereichen würde sich ein Fenstertausch beziehungsweise ein Tausch der gesamten Fassadenelemente anbieten. Hierbei wäre allerdings darauf zu achten, dass die neuen Elemente mit dem Bestand gestalterisch im Einklang stehen.

Schlusswort

Unabhängig davon, welcher Sanierungsweg eingeschlagen wird, keiner davon führt an der Eigentümerschaft vorbei. Denkmalschutz und Klimaschutz können nur dann in Einklang gebracht werden, wenn die Eigentümerschaft sich für diese Ziele engagierten. Es sollte ihr daher weiterhin die Möglichkeit gegeben werden, eigene Ideen und Interessen in die Gestaltung der Siedlung einzubringen.

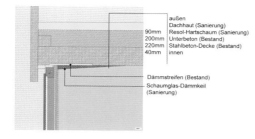
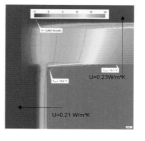

```
          außen
          Dachhaut (Sanierung)
90mm      Resol-Hartschaum (Sanierung)
200mm     Unterbeton (Bestand)
220mm     Stahlbeton-Decke (Bestand)
40mm      innen

          Dämmstreifen (Bestand)
          Schaumglas-Dämmkeil
          (Sanierung)
```

U=0,23W/m²K

U=0,21 W/m²K

(25) Sanierungsvariante 2a – Innendämmung + Außendämmung
Flachdach: Detailschnitt (vertikal),
Attika, mit Materialansicht (links)
und Temperaturprofil (rechts)

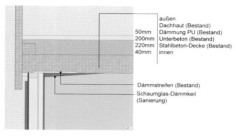
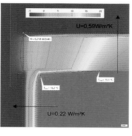

```
          außen
          Dachhaut (Bestand)
50mm      Dämmung PU (Bestand)
200mm     Unterbeton (Bestand)
220mm     Stahlbeton-Decke (Bestand)
40mm      innen

          Dämmstreifen (Bestand)
          Schaumglas-Dämmkeil
          (Sanierung)
```

U=0,59W/m²K

U=0,22 W/m²K

(26) Sanierungsvariante 3 – Austausch: Detailschnitt (vertikal),
Attika, mit Materialansicht (links)
und Temperaturprofil (rechts)

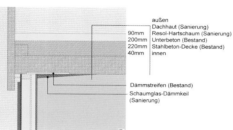
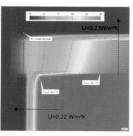

```
          außen
          Dachhaut (Sanierung)
90mm      Resol-Hartschaum (Sanierung)
200mm     Unterbeton (Bestand)
220mm     Stahlbeton-Decke (Bestand)
40mm      innen

          Dämmstreifen (Bestand)
          Schaumglas-Dämmkeil
          (Sanierung)
```

U=0,23W/m²K

U=0,22 W/m²K

(27) Sanierungsvariante 3a – Kernsanierung: Detailschnitt (vertikal),
Attika mit Materialansicht (links)
und Temperaturprofil (rechts)

Die Terrassenhaussiedlung ist nicht nur ein herausragendes Werk spätmoderner Architektur, sondern auch ein außerordentlich ambitioniertes partizipatives Wohnprojekt. Sie wurde nicht als vollendetes Werk geplant, sondern – beeinflusst von der Strömung des Strukturalismus und der Partizipation – als eine Grundstruktur, gestalterisch in Sichtbeton ausformuliert, die von den Nutzer:innen durch Sekundärstrukturen in Leichtbauweise nach ihren eigenen Bedürfnissen angepasst werden konnte. Diese Anpassungsfähigkeit birgt ein Modernisierungspotenzial in sich, das durch den Denkmalschutz nicht vollständig unterbunden werden sollte. Es wäre im Sinne der ursprünglichen Entwurfsgedanken, eine gewisse Adaptivität zu erhalten und eine Mitgestaltungsmöglichkeit der Bewohner:innen weiterhin zu ermöglichen. Allerdings bedeutet dies nicht, dass es deswegen freie Hand für eine Umgestaltung der Fassadenelemente geben sollte. Die partizipative Planung war ein koordinierter Prozess und beruhte auf einem System vorgegebener Fassadenelemente. Jede Weiterführung dieses Prozesses sollte koordiniert geschehen und gestalterisch mit dem Bestand im Einklang stehen.

Bibliografie

Agkathidis, Asterios/Urbano Gutiérrez, Rosa: Sustainable Retrofits. Post-War Residential Towers in Britain, London/New York 2018

Bundesdenkmalamt: Bundesdenkmalamt prüft Terrassenhaussiedlung in Graz (Steiermark) (o. J.), https://www.bda.gv.at/service/aktuelles/bundesdenkmalamt-prueft-terrassenhaussiedlung-in-graz.html (letzter Zugriff: 27.06.2022)

Graf, Franz/Marino, Giulia: Cité du Lignon, a Model Rehab, in: Arquitectura Viva 155 (2013), 80–83

Hecke, Bernd: Die Terrassenhaussiedlung als Grazer Denkmal? „Nicht mit uns!", in: Kleine Zeitung (31.1.2022), https://www.kleinezeitung.at/steiermark/graz/6093119/Jetzt-reden-die-Bewohner_Die-Terrassenhaussiedlung-als-Grazer (letzter Zugriff: 27.06.2022)

Hecke, Bernd: Terrassenhaussiedlung: Bewohner kämpfen gegen den Denkmalschutz, in: Kleine Zeitung (29.1.2022), https://www.kleinezeitung.at/steiermark/graz/6091503/Streit-um-Grazer-Betonsiedlung_Terrassenhaussiedlung_Bewohner (letzter Zugriff: 27.06.2022)

Leiva, Leonid: Erneuerung eines Wahrzeichens. Wohnsiedlung Le Lignon, Genf, in: Espazium 1 (2018), 20–23, https://espazium.s3.eu-central-1.amazonaws.com/files/migration/documents/5bf7a9347396d.pdf (letzter Zugriff: 16.06.2022)

Madlener, Thomas: Nordenglische Wohnmaschine: Siedlung Park Hill in Sheffield (2013), https://www.detail.de/de/de_de/artikel/nordenglische-wohnmaschine-siedlung-park-hill-in-sheffield-8698/ (letzter Zugriff: 16.06.2022)

Panic, E. u. a.: Erste Altbausanierung auf Passivhausstandard mit VIPs. Sanierung eines 150 Jahre alten Bauernhauses auf Passivhausstandard nach PHPP unter Einsatz von Vakuumdämmung, in: Berichte aus Energie- und Umweltforschung 32 (2009), https://nachhaltigwirtschaften.at/de/hdz/projekte/erste-altbausanierung-auf-passivhausstandard-mit-vakuum-isolations-paneelen-vips.php (letzter Zugriff: 18.06.2022)

Pfeiler, Werner: Bauphysikalische Beurteilung und Dimensionierung des Bausystems und der Bauteile. Untersucht am Demonstrativbauvorhaben Graz – St. Peter, Wien 1975

Weber, Willi/Haefeli, Peter: Renovation of historic, protected buildings in Geneva (2009), https://www.osti.gov/etdeweb/biblio/22131986 (letzter Zugriff: 16.06.2022)

Zitierte Normen und Regelwerke

OIB-Richtlinie 6: Energieeinsparung und Wärmeschutz, März 2015, https://www.oib.or.at/de/oib-richtlinien/richtlinien/2015/oib-richtlinie-6 (letzter Zugriff: 13.07.2022)

OIB-Richtlinie 6: Energieeinsparung und Wärmeschutz, April 2019, https://www.oib.or.at/de/oib-richtlinien/richtlinien/2019/oib-richtlinie-6 (letzter Zugriff: 13.07.2022)

ÖNORM B 8110-6-1: Wärmeschutz im Hochbau – Teil 6–1: Grundlagen und Nachweisverfahren – Heizwärmebedarf und Kühlbedarf, Ausgabedatum: 15.01.2019

ÖNORM EN ISO 10211: Wärmebrücken im Hochbau – Wärmeströme und Oberflächentemperaturen – Detaillierte Berechnungen (ISO 10211:2017), Ausgabedatum: 01.02.2018

Abbildungsnachweis

Eberl, Alexander: 2, 3, 4, 5, 6, 12, 13, 14, 15, 16, 17, 18, 19, 20, 21, 22, 23, 24, 25, 26
Kuschel, Walter: 1
Parnell, Tom (flickr.com): 11
Vellut, Guilhem (flickr.com): 10
Weber, Willi/Haefeli, Peter: 7, 8, 9

Bildlizenzen

Tom Parnell, flickr.com (2013): Park Hill, https://www.flickr.com/photos/it-mpa/14132553440/in/photostream/ (letzter Zugriff: 16.06.2022). Lizensiert unter CC BY-SA 2.0, https://creativecommons.org/licenses/by-sa/2.0/ (letzter Zugriff: 16.06.2022)
Guilhem Vellut, flickr.com (2020): Le Lignon @ Vernier @ Geneva, https://www.flickr.com/photos/o_0/50383265242/ (letzter Zugriff: 16.06.2022). Lizensiert unter CC BY 2.0, https://creativecommons.org/licenses/by/2.0/ (letzter Zugriff: 16.06.2022)

II.
DIE TERRASSENHAUSSIEDLUNG
IN PLAN UND BILD

ORIGINALSKIZZEN UND -PLÄNE

(1) Hermann Pichler (Werkgruppe
Graz), Terrassenhaussiedlung,
Fassadenskizze, 1965

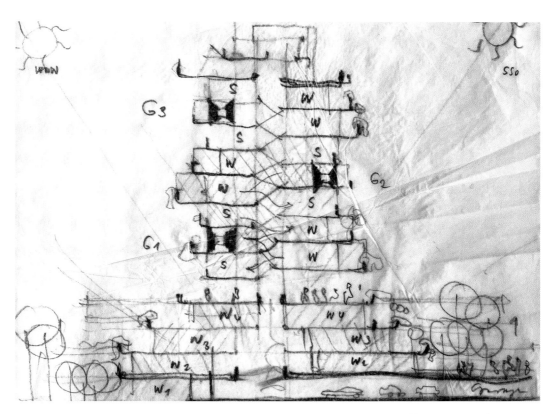

(2) Hermann Pichler (Werkgruppe Graz), Terrassenhaussiedlung, Schnittskizze, 1965

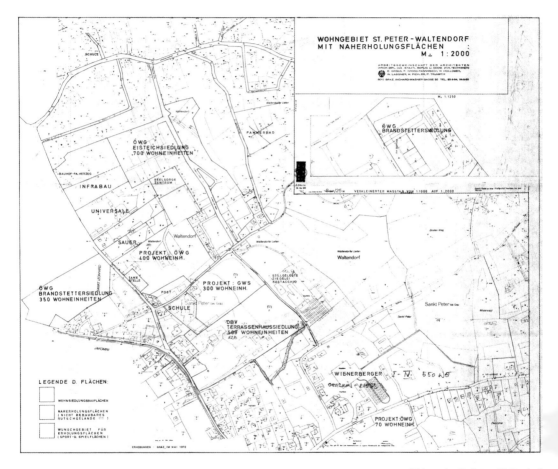

(3) Lageplan St. Peter – Waltendorf
1972

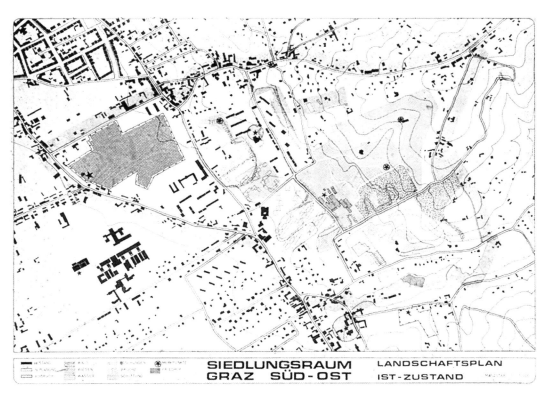

SIEDLUNGSRAUM
GRAZ SÜD-OST

LANDSCHAFTSPLAN
IST-ZUSTAND

(4) Siedlungsraum Graz Süd-Ost,
Landschaftsplan, 1972

(5) Werkgruppe Graz, Terrassenhaussiedlung, Lageplan, 1978

(6) Werkgruppe Graz, Terrassenhaussiedlung, Teilansicht Perspektive, 1978

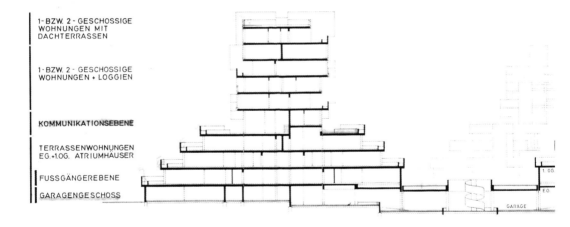

1- BZW. 2 - GESCHOSSIGE
WOHNUNGEN MIT
DACHTERRASSEN

1- BZW. 2 - GESCHOSSIGE
WOHNUNGEN + LOGGIEN

KOMMUNIKATIONSEBENE

TERRASSENWOHNUNGEN
EG.+1.OG. ATRIUMHAUSER

FUSSGÄNGEREBENE

GARAGENGESCHOSS

1. OG.

E.G.

GARAGE

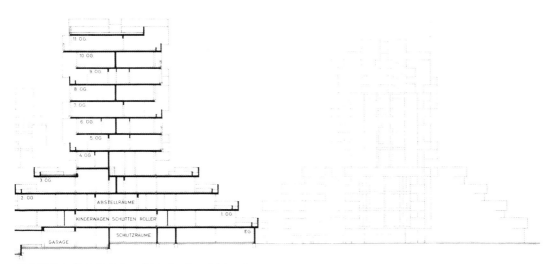

TERRASSENHAUSSIEDLUNG
GRAZ ST.PETERHAUPTSTRASSE

(7) Werkgruppe Graz, Terrassenhaussiedlung, Schema-Schnitt,
1970

(8) Werkgruppe Graz, Terrassenhaussiedlung, Längsschnitt, 1970

GRUNDRISSTYPEN DER TERRASSENHAUSSIEDLUNG
Auswahl

Typ A

Typ C

Typ M

Typ O

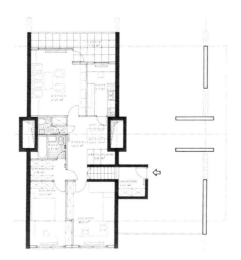

Typ P

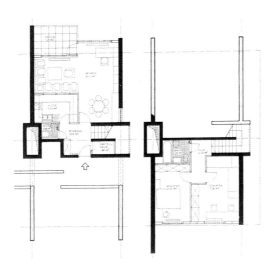

Typ R

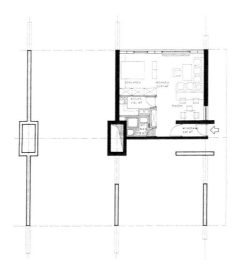

MITARBEITER:INNEN BEI DER WERKGRUPPE GRAZ
FÜR DIE PLANUNG DER TERRASSENHAUSSIEDLUNG

Baumann, Ingrid
Gastgeber, Fridolin, Bauleitung
Gerhold, Micheline
Haas, Erika
Hammer, Alfred
Harb, N.
Hashemizadeh, Maria
Hazmuka, Herbert
Hecher, Monika
Kirnbauer, Irmgard
Kogelnik, Irmengard
Kothgasser, Manfred
Kuschel, Walter, Baustellenkoordinator
Laimer, Wilhelm
Lorber, Karl
Matel, Erika
Opl, Rainer
Perst, Rüdiger
Pronegg, Thea
Rabl, N.
Rieker, Ottilie
Sraib, Helmut
Stadler, Karl Heinz
Thumann, Wolfgang
Wirnsberger, Gernot
Wogrolly, Waltraud

Werkgruppe Graz

BAUBESCHREIBUNG VON 1975

(1) QR-Code zum Hören des Textes

Arbeitsgemeinschaft der Architekten
Dipl. Ing. Eugen Gross
Dipl. Ing. Dr. techn. Friedrich Groß-Rannsbach
o. Prof. Dipl. Ing. Werner Hollomey
a.o. Prof. Dipl. Ing. Walter Laggner
Dipl. Ing. Hermann Pichler
Dipl. Ing. Peter Trummer
Graz, Richard-Wagner-Gasse 20

Demonstrativbauvorhaben
Terrassenhaussiedlung
Graz – St. Peter

Der grundlegende Planungsgedanke bedient sich einer dreifachen Interpretation des Raumes, der durch das Maß der städtebaulichen Bedeutung und urbanen Verdichtung eine betont gesellschaftliche Dimension erhält – als Innenraum, als Umraum und als Zeitraum. Die sorgfältige Analyse und gestalterische Entwicklung dieser Aspekte haben beim vorliegenden Demonstrativbauvorhaben über das bauliche hinaus ein organisatorisches Programm verlangt, das, wie wir hoffen, die räumliche Entwurfsidee durch wissenschaftliche Beobachtung und persönliche Wohnerwartungen der Beteiligten nicht zu beschränken, sondern anzureichern vermag.

1 Entwurfskonzept

Voranzustellen ist der Wunsch des Stadtbewohners nach Identität auch mit seinem, vom ländlichen doch verschiedenen Lebensraum. Kaum mehr durchschaubare Funktionsvielfalt der Stadt, überwiegende Trennung von Wohnung und Arbeitsplatz, zeitraubender Kommunikationsbedarf und gleichzeitige biologische Belastung des Menschen sowie mehr und mehr phasenverschobene Arbeitsrhythmen kennzeichnen jene urbane Daseinsform, für die im Wohnen ein Gegengewicht gesucht wird.

Nicht nur deshalb, weil wir uns die Hälfte unseres Lebens im Wohn –
bereich aufhalten, sondern weil Wohnen selbst ein vielfältiger, aus ak-
tivem und passivem Tun zusammengesetzter Vorgang ist, der vielen
Neigungen entgegenkommen und doch einem tieferen Bedürfnis nach
Ganzheit zu entsprechen hat. Sollte daher verdichtetes urbanes Wohnen nicht in hohem Maße gerade die natürlichen Elemente einbeziehen,
die insbesondere den Kindern im städtischen Raum schon weitestge –
hend vorenthalten werden ..... ?

Aus diesen Überlegungen reicht für uns der Innenraum über die
"eigenen 4 Wände" hinaus. Sicher ist die, persönliches Leben, Schutz
und Intimität vermittelnde Wohnung jener Beziehungsraum, an den die
höchsten Ansprüche hinsichtlich der Vielfalt gestellt werden. Mit ihm
werden im Idealfall Lebensform, Familiengröße und individuelles Ge-
staltungsvermögen übereingestimmt. Im Demonstrativbauvorhaben besteht ein Angebot von 24 verschiedenen Wohnungstypen, die unterschiedlich groß, ein- oder zweigeschoßig, als Garten, Terrassen- oder Ge-
schoßwohnung einen breiten Fächer von Wohnvorstellungen realisie –
ren, die im Innenbereich weiter differenziert werden können. Diese
Typen werden in ihrem Wohnwert weitestgehend davon bestimmt, wie
sie den Innenbereich nach außen öffnen und damit erweitern. Auf diese
Weise geschieht eine Umstülpung des Innenraumes in den Außenraum,
die sich in vorteilhaft möblierbaren Terrassen und Loggien, Bepflan –
zung und variabler Raumöffnung, versetzten Geschoßen zur Erreichung
optimaler Belichtungsverhältnisse und Zuordnung zu gemeinschaftlich
nutzbaren Bereichen in- und außerhalb des Gebäudes ausdrückt.

Die Hauptfunktion als Verteilerebene übernimmt das Garagendeck,
das mit Hilfe von Rampen erreichbar ist und sich über offene Treppentürme in einem inneren Kommunikationsweg über dem vierten Geschoß
fortsetzt. In den Kopfbauten der Blöcke werden Räume für Kinderspiel,
alte Leute, Technik, Verwaltung und gegebenenfalls noch anfallenden

Bedarf bereitgestellt. Das Garagengeschoß nimmt 550 PKW Abstell-
plätze bei insgesamt 509 Wohnungen auf, dient als Zufahrt zu einem
mittig gelegenen Einkaufszentrum und erschließt direkt alle vertikalen Verkehrssstränge. Die Fixpunkte mit jeweils zwei Aufzügen, Treppe, Müllabwurf und Installation werden schalltechnisch günstig freigestellt und bieten, da sie unverglast bleiben, optimale feuerschutz-
technische Bedingungen. Das zweigeschoßig geplante E i n k a u f s -
z e n t r u m wird mehrere kleine Geschäftseinheiten enthalten, die um
ein Restaurant, ein Hotel und einige Büros erweitert werden. Das
Fußgängerdeck wird bepflanzt und durch Ruhe- und Spielzonen ge -
gliedert.

Wie es der Wohnkomplex als Ganzes darstellt, scheint es uns notwendig und sinnvoll, vom charakteristischen Raum einer s t ä d t i s c h e n
W o h n g e m e i n s c h a f t zu reden, als welche sich diese darin erkennen soll. Nicht nur der Einzelmensch, auch gesellschaftliche Grup -
pen haben das ursprüngliche Bedürfnis nach Selbstdarstellung, worin
eine Herausforderung zu einer neuen architektonischen Gesinnung im
Wohnbau erkannt werden muß. Insofern ist das Demonstrativbauvor -
haben notwendige Alternative und Experiment, an dem zu überprüfen
ist, ob mit begrenzten finanziellen Mitteln neue Ansprüche eines von
allen Beteiligten geforderten höheren Wohnwertes erfüllt werden können.

2   Umraum
Die Realisierung des Planungskonzeptes bedarf einer Einordnung in
den n ä h e r e n u n d w e i t e r e n Umraum, die Wohnumgebung und
die Stadt. Die natürliche Situation des Grazer Beckens, das durch um-
schließende Hügel und die Öffnung nach Süden gekennzeichnet ist,
weist der städtebaulichen Entwicklungsachse nach S ü d o s t eine besondere Bedeutung zu. Nicht von ungefähr sind daher in diesem Be -
reich in den letzten 20 Jahren zahlreiche Wohnhäuser errichtet worden (Eisteichsiedlung, Brandstättersiedlung), die eine Umstrukturie -

rung von einem, ehemals dem Lehmabbau und der Ziegelindustrie gewidmeten Gebiet zu einem reinen Wohngebiet einleiteten. Freilich ist
diese Entwicklung noch nicht abgeschlossen, findet im Demonstrativbauvorhaben jedoch einen markanten Schwerpunkt. Nicht zuletzt hat
die gute Erreichbarkeit vom Stadtzentrum in 10 – 15 Min. mit öffentlichem Verkehrsmittel sowie die Anbindung an die östliche Verteiler-
linie des Individualverkehrs in der St. Peter Hauptstraße mit Fort -
setzung im Autobahnzubringer Ost die Attraktivität des Bereiches gehoben.

Der Umwandlungsprozeß von einem heute noch teilweise industriell
genutzten Gebiet in ein Wohngebiet, der mit dem Auslaufen der
Lehmgruben Hand in Hand geht, stellt zugleich die besondere Problematik des näheren Umraumes dar. Starke Verdichtungsräume auf der
einen Seite und brachliegende Bereiche auf der anderen Seite offenba-
ren ein Bild großer Gegensätzlichkeit, das baulich wie landschaftlich
nur durch ein übergreifendes Planungsziel aufgelöst werden kann.

Auf Auftrag des Stadtplanungsamtes der Stadt Graz wurde daher im
Jahre 1974 von unserem Büro eine Entwicklungsplanung des
Siedlungsraumes Südost durchgeführt, die nach Abstimmung mit der
beteiligten Bevölkerung zur Realisierung des Flächennutzungsplanes
der Stadt Graz, der im Jahre 1975 beschlossen wurde, dienen soll.
Als vorrangiges Ziel der Entwicklungsplanung kann die Vorsorge für
ausreichende kommunale Einrichtungen des neuen Siedlungsschwer -
punktes Südost gelten, der im Jahr einen Zuwachs von 1.000 Menschen
aufweist. Die Errichtung einer neuen Schule mit Unter- und Mittelstu-
fe, eines Sport- und Freizeitzentrums sowie die Sicherstellung größe-
rer Frei- und Grünräume mit verbesserter Durchgängigkeit des Wohn-
bereiches zeichnen sich als jene Aufgaben ab, die nur durch Verände -
rung der bisher allzu einschränkend wirkenden Eigentumsverhältnisse
gelöst werden können. Unter ökologischem Aspekt weist der Raum die

Besonderheit besonders starker oberflächlicher Wasserführung auf, die in Teichen einen landschaftlich vorteilhaften Ausgleich mit ho - hem Erholungswert finden könnten.

Schließlich findet die k l i m a t i s c h e Situation des Grazer Bek - kens in jenen den Hügelrändern zulaufenden Terrassen die günstig - ste Voraussetzung für Wohnbebauung, die im Terrassenhausprojekt St. Peter mit baulichen Mitteln angestrebt wurde.

Die B e s o n n u n g s s i t u a t i o n hängt unmittelbar mit der Projekt- gestaltung und Situierung zusammen und läßt sich hinsichtlich zweier Aspekte beantworten :

a)   die Wohnungen betreffend :

Bewußt wird eine Ungleichwertigkeit der Besonnungsdauer ak - zeptiert, da - den Lebens- und Arbeitsrhythmen angepaßt - eine qualitativ verschiedene Gewichtung der Besonnungszeit ge- rechtfertigt ist. Während die SO - Seite der Vormittagsnutzung vorbehalten ist, bietet die NW - Seite für die Nachmittagsnut - zung (im Gefolge der Freizeitvermehrung und gleitenden Ar - beitszeit) sowie die Aussicht auf die Stadt Vorteile. In jedem Fall ist auch für die NW - Seite, die von Frühjahr bis Herbst 4 - 7 Stunden Besonnungszeit aufweist, am 21. 12. noch eine er- forderliche Besonnungsdauer von 1 Stunde (real 1 h 40 Min), si- chergestellt.

Hinzuzufügen ist, daß alle Mehrraumwohnungen über den Terras - sengeschoßen zweiseitig (SO - NW) belichtet und damit besonnt sind (bei wechselseitiger Anlage des Wohnraumes), während die Terrassenwohnungen durch ihre Gliederung dreiseitige Belich - tungsmöglichkeiten erhalten. In jedem Fall ist dadurch der Wohn- bereich bei allen Terrassenhäusern einseitig gegen SW orientiert.

b)   die Bauform betreffend :

Die gewählte kombinierte Bauform von Hügelhaus und Geschoß –
bau beruht auf der Überlegung, eine Gleichwertigkeit der Wohnsituation in verschiedenen Höhenlagen mit architektonischen Mitteln anzunähern. Das heißt, daß den vertikal differenzierten Ge-
schoßwohnungen (Maisonetten) horizontal differenzierte Terrassenwohnungen vorgelagert werden. Damit ist eine höhere Aktivi-
rung der Freiräume, die auch windgeschützter sind, im unteren
Teil möglich. Die Einsichtmöglichkeiten wurden vom urbanen
Konzept her sekundär bewertet, können aber individuell durch
Sonnendächer, Stellwände und Anpflanzungen eingeschränkt
werden.

Die Vorstellung einer hohen Kommunikation mit ihren charakte –
ristischen Lebensformen ist schließlich eine Wohnform, die im
Süden Europas geschätzt, bei uns aber eher noch erlernt wer –
den muß. Diesem Konzept dient auch der vorliegende Entwurf,
der versucht, sowohl der Individual- als auch der Gemeinschafts-
zone besonderen und charakteristischen Ausdruck zu verleihen.

Der Entwicklung des Wohnbaukonzeptes St. Peter ging eine Reihe
theoretischer und praktischer Arbeiten unserer Arbeitsgemein –
schaft im Wohnbau voraus, die urbane Wohnform zu definieren
versuchten.

Innsbruck/Völs
Wettbewerb 1962/63

Atriumhaussiedlung Graz
"Römersiedlung"
Projekt 1965, Ausf.ab 1970

3   Anpassung und Partizipation

Bei der Realisation eines Wohnbauvorhabens vorliegender Größe fällt der
Z e i t eine besondere Funktion zu, da neben dem Wandel äußerer Bedingungen (Wohnbauförderung 68, Neue Bauordnung, angrenzende Bebauung) vor allem innere Bedingungen erkenntnistheoretischer, sozio-
logischer und bauorganisatorischer Art in das Planungskonzept inte -
griert werden müssen.

3,1   In baulich organisatorischer Hinsicht wurde eine Realisa -
tion in Bauetappen zwingend, die im Einklang mit den Fi-
nanzierungstranchen und der verfügbaren Baukapazität steht.
Zur Überprüfung des jeweiligen Bauzustandes und Baufort-
schrittes wurde eine P r o j e k t k o n t r o l l e mit Hilfe von
Netzplantechnik installiert, die in weiterer Stufe zur EDV -
Abrechnung auszubauen ist. Grundlegende Voraussetzung dafür bietet die Erstellung sämtlicher Ausschreibungen durch
die Architekten in einer in Code und Leistungsbeschreibung
der weiteren Bearbeitung angepaßten Form, womit zu jeder
Zeit Preisausdrucke und Preisvergleiche möglich werden.
Die Überprüfung der laufend erbrachten Leistungen durch die
Bauleitung hat mit Hilfe eigens erstellter Formblätter zu er-
folgen (Rechnungsausdruck, SOLL-IST-Vergleich).

Von der Bauabwicklung her ist bemerkenswert, daß eine
E r s c h l i e ß u n g s p h a s e für die Gesamtanlage der etappen-
weisen Hochbauphase vorangegangen ist, um die erforderlichen Tiefbauarbeiten rationell und zügig mit geringstmögli -
cher Umweltbelastung durchzuführen. In einem Teil des Bau-
areals wurde eine Tiefgründung mit Pfählen erforderlich,
da der Bereich ehemals nach Auslaufen der Lehmgewinnung
als Sturzplatz der Stadt Graz gedient hat. Das konstruktive
Konzept wurde durch diese bautechnischen Bedingungen auch
dahingehend beeinflußt, daß auf die Unterbringung von Kel -
lern verzichtet wurde und der erforderliche technische Raum-

bedarf innerhalb des terrassierten Teiles Platz gefunden
hat, womit die gewählte Bauform auch ihre spezifische konstruktive Begründung erfährt.

Die etappenweise Durchführung der Hochbauphase bedient
sich eines konstruktiven Verfahrens mit tragenden Ortbetonscheiben im Achsmaß von 7 m und querversteifenden massiven Stahlbetondecken von 22 cm Stärke, während die variablen Fassadenabschlüsse aus kombinierten, innenisolierten
Holz-Eternit-Gipskartonbauelementen gebildet werden. Auf
die Anforderungen des Brandschutzes wurde daher ebenso wie
auf die Aufnahme von Bautoleranzen besonders Bedacht genommen (Fassadenwinkel, gelenkige Anbindung von Fassadenelementen und Zwischenwänden). Auf Fertigteile wurde bei Bauteilen großer Stückzahlen zurückgegriffen (Blumentröge,
Laufplatten). Die vertikale Installationsverteilung erfolgt in
besteigbaren Installationsschächten, die jeweils zwischen zwei
Wohnungen angeordnet sind und eine wohnungsunabhängige War-
tung erlauben. Zugleich gestatten die Schächte eine variable
Anbindung der Sanitäreinheiten. Die Isolierung sämtlicher
Flachdachflächen erfolgt nach einem neuartigen Verfahren
mit verschweißten Bitumen-Kunststoffbahnen. Zur Vermeidung
von Setzrissen wurden die verschieden hohen Bauteile gelen-
kig miteinander verbunden, wobei den Treppenhäusern die vermittelnde Funktion zufällt.

3,2 Eine weitere sehr wesentliche Bestimmung des Baukonzeptes
erfolgte durch den Wunsch, die Wohnungseigentümer in die
Gestaltung ihres Lebensbereiches einzubeziehen (Partizipation). Diese Möglichkeit, die individuellen Wohnwünsche zu erfüllen und damit das Identitätsbedürfnis zu unterstützen, erfolgt auf 3 Stufen :

1. Stufe   Angebot einer Vielzahl von der jeweiligen Familiengröße angepaßten Wohnungstypen, die innerhalb der gewählten
Bauform zur Wahl stehen (Terrassierung, Stapelung, Ge -
schoßversetzung, Maisonetten).

2. Stufe   Veränderung der Außenabschlüsse mit Hilfe von Bau -
elementen, die nach Beratung mit den Architekten angeord -
net werden und unterschiedliche Öffnungen der Wohnungen
zum Außenraum erlauben (Fensterstellung, Türen, verän -
derliche Loggiengröße). Damit kann eine Anpassung an
räumliche Organisations- und Möblierungswünsche erfolgen.

3. Stufe   Freie Stellung der Zwischenwände innerhalb des konstruktiv vorgegebenen Scheibensystems, wobei allein die
Installationsschächte als Fixpunkte dienen. Dieses Maß einer
auch später gegebenen Flexibilität wird durch Gipskarton-
wände, gelenkige Deckenanschlüsse und Bodenverteilung der
wohnungsinternen Installationen erreicht.

Die planerischen Möglichkeiten wurden durch eine exakte
Trennung von Rohbau- und Ausbauplanung ausgeschöpft, wo-
bei die laufende Beratung der Wohnungseigentümer durch die
Architekten durch bestimmte "Entscheidungszeitpunkte"
(Redaktionsschluß für Änderungen) strukturiert wird.

3,3   Ein dritter Aspekt zeitlicher Durchdringung des Gestaltungs-
komplexes tritt durch die Erklärung der Terrassenhaussied -
lung zum Demonstrativbauvorhaben des Bundes -
ministeriums für Bauten und Technik auf. Er besteht in der
Frage, welche Erkenntnisse durch ein "kontrolliertes Experiment" wie das vorliegende für den Wohnbau gewonnen werden können. Die Einsetzung einer begleitenden Forschungs -
gruppe richtet sich nach 3 Problemstellungen :

a) die Darstellung der Wohnerwartungen der zukünftigen Bewohner in Beziehung zu dem durch die Planung
gegebenen Baukonzept. Die Aussagen dazu haben eine
soziologische, wohnbaupsychologische und wohnhygieni-
sche Komponente. Ergänzt wird dieser Part durch die
Anwendung objektiver Maßstäbe des Wohnwertvergleiches
unter Beachtung der verschiedenen Wohnungstypen. Die
entsprechenden Forschungsberichte liegen bereits vor.

b) die Möglichkeit, bauphysikalische, wirtschaftliche und
gartengestalterische Aspekte in die Planung und Ausführung einfließen zu lassen, um Wohnwertverbesse-
rungen durch Überprüfung und Veränderung vorhande-
ner Normen zu fordern. Durch enge Zusammenarbeit
zwischen Architekten und der Forschungsgruppe konnten
z. B. die Ausführung der Fassadenelemente, der Fenster,
der Wärme- und Schallisolierungen u. a. erhöhten Qualitätsmaßstäben angepaßt werden.

c) die Kontrolle der in das Demonstrativbauvorhaben gesetzten Erwartungen aller Beteiligten, um daraus Schlüsse
für die weitere Wohnbauentwicklung zu ziehen. In einem
ausführlichen Endbericht sollen die Ergebnisse zusammengefaßt und publiziert werden. Insbesonders wird eine Antwort auf die Frage erwartet, welche Randbedingungen politischer Art verändert werden müssen (Raumplanung,
Grundstückspolitik, Förderung, Normensetzung), um ein
städtisches Wohnen unter höheren Qualitätsmaßstäben zu
gewährleisten.

Graz, im Mai 1975

**Wohnen im Terrassenhaus:
Ausblick
in eine heile Wohnwelt?**

*Die Rohbaustruktur läßt den Geschoßaufbau der Wohnhausanlage deutlich sichtbar werden:
Den Erdgeschoßwohnungen sind große Gartenhöfe beigeordnet,
Terrassenwohnungen werden im ersten bis zum vierten Obergeschoß gebaut.*

Wer einsam ist, ist unzufrieden

Wenn man mehr Freunde in seiner Nähe hat, ist die Bindung zum eigenen Wohnviertel stärker. Wer unzufrieden ist, findet aber offensichtlich auch weniger Freunde in seiner Gegend. Im übrigen haben junge und sehr alte Menschen die wenigsten Gesprächspartner im Umkreis ihrer Wohnung. Wieder taucht hier das Problem der Vereinsamung der Alten auf. Sie erfahren noch weniger Neuigkeiten aus ihrem Bezirk als die Angehörigen anderer Altersgruppen.

Auch die Untersuchung der "Faktoren" — wie Schlaflosigkeit, Nervosität, Vergeßlichkeit und Kritikempfindlichkeit — brachte das Ergebnis, daß, vereinfachend zusammengefaßt, Wohlbefinden im Zusammenhang mit der Zufriedenheit gesehen werden muß. Unzufriedene haben häufiger belebte Straßen und Fabriksgelände vor dem Fenster beziehungsweise viel weniger oft als Zufriedene Aussicht auf Grünanlagen oder Gärten.

Die Einschätzung des eigenen Wohnviertels hat aber auch noch darüber hinausgehende Folgen. Wie etwa die, daß Zufriedenheit zu einer positiveren Einstellung „zu Wien" führt. Unzufriedene hingegen beurteilen die objektiven Nachteile Wiens viel schärfer, obwohl im allgemeinen die Klischees von Wien in den Vordergrund gerückt werden. Traditionsverbunden und gemütlich sei Wien und nicht verschlafen und verzopft — das findet die überwiegende Mehrheit. Hier tritt, unbeschadet der Kritik, der Selbstverteidigungseffekt ein. Allerdings werden die „positiven" Kriterien von den Zufriedenen verstärkt, die „negativen" von den Unzufriedenen vermehrt hervorgehoben. Wer seiner Meinung nach schlecht wohnt, ist auch seiner Heimatstadt gegenüber kritischer eingestellt.

**Die Qualität der Wohnu[ng]
hängt von der
Qualität der Umwelt ab[.]**

*Darüber sind Normalwohnungen und zweigeschossige Wohnungen angeordne[t].
Die Freiräume zu diesen Wohnungen bilden
Loggien beziehungsweise auf den Dächern situierte Terrassen.*

wohnbau 4/78

Graz-St. Peter: DER EINMALIGE DEMONSTRATIVBAU

Die zwei Wohnblocks der ersten Baustufe des Terrassenhauses Graz-St. Peter wurden 1975 fertiggestellt. Aussagen von Bewohnern beruhen daher auf gesicherten Erfahrungen. Mehr als in anderen Demonstrativbauten kommt es in St. Peter zur fundierten Auseinandersetzung mit den Problemen des Wohnens – differenzierte Bewertungen und klare Stellungnahmen sind die Folge.

WOHN-WÜNSCHE IN DER RETRO-SPEKTIVE

Seit 1972 wird im Grazer Stadt-
teil St. Peter an einer Wohnhausanlage gebaut, die in verschiedener Hinsicht neue
Dimensionen eröffnet. Über
einer Großgarage türmen sich

abgestufte Häuser bis zu
14 Stockwerken auf; bis zum
vierten Stock sind die Häuser
um Terrassen erweitert. Hoher
Wohnwert, flexible Grundrisse,
partizipative Planung und

DIE TERRASSEN

Förderung der Kommunikation
sind nur einige jener gängigen
Schlagworte, welche die Planer
für ihre Terrassenhaussiedlung
anführen. Sie stehen nun auf
dem Prüfstand der Realität.

VON ST. PETER

Die Terrassenhaus-Siedlung heute:
Pflanzen wuchern auf Terrassen,
Balkonen und Dächern – Grün verdrängt
das Grau von Sichtbeton und Eternit.

Mitbestimmung ist wichtig – informiert sein noch wichtiger

Es gibt nur wenige andere Wohnhausanlagen dieser Größenordnung in Österreich, bei denen eine ebenso ausgereifte Konzeption realisiert wurde. Bei keinem anderen Wohnhaus wurde ein vergleichbarer wissenschaftlicher Aufwand investiert. Und dennoch hat die Terrassenhaus-Siedlung St. Peter bei Medien und Politikern in Graz ein schlechtes Image, weil der finanzielle Aufwand offenbar jahrelang unerforschlich blieb. Über die steirischen Grenzen hinaus ist der Demonstrativbau selbst in Fachkreisen wenig bekannt. Mit anderen heftig kritisierten Großwohnanlagen hat das Terrassenhaus jedoch eines gemeinsam: die Bewohner sind außergewöhnlich zufrieden. ▶

(1) Werkgruppe Graz, Terrassenhaussiedlung im Bau, ca. 1974

(2) Werkgruppe Graz, Terrassenhaussiedlung im Bau, ca. 1974

(3) Werkgruppe Graz, Terrassenhaussiedlung im Bau, ca. 1974

(4) Werkgruppe Graz, Terrassenhaussiedlung im Bau, ca. 1974

(5) Werkgruppe Graz, Terrassenhaussiedlung im Bau, ca. 1974

(6) Baustellenkoordinator Walter
Kuschel und Bauleiter Fridolin
Gastgeber im Hof der Terrassen-
haussiedlung, ca. 1979

(7) Werkgruppe Graz, Terrassenhaussiedlung, nach Fertigstellung
des 1. Bauabschnitts, im Hof, 1976

(8) Werkgruppe Graz, Terrassenhaussiedlung, nach Fertigstellung
des 1. Bauabschnitts, Zugang von
St.-Peter-Hauptstraße, 1976

(9) Werkgruppe Graz, Terrassenhaussiedlung, Detail Freibereich
am Haus 31, ca. 1980

(10) Werkgruppe Graz, Terrassenhaussiedlung, Detail Wohnungsterrassen, ca. 1980

(11) Fest im Hof der Terrassenhaussiedlung, zwischen 1978 und 1982

(12) Fest im Hof der Terrassenhaussiedlung, zwischen 1978 und 1982

(13) Werkgruppe Graz, Terrassenhaussiedlung, Blick Richtung
Westen, Foto Alexander Krischner,
2018

(14) Werkgruppe Graz, Terrassenhaussiedlung, Blick Richtung
Osten, Foto Andrea Singer, 2018

(15) Werkgruppe Graz, Terrassenhaussiedlung, Blick auf Haus 35,
Foto Alexander Krischner, 2018

(16) Werkgruppe Graz, Terrassenhaussiedlung, Zentrum Haus 33,
Foto Andrea Singer, 2018

(17) Werkgruppe Graz, Terrassenhaussiedlung, Hoffest, Foto
Alexander Krischner, 2015

(18) Werkgruppe Graz, Terrassenhaussiedlung, Detail Fassadenabschnitt, Foto Alexander Krischner, 2015

III.
DIE TERRASSENHAUSSIEDLUNG IM KÜNSTLERISCH-MEDIALEN KONTEXT

Marko Lulić

DER STOFF, AUS DEM TRÄUME SIND

Im Dialog mit den Bewohner:innen der Terrassenhaussiedlung in Graz-St. Peter entwickelte Marko Lulić seine Arbeit *Der Stoff, aus dem Träume sind* im Rahmen des Projektes *Schönes Wohnen*.

„Wohn(t)räume" ist ein beliebtes Schlagwort in der Vermarktung von Immobilien. Die Vorstellungen davon sind sehr unterschiedlich. „Wohninsel, Wohnoase" – diese beiden Begriffe werden im Zusammenhang mit der in den 1970er Jahren in Graz-St. Peter errichteten Terrassenhaussiedlung immer wieder genannt. Beste Wohnzufriedenheit wird dem charakteristischen Stahlbetonbau attestiert. Der Werkstoff Beton bewegt, und an ihm scheiden sich die Geister.

„Für mich war das Projekt von Anfang an aus verschiedenen Gründen sehr reizvoll, vor allem, weil es sich hier um ein Projekt im öffentlichen Raum handelt, das unmittelbar auf einen Ort Bezug nimmt und dann auch noch in einem Randgebiet von Graz, das ich bis dahin nicht so gut kannte. Ich habe mich für die Terrassenhaussiedlung entschieden und bezog mich nicht nur auf diese massive und sehr präsente Sichtbetonarchitektur, sondern ich wollte, dass sie mit der Arbeit verschmilzt beziehungsweise die Arbeit mit ihr."

„Die Vorgabe seitens der Projektleitung war nicht nur, dass wir uns eine Siedlung aussuchen, sondern auch, dass wir etwas im Dialog mit den Bewohnerinnen und Bewohnern machen. Ich nahm die Vorgabe total und im buchstäblichen Sinn ernst. Es ging mir nicht nur darum, mit einer Arbeit zu kommen, die an sich fertig ist, und dann diese mit irgendwelchen Interviews, die ich in der Siedlung führe, oder Privatfotos, die ich sammle, zu unterfüttern. Nein, ich wollte, dass die Arbeit von Anfang an mit den Bewohnerinnen und Bewohnern konzipiert und entwickelt wird."

„Der Prozess war ein reibender, für beide Seiten, aber am Ende gelang das, woran viele nicht mehr geglaubt hatten: Es wurde etwas formuliert und ästhetisch umgesetzt, durch das sich alle Fraktionen vertreten fühlten. Ein Schriftzug wurde an einer Fassade im Zentrum der Siedlung angebracht, der verschiedenste Möglichkeiten der Interpretation erlaubt. Der Ort wurde neu aufgeladen."

(1, 2) Marko Lulić, *Der Stoff, aus dem Träume sind*, Terrassenhaus-siedlung Graz, Eröffnung Oktober 2010

Bibliografie

Fenz, Werner/Kraus, Evelyn/Kulterer, Birgit (Hg.): Kunst im öffentlichen Raum Steiermark. Projekte 2010, Wien/New York 2012

Abbildungsnachweis

Auer, Marcus: 1, 2

Bernd Luef

DAS MUSIKSTÜCK

„At St. Peter's" ist eine der Kompositionen aus Berndt Luefs Kompositionsreihe *Music from a walk through the city*, die er den Grazer Linien „gewidmet" hat. Die Idee dazu kam ihm bei einer wieder einmal längeren Wartezeit auf den Bus 63, mit Blick auf die Terrassenhaussiedlung, als es stark regnete und er das sommerliche Wetter „zurückholen" wollte. Rhythmisch ist das Stück ein schneller Samba, der in der ungewöhnlichen Tonart Des-Dur steht.
Berndt Luef lebt seit 1992 in der Terrassenhausiedlung und ist Musiker aus Leidenschaft.

Berndt Luef & Jazztett Forum Graz:
Axel Mayer: Trompete
Karel Eriksson: Posaune
Willy Kulmer: Altsaxophon
Klemens Pliem: Tenorsaxophon
Thomas Rottleuthner: Baritonsaxophon
Dragan Tabakovic: Gitarre
Berndt Luef: Vibraphon
Thorsten Zimmermann: Bass
Viktor Palic: Schlagzeug
Ismael Barrios: Congas
August Briesner: Videomitschnitt
Johann Steinecker: Videobearbeitung

(1) QR-Code zum Video

(2) Berndt Luef und Jazztett Forum Graz, At St. Peter's, Video, Standbild

Nina Rath

DAS VIDEO

Das Video mit Musikbegleitung wurde von Nina Rath aus Anlass eines Hoffestes in der Terrassenhaussiedlung erstellt. Es vermittelt neben der skulpturalen Ausbildung der Großwohnanlage das Leben der Bewohner:innen, die nicht nur die individuelle Wohnform genießen, sondern auch die Kommunität in Festen, Performances, beim Garteln und beim Public-Viewing zu besonderen Anlässen pflegen. Vorrangige Orte, die von den Architekten in der Planung vorgesehen waren, sind die „freie Mitte" der Fußgängerzone im 1. Obergeschoss, die halböffentlichen Dachterrassen und das „Luftgeschoss" im 4. Obergeschoss, das neben der die Häuser über Brücken verbindenden Passage, dem Skyway, in den Kopfbauten „Stadtterrasssen" aufweist, die einen Ausblick auf die Innenstadt und die landschaftliche Umgebung erlauben.

(1) QR-Code zum Video

(2) Nina Rath, Hoffest, Video, Standbild

Anna Rogler-Kammerer

ATELIER IM LUFTGESCHOSS

(1) Anna Rogler-Kammerer, panta rhei, 2017

Anna Rogler-Kammerer hat im Jahre der Fertigstellung der Terrassenhaussiedlung 1978 ihre Atelierwohnung bezogen und einen Blick auf die vor ihr liegende Winterlandschaft gerichtet. Noch waren die Wienerberger-Gründe nicht verbaut, um die Kirche St. Peter scharten sich kleine Häuser. Die Künstlerin, die ihre künstlerische Ausbildung an der Salzburger Sommerakademie bei Max Pfeiffer Watenphul, Rudolf Szyszkowitz und Franz Rogler erhalten hat, blieb als Südtirolerin immer ihrer Heimat verbunden und hat diese in zahlreichen Landschaftsbildern festgehalten. Den Maler:innen des Impressionismus folgend hat sie vorwiegend in der Natur gemalt, wobei auf Basis von Skizzen Serien später im Atelier vollendet wurden.

Daneben interessierten sie die menschlichen Charaktere von Kindern, Jugendlichen und älteren Leuten, die sie in einer empfindsamen Strichführung festgehalten hat. War sie bei Porträts in sensibler Weise auf den Ausdruckscharakter fokussiert, so versuchte sie bei Bewegungsstudien, die vorwiegend in Tanzstudios entstanden, den Augenblick festzuhalten. Indem sie in impulsiver Strichführung einen Abstraktionsprozess vollzog, erinnern ihre Grafiken in ihrer Zeichenhaftigkeit an fernöstliche Malerei.

DAS FEST

**Gemeinschaftsterrassenfest im 6. Stockwerk des Hauses
St.-Peter-Hauptstraße 31g, Graz, am 26.04.2014**

Gemeinschafts
Terrassen
Fest

Wann?
26. April 2014, ab 15:00 Uhr
(bei Schlechtwetter: 3. Mai, ab 15:00 Uhr)

Wo?
Gemeinschaftsterrasse 31f/g, 6. Stock

Warum?

Wir, Julia Gaisbacher und Paul Bauer, sind in der Terrassenhaussiedlung
aufgewachsen und beschäftigen uns im Rahmen eines (fotografischen)
Kunstprojektes mit dem Ort unserer Kindheit. Unser Interesse liegt vor allem
in den sozialen Schnittstellen und den damit verbundenen architektonischen
Utopien der 1960er Jahre. Wir wollen der Frage nachgehen, inwieweit die
Gemeinschaftsterrassen, der Hof und das Zentrum heute noch als
Gemeinschaftsräume funktionieren und in welcher Form sie genutzt werden?!

Aus diesem Grund möchten wir ein Fest veranstalten. Für Dekoration, Kaffee
& Kuchen ist gesorgt (Kuchenspenden willkommen). Wir freuen uns, wenn Sie
mit uns feiern!

(Die Arbeit, die im Anschluss auch ausgestellt werden soll, wird in einem großformatigen Foto
resultieren, das die Feier aus der selben Perspektive wie bei obrigen Bild dokumentieren soll.
Bei Fragen können Sie jederzeit unter 0699 14 02 16 02 anrufen.)

mit freundlicher Unterstützung von
KULTUR-, SPORT- und SOZIALAUSSCHUSS TERRASSENHAUSSIEDLUNG

(2) Julia Gaisbacher, Paul Bauer,
Einladung zum Fest für die
Bewohner:innen der Terrassen-
haussiedlung, 2014

Eugen Gross

EINE PHILOSOPHISCH-
LITERARISCHE ANNÄHERUNG
Die Terrassenhaussiedlung der Werkgruppe Graz

Prolegomena

Zurückgehend auf die griechische Philosophie können Phänomene sowohl induktiv als auch deduktiv betrachtet werden. Das erste meint, vom Einzelnen ausgehend das Gesamte zum Gegenstand der Erkenntnis und zum Maßstab des Handelns zu machen. Das zweite bedeutet, vom Gesamten die Teilbetrachtungen abzuleiten und die Erkenntnis und das Handeln auf diese auszurichten. Auf die Architektur bezogen ist das grundlegende Spannungsverhältnis von Innen und Außen angesprochen, das jeder Raumgestaltung zugrunde liegt.

Der erste Schritt – induktiv

Soziologische, ökonomische und technologische Probleme sind partielle Eigenschaften des Raumes. Die elementare Struktur des Raumes ist die Art, wie sich Leben entfaltet. Leben als Konflikt und Ordnung, als individueller und gesellschaftlicher Kreis, als immanenter und transzendenter Anspruch. Aktivitäten im Widerstreit untereinander, sich durchdringend, kreuzend. Embryonale Augenblicke in einem finalen Zeitablauf. Kristallisationen.
Die allem Lebendigen eingepflanzte Gegensätzlichkeit, sich begrünen und aufgeben zu wollen, nimmt in der Sprache der Architektur als Innen und Außen Gestalt an. Zentrale und periphere Räumlichkeit treten in Beziehung zueinander, ordnen die Materie an, erfüllen Funktionen der Höhle, des Hauses und der Stadt. In dem Maß, als die Grundpolarität der räumlichen Beziehung unaufhebbar ist, ist die Vielfalt ihrer Ausdrucksformen bis ins Unendliche gegeben. Diese Erfahrung veranlasst uns zur Hoffnung, immer neu beginnen zu können. Wir sehen in der Architektur einen Akt der Geburt, eine Urgebärde des Menschen.

Zentralräumlich: das Blut im Kreislauf, die Wohnung als entscheidendes Element im Tagesrhythmus des Menschen, das System der Kommunikation und Zirkulationen, die Stadt als gesellschaftlicher Energieträger.

Peripherräumlich: der Atem im Austausch, die Ich-Du-Beziehung als gemeinschaftsbildender Faktor, das Forum, der Platz, die Orte der politischen, religiösen und sozialen Präsenz, das weite Land, das Meer, das Universum.

Was dürfen wir von der Selbstverwirklichung des Menschen in der Architektur erwarten? Nicht viel, aber dieses doch mit Sicherheit: dass er als das „utopische Wesen" alle Anstrengungen unternimmt, durch revolutionäre Akte (der Gestaltung) seine Polarisation zu realisieren.

Der zweite Schritt – deduktiv

Die Wohnanlage umfasst 500 Wohnungen, die in vier Superblöcken angeordnet sind. Gegenüber dem umgrenzenden, schwach besiedelten Gebiet stellt der Komplex eine zentral-räumliche Verdichtung dar, die urbanes Leben anregen soll. Die Anordnung der Blöcke erfolgt um eine freie Plattform, die den Fußgängerverkehr übernimmt und an mehreren Stellen zum darunterliegenden Garagengeschoss geöffnet ist. Der gesamte innere Verkehr erfolgt auf Garagenebene, die ebenso Zugang zu allen Fixpunkten bietet. Diese Fixpunkte, die die Aufzüge und außen geführten Treppen enthalten, sind die vertikalen Gliederungselemente der Wohnblöcke.

Die unteren vier Geschosse sind großen Terrassenwohnungen vorbehalten. Auf der Höhe des vierten Geschosses ist eine Kommunikationsebene geplant, die die interne Verbindung der Bauglieder herstellt und zugleich den Träger für Kindergärten, Spielplätze, Ruheplätze und dergleichen darstellt. In den oberen Geschossen wurden Wohnungen verschiedener Typen vorgesehen, deren Orientierung durch den Blick in die freie Landschaft und auf die Stadt gegeben ist. Die Dachgeschosse nach besonnungstechnischen Überlegungen für die Gesamtanlage zahlenmäßig differenziert, sind als Erholungsflächen vorgesehen. Sie erfüllen zusammen mit der internen Straße und der Fußgängerplattform sowie dem zugehörigen Einkaufszentrum den peripherräumlichen Aspekt des Austausches mit der Natur, der engeren Nachbarschaft und der Gesellschaft.

Originalbeitrag in: Manuskripte. Zeitschrift für Literatur, Kunst, Kritik, Nr. 25 (1969), Forum Stadtpark, Graz

GEDANKEN ÜBER BETON: DIE ARCHITEKTEN DER WERKGRUPPE GRAZ

(1) Eugen Gross und Hermann Pichler im Film „Der Stoff, aus dem Träume sind – 1975–2015. Wohnprojekte in Österreich" von Michael Rieper und Lotte Schreiber, 2019, Stadtkino Filmverleih, Standbild

Der Österreichische Rundfunk strahlte am 29. Oktober 1980 ein Interview von Hildegard Kolleritsch anlässlich des 20-jährigen Bestehens der Werkgruppe Graz aus. Das Interview wurde vorab mit den vier Partnern und dem Gast Emil Breisach in ihrem Büro in der Richard-Wagner-Gasse 20 in Graz aufgenommen. Die Architekten machten zum ersten Mal ein Interview in dieser Form. Durch Versprecher mussten Passagen wiederholt werden. Herrmann Pichler war aus einem solchen Anlass so genervt, dass er erklärte, bei einer neuerlichen x-ten Wiederholung aus dem Fenster zu springen. Der Interviewraum war im 2. Stock des Bürohauses. Als Sprecher:innen der Zwischentexte fungierten Ulrike Benko und Walter Juratsch. Dies ist ein überarbeitetes und sprachlich angepasstes Transkript des Interviews. Es gibt auch die Möglichkeit, über den QR-Code den originalen Audiobeitrag zu hören.

(2, 3) QR-Codes zum Hören des Originalbeitrags (Teil 1 und 2)

Eugen Gross:

„Wir wissen heute, dass der Mensch in seinen Sinneseindrücken eigentlich ein äußerst konservatives Wesen ist. Dass er innerhalb eines bestimmten Spielraumes nur Hören, Sehen, Tasten kann und die Aufgabe der Architektur, wenn sie diesen Spielraum ausloten will, darin besteht, dass sie ihn genau erkennt und dass sie auch innerhalb dieses Spielraumes jene Anregungen bietet, die den Menschen Zufriedenheit, Erlebnismöglichkeit und, wenn man will, auch Glück verschaffen."

Hildegard Kolleritsch:

„Vor 20 Jahren gründeten Eugen Gross, Friedrich Groß-Rannsbach, Werner Hollomey und Hermann Pichler die Architektengemeinschaft Werkgruppe. Heute stehen in Graz und der Steiermark über 30 von der Werkgruppe ausgeführte Bauten. Sieben weitere befinden sich derzeit in Ausführung. Das fast schon legendäre Grazer Architekturbüro hat der Stadt und dem Land eine stattliche Reihe bedeutender städtebaulicher Akzente gegeben. Die Studentenhäuser am Hafnerriegel und an der Universität, die chirurgische Abteilung am LKH, die Hauptfeuerwache am Lendplatz, die vieldiskutierte Terrassenhaussiedlung in St. Peter, die Volksschule in Kapfenberg und schließlich das Kongresszentrum in der Grazer Altstadt bezeichnen ein wichtiges Stück steirischer Architekturgeschichte. Begonnen hat es 1960 mit dem Bau des Forum Stadtpark, das Werner Hollomey für die zwei Jahre zuvor konstituierte Künstlergemeinschaft erbaute. In diesem Jahr wurde auch die Werkgruppe gegründet. Werner Hollomey, 1929 in Schladming geboren, war in Graz Schüler von Zotter und Lorenz. Seit 1973 leitet er das Institut für Hochbau und Entwerfen an der TU Graz. Seit 1979 ist er hier auch Rektor."

Werner Hollomey:

„Als sich unsere Gruppe im Jahr 1960 konstituiert hat, hatten wir die Absicht und auch die Hoffnung, in einem Kreis, einem kleinen Kreis von Freunden, zusammenzuarbeiten. Wir wollten die Probleme, die an uns herangetragen werden, in gegenseitigem Gespräch klären und so einer Lösung zuführen. Diese Idealvorstellung der Zusammenarbeit in einer Gruppe ist solange möglich, als die Aufgabenstellungen nicht zu groß, zu übermächtig zu werden. Vor diesem Problem steht jede Gruppe von Architekten, insofern nämlich, als der Auftragsstand wächst, als die Probleme vielfältiger werden, und als es notwendig ist, entsprechend den Neigungen und konkreten Aufgabenstellungen die Aufgaben zu verteilen. In der Form, dass Verantwortungen verteilt werden, dass der einzelne Partner zusammen mit einigen Mitarbeitern Projekte selbstverantwortlich bearbeitet. Es kommt selbstverständlich zu koordinierenden Gesprächen zwischen den einzelnen Gruppenmitgliedern, die allerdings, je größer und vielfältiger die Aufgaben werden, seltener stattfinden. Dort liegt sicherlich eines der

Hauptprobleme der Realisierung von Idealvorstellungen des Arbeitens in einer Gruppe. Sicher kommt dann noch dazu, dass, je länger man in einer solche Kooperation tätig ist, äußere Aufgaben an die Gruppe gestellt werden. Im Hinblick auf gesellschaftliches Engagement sind auch persönliche Interessen und Neigungen mit einzubeziehen."

Hildegard Kolleritsch:
„Jede der seither ausgeführten Architekturen sowie die zahlreichen Projekte, Studien und Forschungsarbeiten, die städtebaulichen und raumplanerischen Arbeiten, so zum Beispiel die konzeptive Arbeit am ‚Modell Steiermark' [1], werfen jede für sich aus einer immer neuen Perspektive die Frage nach der Funktion des Architekten und seiner Rolle in der heutigen Gesellschaft auf. Die Werkgruppe hat sich im Laufe der Jahre den Ruf eines im gesellschaftlichen und kulturellen Leben zusammenhängend denkenden und handelnden Ateliers erworben. Das soziale Engagement steht im Vordergrund. Die gründliche Analyse des kulturellen und geistigen Hintergrundes, in dem Architektur entsteht und als Lebensäußerung hervortritt, bildet die notwendige Voraussetzung für die architektonische Praxis. Es ist die ethische Interpretation der Arbeit des Architekten, die die umfassende Tätigkeit der Werkgruppe gewiss am besten charakterisiert."

Werner Hollomey:
„Es ist kein Zweifel, dass Architektur Dienst an der Gesellschaft ist. Bauen ist eines der ursprünglichsten Bedürfnisse und eines der ursprünglichsten Notwendigkeiten des Menschen. Wenn es zum ersten in den Anfängen des Menschseins vielleicht nur darum ging, Bereiche gegen eine feindliche Außenwelt abzugrenzen, so hat sich das sehr bald geändert. Bauen ist nicht nur von der materiellen Bedarfserfüllung her ein Bedürfnis des Menschen geworden, sondern es ging auch darum, seinen Wohnraum zu gestalten. Sich selbst in diesem Umraum wiederzufinden – seine Religiosität, seine soziale Strukturiertheit in Räumlichkeiten umzusetzen. An dieser Grundaufgabe hat sich eigentlich seit Beginn des Bauens nichts geändert. Sicherlich sind die Strukturen um vieles komplizierter geworden. Es lässt sich heute bei der Erstellung des Bauwerks schon nicht mehr so einfach machen, dass der Nutzer auch gleichzeitig der Entwerfer und Baumeister ist. Es ist das Bauen selbst um vieles komplizierter geworden, weil die Bedürfnisse um vieles komplizierter geworden sind. Die Gesellschaft ist in viele Einzelproblematiken zerlegt. Es geht darum, für eine Vielzahl von menschlichen Betätigungen adäquate Räumlichkeiten zu schaffen. Es gilt für den Architekten, diese Notwendigkeiten aufzuspüren und eine Überdeckung mit der Interpre-

[1]   Vgl. Gross/Groß-Rannsbach/Widtmann 1992.

tation der Aufgabe zu bringen. Ihm obliegt, in einer allgemeinen Sicht eine Umsetzung in einer künstlerischen Gestalthaftigkeit zu leisten und damit den Erwartungen des Menschen bestmöglich zu dienen."

Hildegard Kolleritsch:
„Man hat den österreichischen Architekten immer ein gestörtes Verhältnis zu Theorie und Politik nachgesagt. Eugen Gross hat in zahlreichen Veröffentlichungen darzustellen versucht, dass für die Arbeit der Werkgruppe Architekturtheorie, analytisches Denken und politisches Bewusstsein untrennbar mit Entwurf und Planung verbunden sind. Gross, 1933 geboren, studierte in Salzburg bei Konrad Wachsmann [2] und war in Graz Assistent bei dem Gropius-Schüler Hubert Hoffmann, [3] der ihm die Lehre des Bauhauses, die Tradition der Moderne, vermittelte."

Eugen Gross:
„,Architektur, das ist die Geburt, geboren werden. Das Licht sinkt tief in die Augen und füllt sie bis an den Rand. Zum Überquellen die Brust saugt gierig ein die unerschaffenen Stimmen des Universums und lässt sie werden Stimme laut und Wort. Architektur ist die kleine Hand, die sich zur Faust ballt und eine Welt erschafft. Die Welt in der hohlen Hand. Das Korn, die Ähre, das Körnchen Staub und Gold. Architektur ist der feste Boden unter den Füßen, das irdene Reich, die reiche Erde, die trägt und gibt und nimmt. Architektur hat es vorher nicht gegeben. Architektur erwacht zur Existenz, gezeugt, gelehrt, erschaffen. Architektur des Raumes, aus der Paradoxie des Lebendigen geboren, feste Gestalt zu werden aus dem unwiederholbaren Augenblick. Architektur ist Urgebärde des Menschen.' [4] Die Verse dieses Gedichtes sind ein Manifest gewesen. Sehr komprimiert, aber es sollte ausdrücken, dass wir in einer ganz bestimmten Situation gezwungen sind, auf diese Situation zu reagieren. ,Architektur hat es vorher nicht gegeben' drückt aus, dass Architektur eine Schöpfung ist und eine ganz bestimmte Zeit eine Herausforderung dafür darstellt. Das war die Zeit der 60er Jahre, die Zeit eines gewissen Umbruchs. Es sind die Vorstellungen des Neuen Bauens aus den 20er Jahren im Ausklingen gewesen. Eruptiv sind utopische Projekte aufgekommen, die eine Zukunft darstellten – noch statisch –, eine Vision einer Zukunft, die aber noch nicht da war. Und für uns hat sich das Problem gestellt: Wie können wir auf diese Situation reagieren? ,Architektur ist' heißt, dass wir uns dieser Herausforderung stellen wollten, das verlangte die Zeit."

[2]   Vgl. Wachsmann 1959.
[3]   Vgl. Rainer/Hoffmann/Göderitz 1957.
[4]   Gross 1967.

Sprecherin:

„Die Notwendigkeit, dass die Umsetzung dieser Aufgaben ein entsprechendes Problembewusstsein erfordert, wurde sofort erkannt. Wirtschaftliche Gesichtspunkte müssen der qualitativen Aussage untergeordnet werden. Die psychologischen und biologischen Gesichtspunkte haben immer vorrangig zu sein. Der Wunsch nach Bewahrung der natürlichen Lebensgrundlage bestimmt die Arbeitsmethode."

Eugen Gross:

„Die Bauaufgaben, die auf uns zugekommen sind, sind einerseits der glücklichen Fügung entsprungen: Ein Problem war akut und wir haben es erkannt, wie zum Beispiel die Not der Studenten in den 60er Jahren hinsichtlich der Studentenzimmer. Andererseits haben wir bestimmte aktuelle Anlässe aufgegriffen und selbst ein Programm entwickelt, um es dann bis zu einer Konzeption eines Baus, eines Projektes oder zum Teil bis zu einer Realisierung zu führen. Ein Beispiel ist das Atelierhaus in Graz, dass wir konzipiert haben, das bedauerlicherweise nicht zur Ausführung gekommen ist. Ein anderes Beispiel aber, das sichtbar wurde, ist die Terrassenhaussiedlung St. Peter, die in seinen Ursprüngen eigentlich auf ein Konzept aus dem Jahr 1963 zurückgeht und dann schließlich nach langen Geburtswehen im Jahr 1972 zu einer Realisierung gekommen ist.

Unser Interesse an den vielgestaltigen Aufgaben ist so, dass wir eigentlich in allen diesen Aufgaben eine Möglichkeit gesehen haben, an deren Lösung mitzuarbeiten. Alle diese Aufgaben stellt die Gesellschaft, ob es jetzt Schulbau, Wohnbau, Krankenhausbau oder Industriebau ist. Es sind durchwegs Aufgaben, die zur Erfüllung einer Leistung herausfordern. Sie stellen eine Sozialstruktur dar, die mit Bauen innovativ ausgedrückt werden muss. Aber es geht nicht nur um die Funktionserfüllung, sondern vor allem darum, ein Zeichen zu finden, wie man das ausdrückt. Wie man mit dem Entwurf Menschen anspricht, vor allem, wie man mit Gestalten zur Kommunikation unter den Menschen beiträgt. Schließlich, wie man den Menschen die Möglichkeit gibt, selbst Anregungen aufzugreifen und den Raum als etwas zu erleben, das unmittelbar zum Leben gehört. In diesem Sinn verstehen wir unser Tun so, dass jede Aufgabe für uns interessant wird."

Sprecher:

„Kernsatz der Gruppe und Leitvorstellung: ‚Die Architektur soll so wenig wie möglich festlegen, um so viel wie möglich an Impulsen zu provozieren'." [5]

[5]   Gross 1967.

Eugen Gross:
„Unsere Maxime ist, dass der Bau eigentlich nicht als abgeschlossen gesehen werden kann, wenn er fertiggestellt ist. Er ist immer eine offene Struktur, die weitergeht, die erst dadurch realisiert wird, indem sie gebraucht und genutzt wird und zu einer Form des Lebens selbst wird. Damit ist gemeint, nur eine Struktur festzulegen, aber dem Einzelnen zu gestatten, innerhalb dieser Struktur selbst lebendig zu sein, zu spielen und diese Struktur zu aktivieren. Wenn es sein muss, die Struktur auch wieder abzubauen oder zu erweitern."

Sprecherin:
„Die Vorstellungen der vier jungen Architekten mussten zu einer adäquaten Formensprache finden. Und jede Aufgabe war eine Herausforderung zur Entwicklung dieser Formensprache. Hermann Pichler, 1933 in Kärnten geboren, studierte an der TU Graz bei Zotter und Lorenz. Er zeichnet eine lange Reihe von Projekten und ausgeführten Bauten als Zeichner und Entwerfer verantwortlich. Er zeichnet, aber er redet nicht gern darüber."

Hermann Pichler:
„Wir sprechen überhaupt viel zu viel. Wir sollten weniger sprechen und mehr zeichnen. Ich meinerseits möchte mir das Reden ganz abgewöhnen und wie die bildende Natur in lauter Zeichnungen fortsprechen."

Sprecherin:
„Die Formen der räumlichen Organisation werden immer aus den jeweils besonderen Formen des Zusammenlebens abgeleitet. Das Räumliche resultiert aus den ökonomischen und sozialen Überlegungen. Aus der Einzelzelle setzt sich in stufenweisem Aufbau von gesellschaftlichen Einheiten die Großform zusammen. Diese tritt als stark plastisch gegliederte Außenerscheinung hervor, die in der Verbindung von strenger Symmetrie und lockerer und assoziativer Asymmetrie über die rein funktionale Gestaltung hinaus zu einem ästhetischen Erlebnis wird. Dieses soll Harmonie vermitteln, wie wir sie uns wünschen. Die Formensprache steht, wie nicht anders denkbar, im Zusammenhang mit der Formensprache der 60er Jahre."

Eugen Gross:
„Wir haben in dieser Zeit auch unseren Blick nach außen geworfen, über die Grenzen Österreichs hinaus, und einzelne Partner von uns haben zeitweise im Ausland gearbeitet. Wir haben an Seminaren teilgenommen. Ich selbst war Schüler von Konrad Wachsmann bei der Sommerakademie in Salzburg und grade diese Begegnung mit Wachsmann, der für viele österreichische Architekten sehr wichtig geworden ist, hat auch die Form unseres Gruppendaseins

beeinflusst. Es war so, dass die Überzeugung gereift ist, dass man einen eigenen Weg gehen, sich eine theoretische Fundierung für etwas suchen muss. Nicht nur aktuelle Aufgaben schnell beantworten, um dann die theoretische Begründung darüber zu stülpen. Das heißt, eine Linie zu finden und sich mit dieser Linie, gegenüber anderen Richtungen und anderen Entwicklungen, auch zu konfrontieren. Wenn man die Möglichkeiten, die theoretischer Art in den 60er Jahren angeboten wurden, überblickt, so war es der Strukturalismus, der gewirkt hat. Mein Partner Friedl Groß-Rannsbach hat am CIAM-Kongress in Otterlo 1957 teilgenommen, hat dort die Hauptvertreter des Strukturalismus persönlich kennengelernt und konnte sich mit ihnen auseinandersetzen – und hat Erfahrungen mitgebracht. Ich war in die Vorbereitungsarbeit mit Prof. Hubert Hoffmann eingebunden. Auf der anderen Seite sind die Metabolisten, die japanische Gruppe dieser Theoretiker, durch Veröffentlichungen bei uns bekannt geworden, auch das war für uns hinsichtlich der städtebaulichen Dimension sehr interessant. Ihre sozialen Einstellungen, ihre Interpretation von Kommunikation, also eines wesentlichen Elements in der Architektur, ist für uns sehr wichtig geworden. Und die dritte Wurzel war die von England kommende Haltung des Brutalismus, das heißt die Idee, dass Raum eine durchaus dialektische Bedeutung hat, dass Raum nicht ganz eindeutig ist, dass er wie die Natur zugleich den Gestaltungsprozess und die endgültige Gestalt vermittelt. Dass dem Rohen, Unperfekten mehr Bedeutung gegeben werden muss. Es ist gerade diese Gegensätzlichkeit der Beziehungen, für die im Bauen eine Einheit gefunden werden muss. Diese hat uns beeinflusst und zugleich bestärkt, auf unserem Weg weiterzugehen. In einer Situation, die sehr oft nicht vielversprechend war – viele Bauaufgaben sind zunächst in ihrer Programmstruktur sehr trocken –, ist es sehr schwer, aus dieser eine Form herauszulesen. Es hat uns aber interessiert, dieser widersprüchlichen Situation auf den Grund zu gehen und sie zu benutzen, sie zu analysieren und schließlich in architektonische Formen zu gießen. Es ging uns darum, alle Bedeutungen zu erfüllen, in erster Linie die Zwecke zu befriedigen, die der Bau hat, dann aber auch als Architekten im Sinne einer Zeit diesem Ausdruck zu verleihen. Wir wollten einem kulturellen Profil der Steiermark ein Gesicht geben, das in der Kontinuität der gesamten Entwicklung liegt. Schließlich wollten wir auch Impulse denen geben, die unsere Bauten nutzen. Insofern ist Architektur in einen Lebensprozess eingebunden, der Vorhandenes aufnimmt, verarbeitet, transformiert und schließlich Chancen offenlässt, um es weiterzuentwickeln. Architektur ist für uns offen."

Sprecherin:

„Der erste große Auftrag war das Studentenhaus am Hafnerriegel 1961. Hier bereits hatte Hermann Pichler mit der Gliederung der Hausgemeinschaft streng nach der Konzeption eines aktiven, sozialen Wohnverhaltens zu einer neuen Ausdrucksform gefunden, die bestimmend über die Jahre hinweg blieb. Das Haus als Ort der Gemeinschaft. Die Schule in Kapfenberg, die Atriumsiedlung in St. Veit, das Projekt eines Atelierhauses und eine Reihe von Wohnanlagen folgen dieser Vorstellung, die dann erweitert durch Partizipation in der Terrassenhaussiedlung in Graz-St. Peter 1972 kulminierte. Immer geht es darum, den Wunsch nach Individuellem Wohnen, wie es ein Einfamilienhaus bieten würde, zu erfüllen und dem Kommunikationsbedürfnis gleichermaßen gerecht zu werden. In der Beschäftigung mit dem Wohnbau hat die Werkgruppe versucht, eine mögliche Antwort auf die Frage zu finden, die wohl jeden von uns angeht: Welche Bedürfnisse will der Mensch von seiner Wohnung befriedigt wissen? Als Ort welcher Art möchte er seine Wohnung erleben?"

Werner Hollomey:

„Ich selbst wohne am Stadtrand von Graz. Ich wohne – ich gebe es zu – privilegiert. Ich habe mir sehr früh schon ein Haus gebaut. Ich habe einen Garten, in dem meine Kinder groß werden konnten, in dem ich heute mit meiner Familie lebe. Grundsätzlich ist die Wohnung jener Bezirk, jener Bereich des Menschen, in dem sich die polare Auseinandersetzung zwischen Privatheit und sozialer Gruppe vollzieht. Wohnung ist die kleinste Zelle, in der dieser Prozess vonstatten geht, in der jeder Einzelne zu sich selbst finden kann, in der er aber auch kommunizieren muss. Die mit der kleinsten sozialen Gruppe, in der er lebt, der Familie. Darüber hinaus geht es beim Bau von Wohnungen darum, dass sich diese kleinsten sozialen Gruppen, die Familien, nicht beginnen abzuschließen, sondern dass sie über diesen Bereich hinaus wiederum Kommunikationsmöglichkeiten zu anderen Gruppen, zu anderen Familien finden. Und dass von dort aus das Verständnis für den Aufbau einer Gesellschaft beginnt. Darin sehe ich ganz grundsätzlich die Aufgabe des Wohnbaus. Es ist sicherlich schwierig, diese Idealvorstellungen zu realisieren. Aber das Ziel jedes Wohnbaus muss es sein, dem Einzelnen ein größtmögliches Maß an Privatheit zu sichern, zum anderen auch die Begegnung in jeder sozialen Konstellation zu ermöglichen."

Eugen Gross:

„Gerade der Wohnbau ist eine sehr gute Herausforderung, um menschliche Vorstellungen von Architektur zu verwirklichen. Denn gerade mit dem Wohnen verbinden so viele Menschen ihre innersten Wünsche, ihre unmittelbarsten Erwartungen, ihre Vorstellungen. Schließlich hält man sich einen großen Teil seines Lebens in der

Wohnung auf, man nutzt die Wohnung auch, um sie anderen zu zeigen, sich mit der Wohnung auszudrücken. Alles das zwingt dazu, Wohnen als eine Funktion zu sehen, die nicht nur individuell, sondern auch sozial interpretiert werden muss. Sozialer Wohnbau, wie er bei uns heißt, ist erst dann sozial, wenn er wirklich soziale Funktionen erfüllt, nicht wenn er öffentlich finanziert wird. Darin liegt ein großes Missverständnis. Was wir versucht haben in einigen Projekten, im Besonderen mit der Terrassenhaussiedlung in Graz-St. Peter, war, ‚sozial' im ursprünglichen Sinn des Wortes zu verstehen, also auch sozial zu bauen, das heißt den Menschen die soziale Dimension des Wohnens erleben zu lassen. Aus dieser Vorstellung ist eine Bauform entstanden, die aus einer Primärstruktur besteht, welche die wesentlichen Wegführungen beinhaltet. In erster Linie eine gemeinsame Fußgängerplattform, auf der man sich frei bewegen kann. Von dieser erfolgt der Zugang zu den Wohnungen, wobei die vom Garagengeschoss bis ins oberste Geschoss aufsteigenden offenen Treppentürme in ihrem Ausdruckscharakter durch die Wegführung das Haus mit der Umgebung verbinden.

Diese Kommunikationsstruktur als ein wesentliches Entwurfselement zusammen mit den konstruktiv notwendigen Vorkehrungen der ausgerundeten Podeste bringt die plastischen Möglichkeiten des Stahlbetons zur Geltung.

Dieses gilt auch für die Rahmenelemente der Primärstruktur, die Scheiben und Deckenplatten, die bei einer Spannweite von 7 Metern den individuellen Ausbau der eigenen Wohnung ermöglichen. Wir haben generell versucht, eine große Variationsbreite des Wohnungsangebotes zu schaffen, um dem Einzelnen damit die Chance zu geben, seine Wünsche zu verwirklichen. Das besteht einerseits darin, dass etwa 24 verschiedene Wohnungstypen angeboten wurden, von kleinen Garconnieren über Maisonetten bis zu Dachwohnungen. Geschaffen wurde die Möglichkeit, innerhalb des gewählten Typs Wände zu verschieben, das heißt seine Räume sich selbst anzupassen. Das bringt auch die Notwendigkeit mit sich, in der Fassade in der Gestaltung von Balkonen und Terrassen darauf Bezug zu nehmen. Im Äußeren drückt sich dann diese individuelle Ausgestaltung aus. Die Primärstruktur, welche die Gemeinschaft repräsentiert, und die Sekundärstruktur des individuellen Ausbaus zusammen ergeben erst die von uns zu lösende Bauaufgabe. Die Bewohner, die ihre Wohnung gestaltet haben, haben schließlich unser Konzept erst realisiert. Insofern sehen wir Bauen als Vorgeben des Notwendigen und die Offenheit für das Andere, das Weitere, um im Sinne unserer Haltung die Form erst zu vollenden. Wohnen kann nach unserer Meinung allein auf diese Weise zu einer Identifikation mit dem eigenen Lebensraum führen."

Sprecherin:

„Die Identifikation mit dem eigenen Lebensraum, der Wohnung, und mit der Landschaft eines Raumes, im besonderen mit der Stadt selbst, bilden schließlich die Voraussetzung für persönliche Entfaltung."

Werner Hollomey:

„Die Frage nach dem Begriff Heimat ist ja in der ursprünglichen Frage des Bauens bereits aufgehoben und eingeschlossen. Es geht dem Menschen, wenn er baut, wenn er einen Ort der Bleibe sucht, doch darum, sich selbst in diesem Ort wiederzufinden. Seine naturgegebene Maßstäblichkeit in irgendeiner Weise bestätigt zu fühlen, in ihr nun Grenzen gesetzt zu sehen. Und diese Angesiedeltheit des Menschen in einem Raum und das Zurechtfinden als das Sich-selbst-Wiederfinden in einer vom Menschen gemachten oder natürlichen Räumlichkeit ist im weitesten Sinn mit dem Begriff Heimat verbunden. Ich selbst wohne nun seit 30 Jahren etwa in Graz. Ich komme aus einem anderen Teil der Steiermark und ich glaube, und es geht mir so wie sehr vielen anderen, dass ich schnell in Graz Heimat gefunden habe. Das hat verschiedene Ursachen. Zum einen liegt es sicher in der Topografie, in der topografischen, räumlichen und landschaftlichen Überschaubarkeit des Raumes. Zum zweiten in der kritischen Größe einer Stadt wie Graz, die von der Stadtgestalt her begreifbar ist, die klar strukturiert und die so klein ist, dass man sich in sehr kurzer Zeit zurechtfindet. Und zugleich so groß, dass man seine Individualität in einer relativ großen Freiheit ausleben kann."

Eugen Gross:

„In verschiedenen unserer Bauten haben wir Beton verwendet, als Sichtbeton. Der Beton hat für uns die Möglichkeit geboten, plastisch etwas ausdrücken, was man mit anderen Materialien nicht kann. Diese Plastizität, die zugleich Spannung bietet, Spannung der Kräfte, diese Eigenschaft ist eine Herausforderung, Formen zu schaffen, die eben nur in Beton denkbar sind. Auskragende Formen, gewölbte Formen. Man kann den Beton in relativ dünnen Dimensionen herstellen und kann damit in die Höhe bauen. Der Beton hat sicher in der Folge des Brutalismus eine Aussagekraft erlangt. Es wäre völlig falsch, im Beton allein die Aussage zu sehen, denn er ist ein Material, man benutzt ihn, er ist nur Mittel zum Zweck. Einfach nicht mehr, aber er ist sicher ein Mittel, mit dem man bestimmte Zwecke erreichen kann. Für uns ist der Beton eine Form, mit der man ausdrücken kann, dass eine bauliche Form einfach ist, klar ist, sich reduziert auf das Notwendige und den Spielraum dann offen lässt für Kontraste, für Farben, für Natur, für alles das, was dazukommt. Auch der Schatten beginnt interessant zu werden, wenn der Beton geformt ist. Für uns hat Betonarchitektur gerade in der Phase, in der wir uns neuen Bauaufgaben gewidmet haben, Bedeutung bekommen. Ich glaube, dass das heute wieder ausklingt. Wir mussten auch erleben, dass der Beton Schwächen hat. Man hat in ihn viel mehr hineingelegt, als er wirklich erfüllen konnte. Wir sind heute an die Grenzen des Betons gelangt, wie andere auch, und ich glaube, dass er die Aussagekraft verloren hat, die er in den 60er und frühen 70er Jahren gehabt hat, so wie heute die Flachdächer der 20er Jahre ihre Aussagekraft verloren haben. Ein Material ist als ein Mittel aussagekräftig. Es wäre aber falsch, in diesem Material die einzige Aussagekraft zu sehen. Im Hintergrund muss eigentlich immer der Mensch hervortreten, der Wünsche hat, Erlebnismöglichkeiten sucht und der sich auch herausfordern lässt durch Formen, Farben, durch das Spiel des Lichtes. Ein großes Erlebnis für uns war, dass nach Fertigstellung der Außentreppe des Studentenhauses am Hafnerriegel ein Arbeiter, der in 50 Metern Höhe die letzte Stütze und den letzten Treppenlauf erstellt hatte, mit seinem Finger das Datum in den Beton geritzt hat. Es war fast eine mythische Handlung und in diesem Moment hat der Beton eigentlich diese menschliche Transformation erfahren. In diesem kleinen Akt, durch den er ihn besiegt hat, ist das Eigentliche hervorgetreten. Wir wollen den Beton besiegen, um über ihn zu einer menschlichen Aussage zu kommen."

Sprecherin:
„Architektonische Gedanken können nicht nur in der Auseinandersetzung mit Bauaufgaben, nicht nur am Zeichentisch entstehen. Dass aus dem ständigen Kontakt mit dem kulturellen Umfeld wertvolle Impulse bezogen werden können, ist für die Mitglieder der Werkgruppe seit zwanzig Jahren eine selbstverständliche Voraussetzung ihrer künstlerischen Tätigkeit."

Werner Hollomey:
„Ich glaube, dass man zum einen in seiner Stellung als Architekt und in meinem besonderen Fall zum anderen als Hochschullehrer außerordentlich verpflichtet ist, sich um das kulturelle Leben einer Stadt, eines Landes, seiner Umgebung zu bemühen. Dass mir persönlich hier ein besonderer Umstand entgegengekommen ist, ist ein Glücksfall für mich. Ich war Gründungsmitglied vom Forum Stadtpark. Es ging damals darum, in einer Zeit des beginnenden Aufbruchs die vielen divergierenden Strömungen auf einen Punkt zu bringen. Der Stadt – im Widerstand gegen den vorherrschenden Konservatismus – ein neues kulturelles Profil zu geben. Maler, Literaten, Filmleute, auch Musiker zu einem gemeinsamen Gespräch zu vereinen. Diese aufbauende Arbeit im Forum Stadtpark und auch die fortführende Arbeit hat mit Sicherheit unser kulturelles Engagement sehr wesentlich geprägt. Ich meine nicht nur hier die Architekten, die in dieser Anfangsphase mit tätig waren, sondern es hat auch bei bildenden Künstlern,

Literaten und Musikern der Gründergruppe ein viel umfassenderes, überdeckenderes Verständnis für die anderen Disziplinen stattgefunden und das wirkt, so weit ich das beurteilen kann, bis heute noch."

Sprecherin:
„Begonnen hat es also im Forum Stadtpark, als Emil Breisach, heute Intendant des Studio Steiermark, noch Präsident des Forum Stadtpark war."

Emil Breisach:
„Es wird im Allgemeinen in der Öffentlichkeit viel zu wenig beachtet, dass die Existenz des Forum Stadtpark nicht nur den Ideenfindern und Phantasten zuzuschreiben ist, sondern jenen Leuten, die einfach in der Lage waren, praktisch dieses Forum zu realisieren. Ich glaube, dass der Architekt Hollomey in seiner Bedeutung für das Forum Stadtpark viel zu wenig in der Öffentlichkeit anerkannt ist. Wenn er sich nicht damals als Architekt zur Verfügung gestellt hätte und das außerordentlich schwierige Baugeschehen mit den Firmen geleitet hätte, mit dem wenigen Geld, das zur Verfügung war, wäre das Forum Stadtpark nie entstanden, sondern ein Fantasiegebilde geblieben. Ich glaube, es war eine Tendenz in den frühen 60er Jahren, sich hier in Graz in einer Umgebung, die allen neuen Bestrebungen in der Kunst ferngestanden ist, zu Gruppierungen Gleichgesinnter zusammenzuschließen. Das war auch sehr stark spürbar auf der Technischen Hochschule in der Architektur der damaligen Zeit. Die Architekten sind das erste und beste Publikum für progressive Kunstveranstaltungen in Graz überhaupt gewesen und sind überall erschienen, wo es was Neues zu sehen gab oder wo man irgendwie über aktuelle Probleme der Kunst und des Städtebaus und ähnliche Dinge diskutiert hat. Dieser gute Geist der Hochschule hat sich sicherlich auch bei den Menschen weiterentwickelt, die sich zur Werkgruppe zusammengeschlossen haben. Das war, glaub ich, der eine Anlass, der andere wahrscheinlich auch die Begründung des Forum Stadtpark. Dort konnte man das Gefühl haben, dass in einer Gruppierung mehr zu erreichen ist, sowohl in der Entwicklung des Einzelnen, weil er sich eben an den Meinungen des Partners oder der Partner reibt und weiterentwickeln kann, als auch in der Entwicklung innerhalb einer Gesellschaft, die man erst überzeugen musste, dass es eine neue Kunst und Baukunst gibt."

Werner Hollomey:
„Man hatte Kontakt mit anderen Künstlern, mit Malern, Bildhauern, Literaten. Uns hat eine sehr enge Beziehung verbunden, um zu einer kulturellen Gesamtentwicklung beizutragen. Wir konnten Architektur in einen Zusammenhang bringen, eben auch mit literarischen, malerischen Entwicklungen. Freilich hat jedes Gebiet seine eigenen

Gesetze und Entwicklungen, aber die Anregung ist da. Die Auseinandersetzung beginnt mit Formen, die gemalt, mit Aussagen, die ausgesprochen werden. In der Auseinandersetzung mit diesen kann man zu einer baulichen Gestalt finden. Gerade diese Anregungen, diese Gespräche haben uns begleitet und es sind auch konkrete Ergebnisse daraus erwachsen. Wir haben mit Günter Waldorf und anderen Künstlern des Forum Stadtpark das Konzept eines Atelierhauses entwickelt."

Eugen Gross:
„... eine Einheit werden und zu einer Struktur sich anordnen, die selbst lebensfähig ist, die eine Einheit darstellt und zugleich die Öffnung nach außen."

Hildegard Kolleritsch:
„Aus dem Wunsch, die Grenzen des architektonischen Bereichs zu sprengen und in das literarische Leben der Stadt auch fördernd einzugreifen, entstand die Idee einer Lyrik-Reihe in Privatdruck. [6] Die in loser Folge seit acht Jahren erscheinenden Lyrik-Bändchen sind Erstveröffentlichungen, unter anderem von Alfred Kolleritsch und Alois Hergouth. Die Reihe – für Freunde und Bekannte bestimmt – ist ein besonderes Anliegen von Friedl Groß-Rannsbach, dem vierten im Werkbunde. Friedl Groß-Rannsbach, 1931 in Graz geboren, war Schüler von Zotter und Lorenz und Assistent von Hubert Hoffmann. Er hatte, wie auch Eugen Gross, bis vor kurzem ein Lektorat an der TU Graz. Nichts hält er für überflüssiger als über Architektur oder gar über die Werkgruppe zu reden. In bescheidener Zurückhaltung versteckt er sich hinter einem Satz von Saint-Exupery: ‚Du kannst nicht ein Haus lieben, das ohne Gesicht ist und in dem deine Schritte keinen Sinn haben'. Im Übrigen spricht er lieber mit Alois Hergouth, dem Fixstarter der Lyrik-Reihe, über den Mut im Apfelbaum."

Sprecher:
„Die Poesie eines Alois Hergouth soll für sich sprechen: ‚Durchscheinend Licht in den Räumen, Erinnerung und unausdeutbar, Torbögen, Fenster, umblühtes Gemäuer, das Meer. Und ich glaubte die Augen zu kennen, die sie bewohnen im Klang ihrer Stimme. Wie oft, wenn ich schlief, waren sie Gäste bei mir und willkommen. Boten des Sommers, der südlichen Sonne. Doch wenn ich erwachte, blieb nichts als das seltsame Heimweh, ein Wesen wie Traum. Gast nur auf fahrenden Schiffen, an all diesen Küsten auf all diesen Inseln – befristete Freiheit und Sehnsucht, die Hoffnung auf Wiederkehr jenseits von Zeit'."

[6]   Vgl. Werkgruppe Graz 1966–1996.

Sprecherin:

„Wann immer es die Zeit erlaubt, bewirtschaftet der sensible Architekt, Schwärmer und Idylliker einen sonnigen Weinhang in der südwestlichen Steiermark. Sein ganzer Stolz: eine faszinierende Sammlung aller heimischen und vor allem aller nur denkbaren exotischen Kräuter, Gewürze, Bäume, Pflanzen und Blumen, die er aus dem Süden mitgebracht hat. Sein Kollege Eugen Gross sieht die Natur als eine umfassende Lehre, aus der der Architekt ständig lernen kann."

Eugen Gross:

„Persönliche Erlebnisse sind auch ein wichtiger Punkt, der in die Arbeit einfließt. Wir erkennen auf unserer Welt ein ganzes Repertoire von Formen, von Lebensformen, von alternativen Möglichkeiten, etwas zu tun. Denken wir an die Lösung von Energien, in unseren Ländern oder in den Ländern des Südens. An die verschiedenen Bauformen des Schutzes gegen Sonne oder des Öffnens gegenüber der Sonne. Das heißt, die Welt ist ein großes Lehrbuch für Gestaltung. Reisen bieten die Möglichkeit, in diesem Katalog der Welt zu blättern. Ich selbst bin begeisterter Segler und habe auf diesem Weg mit Freunden schon einige sehr interessante Erlebnisse gehabt, die mich beeinflusst haben. Ich führe immer einen Zeichenblock mit und zeichne ganz spontan. Ob das jetzt Landschaften sind, ob das verfallene Häuser sind, ob es Buchten sind, kurz, es sind Situationen, die unmittelbar wirken, und in dem Moment, wo man etwas aufnimmt, weiß man oft nicht, dass man es wiederverwenden könnte. Ich habe die Erfahrung gemacht, dass später in der Arbeit des Entwerfens viele dieser optischen Erfahrungen wiederkommen und wie aus einer unteren Schicht des Bewusstseins aufsteigen und einen beeinflussen."

Werner Hollomey:

„Ich meine, dass sich das Problem Freizeit bei einem Architekten, der mich betreffend zusätzlich Hochschullehrer ist, etwas anders stellt als möglicherweise bei einem Träger eines anderen Berufs. Ein Architekt ist immer beruflich tätig, da er von seiner Interessensanlage her in das gesellschaftliche Leben voll eingeschlossen ist. Dass ihn all das, was an gesellschaftlichen Vorgängen vor sich geht, interessiert, da Architektur stark von den politischen Verhältnissen bestimmt ist. Daher kommt es, dass Freizeit oder Freizeitgestaltung in irgendeiner Weise immer mit dem Beruf zusammenhängen. Ob es nun darum geht, fremde Länder zu besuchen, dort die unterschiedlichen Kulturäußerungen zu erkunden, teils mit dem Fotoapparat nachzuspüren, oder solche Landschaften, wie ich, mit Vorliebe erwandert und im Zeichnen in ihren Spuren sich aneignet. Gerade beim Architekten ist es unausbleiblich, was für andere nur Freizeitkonsum ist, Leben und Denken in seinem Weltbild zu vereinen."

Hildegard Kolleritsch:

„Wie sieht die Situation der Werkgruppe heute aus? Sieben Projekte befinden sich in Ausführung. Jedes Mitglied sieht sich isoliert von der Gruppe auf einer anderen Baustelle beschäftigt. Die Aufgabenstellungen sind nun tatsächlich übermächtig geworden. Sie überfordern jeden Einzelnen in der Bereitschaft, den Gruppengeist noch wach zu halten. Nach 20-jährigem Bestehen steht die Partnerschaft vor einer harten Bewährungsprobe. Der Traum von der mittelalterlichen Bauhüttengemeinschaft ist noch nicht ausgeträumt. Er will aber einer Überprüfung auf seine Tauglichkeit in einer veränderten Gegenwart und vielleicht unter veränderten Persönlichkeitsstrukturen unterzogen werden. Friedrich Groß-Rannsbach und Hermann Pichler haben geschwiegen, Werner Hollomey und Eugen Gross geben sich optimistisch."

Eugen Gross:

„Wir haben uns als Gruppe zusammengefunden, um gemeinsam Probleme der Architektur zu lösen. Wir sind zur Auffassung gelangt, dass die Probleme so komplex, so vielfältig sind, so viele Aussagen verlangen, dass es sinnvoll ist, dass sich mehrere zusammentun und gemeinsam eine Annäherung suchen. Gemeinsamkeit ist gegenseitige Unterstützung, ist Hilfe, bedeutet Schlagkraft nach außen, ist Aussage auch von Gemeinsamkeit, das heißt also schon der Versuch, bereits in der Phase des Entwerfens oder des Konzipierens sich in einen anderen hineinzudenken, mit ihm in ein Gespräch einzutreten und Architektur als eine Form der sozialen Verantwortung gegenüber der Gesellschaft aufzufassen, ist eine Bereicherung. [7] Schließlich ist diese Art unserer Kommunikation zu einem Stil unserer baulichen Vorstellungen geworden."

[7]   Vgl. Werkgruppe Graz 1975.

Bibliografie

Gross, Eugen: Die Funktion der Architektur, in: Bauten und Projekte 1960–1967, ZV Steiermark, 1967

Gross, Eugen: Manifest zur Ausstellung der Werkgruppe Graz im Forum Stadtpark, 1967, Manuskript

Gross, Eugen/Groß-Rannsbach, Friedrich/Widtmann, Heimo: Die Architektenrunde, in: Politik im Dialog, herausgegeben anlässlich des 60. Geburtstags von Franz Hasiba, Österreichische Volkspartei Steiermark, Graz 1992

Rainer, Roland/Hoffmann, Hubert/Göderitz, Johannes: Die gegliederte und aufgelockerte Stadt (Archiv für Städtebau und Landesplanung, Bd. 4) Tübingen 1957

Wachsmann, Konrad: Wendepunkt im Bauen, Wiesbaden 1959

Werkgruppe Graz: Demonstrativbauvorhaben Terrassenhaussiedlung Graz-St. Peter, 1975, Manuskript (in diesem Band 214–223)

Werkgruppe Graz: Reihe Werkgruppe Lyrik, 25 Bde., 1966–1996

Anselm Hort

RUPERT SUMPFHUBER

Rupert Sumpfhuber beschloss, seine oststeirische Heimat zu verlassen und in die Stadt zu ziehen. „Stadtluft macht frei", daran erinnerte er sich, und Freiheit schätzte er sehr. So sehr er das Landleben an der frischen Luft genoss, fühlte er sich von Feld und Garten umgeben nicht frei. Mit jedem Blick erspähte er im Wechsel der Jahreszeiten eine Aufforderung, Hand anzulegen und seinen engen Lebensraum nicht der Wildnis anheimfallen zu lassen. Selbst das kleine Kellerstöckl war von Espen, Brombeerranken, Efeu und wildem Wein derart umkreist, dass man immer ein Buschmesser zur Abwehr bereithalten musste. Zugegebenermaßen war die Sehnsucht nach Stadtkultur auch eine Sehnsucht nach Müßigkeit, zu der er sich Zeit seines Lebens entgegen seinem Gewissen aufraffen musste. Die Entscheidung, in die Stadt zu ziehen, beruhte daher auf Überwindung, was eine gute Voraussetzung zu sein schien.

Als nächstliegende Stadt bot sich Graz an. Sie ist klein genug, um im Bermudadreieck nicht verloren zu gehen, und groß genug, um auf der Fahrt mit der modernsten Straßenbahn vom Hauptplatz zum Jakominiplatz großstädtisches Feeling wie in der Oxford Street in London zu erleben. Und das pannonische Klima greift mit großer Geste von der ungarischen Puszta her in das Grazer Becken mit seinem aufragenden Schlossberg hinein, wobei nicht auszuschließen ist, dort im Herbst von einem herunterprasselnden Kastanienregen des Bewusstseins beraubt zu werden.

Das Versprechen der ersehnten Freiheit verdankte er den Radfahrern, über die in den Zeitungen regelmäßig berichtet wurde. Lässt schon das kolportierte Who's who unter den Fahrradfahrern, beginnend mit Stadtpolitikern und höchsten Beamten, die Brust vor Selbstbewusstsein anschwellen, so ist die unumschränkte Bewegungsfreiheit mit einem Zweirad (dasselbe gilt für Einräder und Dreiräder)

der größte Anreiz. Fahrradfahrer dürfen in Graz auf Straßen in und gegen die Fahrtrichtung in die Pedale treten, Parks auf den Wegen und den Grünflächen durchqueren, über Rampen und Lifte entsprechender Größe alle Höhenunterschiede überwinden. Dass es dabei zuweilen zu folgenschweren Unfällen kommt, untereinander und mit anderen Verkehrsteilnehmern, nimmt nicht Wunder. Es sollen sogar schon Strafmandate verteilt worden sein, die als Gentlemen's Agreement mit der Stadt Graz bereitwillig bezahlt werden. Dass verunfallte Fahrradfahrer im Landeskrankenhaus bevorzugt behandelt werden, ist nur angemessen, nur wenn sie als Komatrinker entlarvt werden, wird ihnen das Fahrrad für einige Zeit abgenommen und an einen Laternenpfahl im Stadtgebiet gefesselt. Zahlreiche solcher Fahrräder, die teils verwachsen irgendwo in der Stadt aufzufinden sind, zeugen von dieser Seuche. Würde heute Johann Gottfried Seume auf seinem Spaziergang nach Syrakus nochmals in Graz vorbeikommen, würde er diese Vorkommnisse sicher ihres Seltenheitswertes wegen in seine Annalen aufnehmen.

Rupert Sumpfhuber also nahm den Zug nach Graz, die aus dem benachbarten Niederösterreich kommende Ostbahn, und traf am schönsten Bahnhof von Graz, dem in Backstein stilvoll erhaltenen Relikt aus der Gründerzeit, dem Ostbahnhof, ein. Er war fest entschlossen, sich auf die Suche nach einem geeigneten Haus zu machen. Der positive Eindruck der Ankunft verstärkte sein Begehren, auch in der Auswahl seines Wunschobjektes anspruchsvoll zu sein. Schon im Zug hatte er einen grundlegenden Entschluss gefasst: Sein Haus müsse einen Hausnamen und eine Hausnummer haben, wie er es von zuhause gewohnt war. Das gäbe ihm Vertrauen und Sicherheit. Gesichtslose Häuser, die beides nicht verdienten, schloss er aus. Schließlich hatte er wichtige Erfahrungen mitgebracht: Wenn ihn jemand in seinem Heimatort suchte, fand er ihn unter dem Hausnamen Köpfler. Dieser hatte seit jeher die Nummer 55. Wenn nun der Briefträger einen an ihn, Rupert Sumpfhuber, adressierten Brief zustellen wollte, hatte dieser die Reihenfolge der Nummernvergabe durch die Gemeinde im Kopf und stellte den Brief auf Nummer 145 zu. Da es keine Straßennamen und keine örtliche Zuordnung gibt, konnte nur die zeitliche herangezogen werden. Der Köpfler hatte das Glück, ein Dachbodenfenster in seinem Stöckl ausbrechen zu müssen, worauf die Gemeinde ihm auf Ansuchen eine Baugenehmigung mit einem Bescheid an die Nummer 145 erteilte, eben in der korrekten Reihenfolge der Bauansuchen. Auf diese Weise war er doppelt abgesichert und für die Suche in seiner zukünftigen Umgebung auch gerüstet. In Graz angekommen, erkundigte er sich nach dem Zentrum, zu dem ihm ein Einheimischer den Weg wies. Dem Wunsch, als Erstes zum Orientieren eine Rundfahrt durch die Stadt zu machen, stand jedoch entgegen, dass die einzige Rundfahrt-Straßenbahn, der legendäre 2er, schon vor etlichen Jahren aufgelassen wurde, wie ihm ein älterer Herr erklärte. Dafür stoben vom Jakominiplatz, der ins Stadtzentrum verlegten Remise, zahlreiche Straßenbahnen und Busse als rollende Litfaßsäulen (Herr Litfaß hätte sich im Grabe aufgesetzt) in alle Richtungen auseinander, von wo sie nach einiger Zeit wie Bumerangs wieder an diesem Punkt zusammentrafen, womit es zu einer heillosen Verwirrung kam. Als Schaffner verkleidete Polizisten waren jederzeit einsatzbereit, um Raufhändel unter den Platzbesuchern zu schlichten.

Man empfahl dem Köpfler, in den Südosten der Stadt zu fahren, da dort die Häuser wie Schwammerl aus dem Boden geschossen seien und ein Minimundus zu bewundern sei.

Rupert Sumpfhuber folgte der Empfehlung und fuhr gen Süden, zuerst mit der Straßenbahn, dann mit einem Bus weiter. Interessiert blickte er aus dem Fenster und bemerkte, dass an den Stationen jeweils Straßennamen ausgerufen wurden, die offensichtlich den Fahrgästen vertraut waren. Aufmerksam aber wurde der Stadtbesucher jedoch, als plötzlich ein Hausname im Lautsprecher angekündigt wurde, der lautete: Terrassenhaussiedlung. Er hatte nicht lange Überlegenszeit und stieg aus. Da stand nun ein eine ganze, offensichtlich bewohnte Hügelkette vor ihm, bei der übereinander getürmt flache Häuser, massive Felsunterkünfte und lockere Hochsitze zu erkennen waren. Anscheinend war es ein brüchiges Kalkgestein, da aus zahlreichen Felsspalten Sträucher und Bäume herauswuchsen, die die teils steilen Wände überzogen. Der Eindruck war erschütternd, aber dennoch reizvoll, womit Rupert – er pflegte feste, gebirgsgängige Schuhe zu tragen – sich umgehend vornahm, das Gebirge zu besteigen und von oben in das Tal zu blicken, das sich zwischen den felsigen Zügen auftat. Am Fuße einer leichten Steigung, die zur Lockerung der Muskeln für die weitere Besteigung dient, erblickte er zur vollen Befriedigung ein Hausnummernschild, das nicht zu übersehen war: Jedoch wies es 30 Hausnummern auf, jede aus einer Zahl und einem Buchstaben bestehend. Dieser Umstand erschien ihm etwas übertrieben an administrativer Akribie, abgesehen von der Überschätzung der Belastbarkeit der Bewohner, die nicht einmal eine leicht merkbare Ziffernsumme bilden konnten, wie er es zu seinem Vorteil mit 10 bei seinen eigenen beiden Hausnummern im Dörfl konnte.

Ungeachtet dieser leichten Irritation folgte er eilig zuströmenden Bewohnern auf die Fußgängerebene, von der ein schöner Rundblick auf die künstliche Landschaft, mit Durchblick bis zu einer offenbar verlassener Burgruine (die sich später als Ziegelbrennofen herausstellte), gegeben war. Zahlreiche Leute tummelten sich um ein Wasserbecken, in dem Kinder planschten, und einige improvisierte Marktstände boten ihre Waren an. Schlendernd über den Platz, unter dessen großen, schattenspendenden Bäumen einladende Bänke standen, nahm sich Rupert Sumpfhuber vor, Bewohner anzusprechen, um sie über die Erfüllung ihrer Wohnbedürfnisse zu befragen.

10 Bege/h(gn)ungen der unheimlichen Art

Der Bergsteiger

Unter Bergsteigern, Seglern und Tauchern gilt das „Du-Wort". Diese Vertrauensbasis ermunterte den Köpfler, jenen sportlich gekleideten Bergsteigerkameraden anzusprechen, der flotten Schrittes soeben zum zweiten Mal den Aufstieg über die Außentreppe bis zum letzten Grat geschafft hatte und wieder herunterkam, um es ein drittes Mal zu versuchen. Die Frage, ob er hier wohne, bejahte er in kernigem Tirolerisch. Und ergänzte auf den fragenden Blick des Beobachters, dem das Verhalten etwas seltsam vorkam: „Ich trainiere für meine nächste Himalaya-Besteigung!"
Nun wusste Rupert Genaueres, wenn auch nicht, ob er ein glücklicher Bewohner war. Aus einem kurzen Gespräch ging hervor, dass er schon als Bauleiter bei diesem Hausbau gearbeitet habe und das „Gebirg" schon bestieg, als es noch keine Treppen gab. Mittlerweile wohne er über 30 Jahre hier und habe dank seiner Wohnung in luftiger Höhe, von der ein herrlicher Blick über die Stadt sei, seine gute Kondition erhalten können, um weiter Großes vorzuhaben.
Bewundernd vor diesem Energiebündel sank der Köpfler auf einer Bank nieder und hatte das Gefühl, sich als Bewohner dieses Hauses nicht so viel zutrauen zu können.

Der Architekt

Mit einem Hund an der Leine schlenderte ein groß gewachsener Herr mit grau meliertem Haar, der die charakteristische Architektenkluft in Schwarz trug, vorbei. Da Hunde zu den besten Medien zur Kommunikationsaufnahme gehören, entspann sich bald ein Gespräch. Von Beginn an aber wehrte der Herr ab, mit Architektenfragen behelligt zu werden, obwohl er sich als solcher durch Fachausdrücke wie „Sichtbeton" und „Auskragung" verriet. Dafür wollte er das Gespräch auf Grünpflanzen lenken, die hier reichlich wucherten und von denen er aufgrund seines Dachgartens viel verstand.
Rupert Sumpfhuber aber insistierte auf einer Auskunft über die Errichtung des seltsamen Hauses und hatte Erfolg, als er auf die „überhängenden Gärten" zu sprechen kam.
„Da war einmal ein Loch und in diesem ist der Grazer Hauptbahnhof begraben", merkte der Kenner an. Rupert stand ratlos da und über seinen Rücken lief ein leiser Schauer.
„Der Grazer Hauptbahnhof, der ist doch weit weg!", brach es aus ihm heraus. „Ja, natürlich", antwortete der mittlerweile sprechfreudigere Fachmann, „nicht der heutige, sondern der alte aus der Kaiserzeit. Einst, als er auf dem Wege der Südbahn nach Triest lag, ist die feine

Gesellschaft über ihn schon im 19. Jahrhundert zur Sommerfrische nach Abbazia gefahren." Die Überraschung und Beunruhigung seines Gesprächspartners erkennend führte der Architekt aus, dass man heute keine Sorge mehr haben müsse, da durch den von Grazer Bombenruinen des Zweiten Weltkrieges herrührenden Schutt im Loch hunderte Pfähle in den Untergrund gerammt wurden, auf denen die Anlage schwebe. Sozusagen eine „schwimmende Insel", unter der, wie im Meer eben, Schiffswracks liegen. Schließlich habe das Haus auch etwas mit einem Schiff zu tun, wenn man die Decks und die gegen den Abendhimmel sich abzeichnende Kontur der Gesamtanlage betrachtet.

Der Köpfler empfand mit einem Mal den Boden unter seinen Füßen etwas schwankend und hielt Ausschau nach der nächsten freien Bank, auf der er sich niederließ.

Die Malerin

In die Höhe der sich auftürmenden Terrassen blickend, erspähte der leicht ermattete Landmann auf einer der die Hausteile verbindenden Brücken eine Dame mit einem Zeichenblock in der Hand, die immer wieder einen Blick auf ihn warf. Er stand auf, um weiterzugehen, da winkte sie ihm zu und rief ihn auf die Kommunikationsebene des 4. Geschosses hinauf. Er folgte der Aufforderung und hatte auf diese Weise eine Gesprächspartnerin, die ihm vom Standpunkt einer Frau vielleicht etwas über das Wohnen im Haus erzählen könnte.

Tatsächlich kam sie gleich auf das Haus zu sprechen, genauer gesagt auf die Menschen. Bewegungsstudien waren ihr vorrangiges Malmotiv. „Für mich ist alles Bühne, auch dieses Haus. Hier tanzen die Menschen." Weiter zutraulich: „Sie haben eine Erfrischung verdient, da sie so malerisch da unten auf der Bank saßen. Wie Goethe in Italien." Und sie fügte bedeutungsvoll hinzu, dass Bewegung eben auch die Ruhe brauche, die sie selbst in ihrer Klause finde. Eingetreten in ihr Atelier, erkannte er einen durch Holzgalerien gegliederten, hohen Raum, in dem überall Bilder hingen: Tänzerinnen, Porträts, Blumen, viele Landschaften und oft Venedig auf den Bildern.

„Fahren sie oft nach Venedig?", fragte der interessierte Besucher, der die Stadt nur von Postkarten kannte. „Natürlich, das ist meine zweite Heimat, nicht allzu weit von meinem Südtiroler Geburtsort", antwortete die Malerin. „Und die erste?", wollte der Köpfler wissen.

Die Dame erklärte ihm, dass es eben hier wäre, wo ihr Lebensmittelpunkt ist. Und wo ihre Bilder, wie Kinder, die man nicht loslassen kann, um sie herum sind. Daher habe sie dieses Atelier gesucht, das mit einer großen Terrasse sich zur Natur öffnet, aber ebenso den Rückzug zur Ruhe erlaube. Vieles erinnere sie in der Anlage an Vene-

dig: die Brücken, die Wasserflächen, die Menschen, die in der Terrassenhaussiedlung gerne wie im Süden „auf der Straße" wohnen. Und sie fügte hinzu, dass sie den Architekten sehr schätze, ihm aber eines nicht verzeihen könne: dass unter den Brücken kein Wasser fließt und dort, wo Wasser ist, keine Brücken sind!
Das ist eben der Unterschied zu Venedig.

Der Grüne

Zum Köpfler, mittlerweile ein geübter Bankerltester, gesellte sich ein schlanker, mit Sandschuhen – mit denen man durch tiefen Absatz wie im Sand geht – ausgestatteter Herr, der hinauf zu seinem Balkon blickte. Dieser war mit bunten Fenstern verkleidet, erkennbar alten Holzfenstern, die aus dem Balkon einen lustigen Wintergarten machten.
„Wohnen Sie da oben?", fragte der Neugierige, glücklich darüber, wieder einen Anknüpfungspunkt für ein Gespräch gefunden zu haben. „Ja, ich habe gerade meine Wohnung mit recycelten Fenstern ausgestattet, die auch zum Recycling der Luft im Raum dienen."
Rupert Sumpfhuber hatte eine interessante Anregung bekommen, im Falle eines Wohnungserwerbes auch seine Fenster des überflüssig gewordenen Holzschuppens mitnehmen zu können.
„Sind die vorhandenen Fenster nicht gut genug, um sich in der Wohnung sommers und winters wohl zu fühlen?", wollte der technisch interessierte wissen. „Doch", antwortete der Herr. „Doch ich bin auf meine Gesundheit bedacht und benütze die vorhandenen Fenster des Hauses nur im Notfall, wenn es im Winter sehr kalt ist."
Der Klimaexperte machte auf den einfachen Mann einen starken Eindruck, darum bat er ihn um eine Erklärung. „Hören Sie, ein Nachbar erzählte mir, dass er zur Verbesserung der Energienutzung seine Fenster mit zusätzlichen Gummidichtungen ausgestattet hätte. Seither leidet er an Ohrenschmerzen."
„Wie das?", fragte der glücklicherweise nicht unter Ohrenschmerzen Leidende.
Darauf die Belehrung: „Die Steckdose am Kopfende seines Bettes bläst ständig düsenartig kalte Luft auf sein Ohr, das schon ganz entzündet ist. Er recycelt eben die Luft in seiner Wohnung über die Steckdosen, da sie im Badezimmer durch die mechanische Lüftung abgesaugt wird. Bei meinen undichten Fenstern wird mir das nicht passieren!"
Rupert Sumpfhuber, vulgo Köpfler hatte eine Vorlesung über Recycling erhalten und war entschlossen, sich den Begriff im Lexikon genau anzuschauen, um sich nicht weiters durch blöde Fragen zu blamieren.

Der Arzt

Was die Architekten das „Haus im Haus"-Prinzip nennen, nutzte ein kommunikationsfreudiger Bewohner im Erdgeschoss, um ein Hausbankerl vor seiner Tür aufzustellen. Auf dem hatten mehrere Personen Platz genommen, und Rupert Sumpfhuber war so frei, sich dazuzusetzen. Nach einiger Zeit kam eine freundlich lächelnde junge Dame aus der gepolsterten Türe heraus und lud ihn mit einem „Der Nächste, bitte!" ein, hereinzukommen.

„Was fehlt uns?", fragte der Herr mit Brille, der dabei die Stimme erhob. Da dem Köpfler die in seinem Dorf geläufige „Wir-Form" vertraut im Ohr klang, legte er jede Scheu ab und sagte schlicht: „Ein Haus!" Der Herr schaute auf und stutzte. Der Besucher ergänzte: „Eigentlich geht es mir darum, mich im Haus gesund und wohl zu fühlen."

„Da kommen wir uns schon näher!", sagte der Herr gütig, und rückte seinen Stuhl dem Hilfesuchenden entgegen. Er ergriff einen kleinen Hammer und machte kreisende Bewegungen auf das Knie des Patienten zu [Anm. der Red.: der bekannte Kniereflextest].

„So weit bin ich noch nicht", suchte der Überrumpelte nach Worten. „Ich muss erst eine Wahl treffen, bevor wir mit der Arbeit beginnen können". In der Tat war er vom Arbeitseifer des Mannes in Weiß überrascht, was er den Leuten von Knauf, die immer sauber wie Ärzte wirkten, nicht zutraute, obwohl sie eine gute Arbeit leisteten.

Mit einem Mal wurde der Vorarbeiter mit Hilfsbereitschaft unwirsch und sagte, er solle lieber den Psychotherapeuten aufsuchen, wenn er sich noch nicht über seine Behandlungswilligkeit im Klaren wäre.

Rupert war nicht geneigt, die Stufen zu höherer Erkenntnis weiter hinaufzusteigen und stieg lieber zu den Kindern auf der Wiese hinter dem Haus hinab, bei denen er lernen konnte, wie man ein Haus aus Faltkarton macht.

Der Steingärtner

Über den Köpfen der Menschen auf der Fußgängerzone schwebte ein langer Kranarm immer wieder auf eine Dachterrasse im oberen Teil des Gebäudes zu. Rupert Sumpfhuber wurde neugierig und folgte der Spur am Himmel wie einst die Heiligen Drei Könige dem Stern von Bethlehem folgten. Den Lift vermeidend, um den eisernen Vogel nicht aus den Augen zu verlieren, keuchte er die Stiegen hinauf. Da sah er, dass ein Herr wie ein Feldherr da oben stand, der den Kranausleger mit einem großen Stein in seinen Greifern mit Gesten auf einen bestimmten Punkt auf der Dachterrasse lenkte und ausrief: „Die Jungfrau gehört auf die Seite geschafft!" Dieser makabre Satz ließ den Köpfler im Schatten des Stiegenaufganges unerkannt verharren, um das weitere Geschehen zu beobachten. Als nach einiger Zeit wieder etwas abgeladen wurde, ein ebenso mächtiger Stein, der mit der Anrufung „Pilatus" auf die andere Seite der Dachterrasse verfrachtet wurde, war ihm mit einem Mal klar, dass es sich weder um einen Kriminalfall noch um eine biblische Handlung handelte, sondern die Ausstattung eines Steingartens am Dach vor sich ging.

„Wird wohl das Haus unter den schweren Steinen nicht zusammenbrechen?", rief der stille Bebachter, mutig geworden, dem Krandirigenten zu. Dieser war Herr der Lage und beruhigte mit dem Hinweis, dass andere auch Schwimmbäder auf das Dach gestellt hätten. Als der dritte große Stein mit dem Namen „Matterhorn" auf dem Dach seinen Platz gefunden hatte, offenbarte sich das Konzept als Abbild der Schweizer Bergwelt, ganz nach der Art der japanischen Trockengärten mit ihren fiktiven Landschaften.

„Ja, ich bin ein Schweizer, ein patriotischer!", kam es aus dem selbsternannten Gartengestalter heraus. Dem Köpfler blieb nichts übrig als zu danken, dass er unvermutet eine virtuelle Reise gemacht hatte, die ihn vielleicht anregen könnte, die Feistritzklamm mit sprudelndem Wasser auf seiner Terrasse zu verwirklichen, wenn er das Glück hätte, eine Kleinwohnung zu bekommen.

Der Glücksspielerberater

Rupert Sumpfhuber hatte in seinen teils an-, teils aufregenden Gesprächen mit Bewohnern schon einen Eindruck von der Wohnsituation in dieser Umgebung gewonnen. Nun besah er sich die zahlreichen Schilder, die am Fuße der Stiegenhäuser hingen, und stellte fest, dass viele Bewohner auch ihrem Beruf in diesem Hause nachgingen: Versicherungsberater, Steuerberater, Stilberater, Gesundheitsberater, Nordic-Walking-Berater und Lebensberater. Ein Schild erregte besonders seine Aufmerksamkeit: „Anonyme Glücksspielerberatung, 7. Stock."

Hatte er bisher für die Kartenspiele in seiner Stammtischrunde keinen Berater gebraucht, da er einmal etwas gewonnen, ein andermal ein paar Euro verloren hatte, so schien die Stadt andere Anforderungen an die Bewohner zu stellen.

Da er ein Sümmchen für den Ankauf einer Wohnung im Haus – man sagte ihm, es seien Eigentumswohnungen –, gut brauchen konnte, entschloss er sich, eine solche Beratung in Anspruch zu nehmen – natürlich anonym.

Er nahm den Lift zum 7. Stockwerk, doch dort fand er keine Tür mit der Aufschrift. War das Nummernwirrwarr dafür verantwortlich, wie er schon beim Betreten der Anlage ahnte? Er besah sich nochmals das Schild am Hauseingang und stellte fest, dass, bei genauer Betrachtung, der Glücksspielerberater schließlich anonym bleiben will!

So blieb es unsicher, ob er Glücksspieler vor oder nach dem Spiel beriet, ob er Gewinner oder Verlierer als Klienten annahm oder noch weitere Services anbot, zum Beispiel Gewinnanlagen in der Karibik oder Reservierung von Plätzen in einem Nervensanatorium. Gleichwohl, Rupertl konnte mit keiner Empfehlung rechnen, die sein Los als Wohnungsinteressent verbessern würde. Doch eines hatte die Nicht-Begegnung mit dem anonymen Glücksspielerberater für sich. Wie es die japanischen Zen-Meister pflegen, forderte er vom „Schüler", das Gesuchte nicht außen, sondern in sich zu finden.

Der Köpfler verstand die Botschaft und zog sich zur Meditation in den unter Bäumen versteckten Brennofen zurück, um über seine Wohnungswünsche mit sich ins Reine zu kommen.

Die Heilmutter

„Ab Hof-Verkauf" stand auf dem Schild eines improvisierten Standls, das eine junge Frau auf der Fußgängerebene betrieb. Auf einer Schnur baumelte die Schrift: „Heilsame Mittel – selbstgemacht".

„Ab Hof" treffe genau zu, denn sie verkaufe im Innenhof der Terrassenhaussiedlung verschiedene Waren und beaufsichtige gleichzeitig ihre Kinder, die auf Rollern das Standl umkreisten. Was der Köpfler schon bemerkt hatte, dass viele Bewohner Wohnen, Arbeit und Freizeit nicht voneinander trennten, erfüllte diese Frau in ihrer mehrfunktionalen Mutterrolle auf ideale Weise. Dazu hatte sie noch einen kleinen Nebenverdienst.

„Welche heilenden Mittel es sind, die Sie anbieten?", wollte der auf natürliche Lebensweise bedachte Wohnungsinteressent wissen.

„Heilsäfte, Heilkräuter, Granulat-Vitalkost, Gewürze und besondere Spezialitäten, die man sonst nirgends bekommt", erklärte die umtriebige Hausfrau. Und fügte hinzu, dass es an Ärzten genug im Haus gäbe, sie aber die Einzige sei, die bewährte Hausmittel anbiete.

Näher hinschauend, fand der Köpfler ein milchig aussehendes Knoblauch-Zitronen-Elexier, das besonders zuträglich für optimales Befinden hinsichtlich der Herzfunktionen sei. Und von außerordentlicher Wirkung sollen die Ohrkerzen sein, die zurückgehend auf ein altes Rezept der Hopi-Indianer von der Frau hergestellt wurden. Wie man das anwende, wollte Rupertl wissen.

„Ganz einfach, man setzt die Kerze mit dem unteren, etwas ausgefransten Ende in liegender Stellung auf das Ohr, zündet diese an und lässt sie bis auf zwei Drittel herunterbrennen. Bei mehrmaliger Anwendung verschwinden Ohrenschmerzen, Ohrensausen und darüber hinaus wird der Körper entschlackt."

Die Wirkung der Kerzen sei übrigens sofort erkennbar, wenn man sie nach Anwendung der Länge nach aufschneide, fügte die Eingeweihte hinzu, denn eine innere Verfärbung zeigt den Entzug schädlicher

Stoffe aus dem Körper. Blitzartig dachte der Köpfler an den Herrn mit dem Steckdosen-Schaden an seinen Ohren, für den er sofort eine ganze Schachtel des Wundermittels kaufte. Zugleich war er selbst befriedigt, endlich für die Bewohner der Terrassenhaussiedlung etwas tun zu können, nachdem diese ihm so viele Tipps gegeben hatten.

Der Hausmeister

Eiligen Schrittes querte ein das Geschehen musternder Mann die Fußgängerebene, der von mehreren Personen angesprochen wurde. Wer diese Person sei, wollte Rupert Sumpfhuber wissen, und man bedeutete ihm, dass es der Hausmeister wäre.

Der Köpfler erkannte, dass er eine sehr gefragte Person sein musste. Hausbewohner versicherten ihm, dass der Hausmeister alles wisse, wer wo wohne, wer verheiratet oder geschieden sei, wer demnächst ausziehen würde und wo in der Anlage Hand anzulegen sei, um „Schiff klar" zu machen.

Der Hausmeister dieser kleinen Stadt von ca. 2000 Bewohnern stand offenbar in der Tradition der alten Meister, die höchstpersönlich einen ansehnlichen Betrieb führten und denen eine Oper als Meistersinger gewidmet wurde.

Darauf angesprochen, ob er eine freie Wohnung in der Terrassenhaussiedlung wüsste, kam seine nachfragende Antwort: „Sind Sie allein oder haben Sie Familie?" Diese Reaktion bestätigte einmal mehr, dass man ihm zunächst seine Familienverhältnisse eingestehen musste, bevor von ihm ein Rat zu bekommen war.

„Ich bin allein", antwortete der Köpfler ohne Hintergedanken (er hätte ja in Graz vielleicht eine Freundin finden können).

„Gut", bekam er zur Antwort. „Dann passt eine kleinere Wohnung in einem Kopfbau für Sie – in Kürze wird eine frei mit Blick auf die Stadt." Bei dem Gedanken, in den Kopfbau seinen Hausnamen Köpfler mitnehmen zu können, was der Siedlung und ihm nur zum Vorteil gereichen würde, wurde ihm warm ums Herz. Er blickte die Terrassen hinauf und sah sich schon in der Anlage wohnen. Erst ein Hundebellen weckte ihn auf, um zu bedenken, dass er von einem Landmann zu einem Stadtmann werden müsste, der in Zukunft nicht einfach in Arbeitskleidung zum Bauernmarkt gehen könnte, sondern dem Kaiser Josef auf seinem Markt Reverenz erweisen müsste. Die Vergangenheit würde ihn einholen, von der sein Großvater immer erzählte. So schlecht soll sie ja nicht gewesen sein!

Der Private

Manche Menschen ziehen sich an. Als sich Rupert Sumpfhuber einem elegant aussehenden Herrn mit weißen Handschuhen vorstellte, um einen entscheidenden Rat über den beabsichtigten Wohnungserwerb zu bekommen, stellte sich dieser mit „Privater" vor. Als Köpfler mit einem Stück eigenen Grund und Bodens fühlte er sich gleichrangig auch als Privater und zog ihn ins Gespräch wie unter Freunden.

„Können Sie mir empfehlen, mich in der Terrassenhaussiedlung anzukaufen?", fragte er unumwunden.

„Na ja", sagte dieser, „das ist wie ein Glaubensbekenntnis. Die einen, die die Anlage nur umkreisen, finden die dichte Anordnung von Wohnungen und den nackten Sichtbeton abstoßend. Die anderen, die hineingehen und erleben, dass man vom öffentlichen Bereich in unterschiedlicher Weise in den privaten hineingeführt wird, begleitet von viel Grün, sind zufrieden. Sie ziehen eine Wohnung im Haus einem Einfamilienhaus am Stadtrand vor."

Der Köpfler fühlte sich gut informiert, doch wollte er eine persönliche Meinung wissen.

Als „Privater", meinte der Herr, habe er sich entschieden. Privat lebe er hier sehr gut, mit den weißen Handschuhen aber bewege er sich in der Öffentlichkeit, denn er sei einmal Kapitän gewesen, der in der weißen Uniform auf der Brücke gestanden sei. Seine einstige Autorität stecke in den weißen Handschuhen, mit denen er sein Lebensschiff in etwas ruhigere Gewässer lenke.

Der Köpfler wusste, dass er noch einmal nach Hause fahren musste, um alles zu überschlafen. Dass er aber sein altes Fahrrad nach Graz mitnehmen würde, um wirklich frei zu sein, war ihm klar. Am Ostbahnhof bestieg er bei Sonnenuntergang den Zug, im Gefühl, einen Schritt in ein neues Leben getan zu haben.

Erstveröffentlicht am 23.08.2015

KURZBIOGRAFIEN

Paul Bauer

Paul Bauer ist freiberuflicher Fotograf in Wien. Er absolvierte die FH Joanneum in Graz (Studiengang Informations-Design) und arbeitete mehrere Jahre im Bereich Grafik/Design, bevor er seinen Schwerpunkt 2015 vollständig auf die Fotografie legte. Seitdem arbeitet er mit zahlreichen nationalen und internationalen Agenturen im Bereich der künstlerischen Fotografie sowie der Werbefotografie zusammen.

Karen Beckmann

Karen Beckmann lebt und arbeitet als Architektin in Hannover. Nach dem Architekturstudium an der Leibniz Universität Hannover und der École nationale supérieure d´architecture de Normandie in Rouen promovierte sie zum Thema „Urbanität durch Dichte? Geschichte und Gegenwart der Großwohnkomplexe der 1970er Jahre". Neben der langjährigen Tätigkeit im Architekturbüro forscht und schreibt Karen Beckmann über Dichte und Komplexität im Städtebau des 20. und 21. Jahrhunderts.

Juan Cascales Barrio

Juan Cascales Barrio studierte und promovierte im Bereich Architektur an der School of Architecture of Sevilla (ETSA-US), wo er seitdem im Bereich Architekturtheorie und -geschichte lehrt und forscht. Er ist Mitbegründer von ALT-Q. Arquitectura, Studio, in dem er an Stadtplanungs- und Architekturprojekten wie dem Juana-Lainez-Park in Tegucigalpa und der Sanierung des Rathauses von San Fernando in Cádiz arbeitet.

Grigor Doytchinov

Grigor Doytchinov ist Architekt und Professor für Städtebau an der TU Graz. Er blickt auf internationale Praxis, Forschung und Lehre zurück. Der Schwerpunkt seiner Expertise und wissenschaftlichen Publikationen liegt auf der Entwicklung und Planung zentraleuropäischer Städte. Er war Mitglied der Grazer Altstadtkommission und der Jury für den Europa Nostra/ European Union Award for Cultural Heritage. Er ist Gutachter auf dem Gebiet der Stadterhaltung und Stadtgestaltung.

Alexander Eberl

Alexander Eberl ist studierter Architekt und praktizierender Bauphysiker. Nach seinem Studium der Architektur war er als Universitätsassistent an der TU Graz tätig, wo er in den Bereichen der Bauphysik und des nachhaltigen Bauens lehrte und forschte. Derzeit arbeitet er als Bauphysiker, lehrt an der TU Graz und arbeiet an seiner Dissertation zum Thema der thermischen Sanierung der Terrassenaussiedlung Graz unter der Leitung von Prof. Brian Cody.

Julia Gaisbacher

Julia Gaisbacher ist Fotografin, Bildhauerin, Buchgestalterin und Filmemacherin. Geboren in Grambach bei Graz, aufgewachsen in der Terrassenhaussiedlung, lebt und arbeitet sie in Wien und München. Sie studierte Kunstgeschichte an der Universität Graz und Bildhauerei an der Akademie der bildenden Künste Dresden mit Masterabschluss bei Prof. Martin Honert, ergänzt durch die LUCA Kunstschule Brüssel. Lehrtätigkeit an der Akademie der bildendenden Künste in München.

Eugen Gross

Eugen Gross ist Architekt, Autor und Schauspieler aus Leidenschaft. Er absolvierte die Technische Hochschule in Graz und nahm an der Sommerakademie Salzburg bei Konrad Wachsmann teil. Er war Professor an der Grazer Ortweinschule und Mitbegründer der Werkgruppe Graz, einer 1960–1986 bestehenden Architektengemeinschaft, die nahezu 100 Projekte im In- und Ausland realisiert hat und deren größtes Projekt die Terrassenhaussiedlung Graz-St. Peter darstellt.

Anselm Hort

Pseudonym für den Autor, der Rupert Sumpfhuber bei der Erkundung der Terrassenhaussiedlung begleitet hat.

Andrea Jany

Andrea Jany ist promovierte Architektin. Nach ihrer Ausbildung an der Bauhaus-Universität Weimar, der Virginia Tech, der Stanford University und der TU Graz sowie einer zehnjährigen Planungspraxis und einem Forschungs- und Lehraufenthalt an der Stanford University arbeitet, lehrt und forscht sie im Themenfeld Wohnbau. Sie publizierte unter anderem im jovis Verlag *Experiment Wohnbau – Die partizipative Architektur des Modell Steiermark.*

Bernd Luef

Bernd Luef ist Vibraphonist, Komponist, Band- und Kabarettgründer. Geboren 1952 in Knittelfeld, Steiermark, studierte er 1971 Klassik und Jazz an der Hochschule für Musik und Darstellende Kunst in Graz. Seither arbeitet er als freischaffender Künstler in Graz, teilweise mit Bernd Luef Trio. Seit 2007 ist er für das Musikfestival „Herbstzeitlose" im WIST tätig. Er wohnt in der Terrassenhaussiedlung und ist begeisterter Bergwanderer.

285

Marko Lulić

Marko Lulić ist freischaffender Künstler, aufgewachsen in Wien und Lila, Kroatien, und lebt derzeit in Wien. Er studierte an der Akademie der Bildenden Künste in Wien und am Arts Center in Pasadena in den USA. Neben Preisen und Ankäufen realisierte er zahlreiche Einzelausstellungen, unter anderem 2013 Psychogeography, Gabriele Senn Galerie, Wien; 2014 Total Living, Skulpturenprojekt, Viertel Zwei, Wien; 2017 Normalities, Österreichisches Kulturforum New York.

Nina Rath

Nina Rath studierte digitale Medien und Fernsehen an der Fachhochschule Salzburg sowie Screenproduction an der Griffith Filmschool in Brisbane/Australien. Sie arbeitete in der österreichischen Film- und Medienbranche und produzierte Werke für Fernsehen, Firmenkunden sowie Kunstinstitutionen. Sie erhielt für ihren Dokumentarfilm *Treetime Stories* den Platin-Award beim Mindfield Film Festival in Los Angeles. Einige ihrer Filme wurden bereits auf internationalen Filmfestivals gezeigt.

Anna Rogler-Kammerer

Anna Rogler-Kammerer ist freischaffende Malerin und Malpädagogin. Sie studierte an der Universitäten Mailand und Graz. Neben ihrem Atelier in der Terrassenhaussiedlung besitzt sie ein Atelier in Bruneck/Südtirol. Das umfangreiche Werk in Aquarell- und Ölmalerei, Grafik und Skizzenformat wird ergänzt durch Glasmalereien, mit denen sie eine Kirche in Südtirol ausstattete. 2017 ist ihr Werkbuch *Panta Rhei – die Flüchtigkeit des Seins* erschienen.

Jomo Ruderer

Jomo Ruderer hat an der TU Graz und der Akademie der bildenden Künste in Wien Architektur studiert. Er ist Mitgründer des Kollektivs wohnlabor, das sich mit aktuellen Herausforderungen und Potenzialen des Themas Wohnen kritisch auseinandersetzt. 2022 war er Tische-Stipendiat im Architekturbüro die Baupiloten in Berlin mit Schwerpunkt auf partizipativ entwickelten Bildungsbauten.

Ally Schober

Ally Schober hat 2022 den Bachelor of Arts an der FH Joanneum in Graz erworben. Sie ist als Videografin, Webdesignerin und Grafikerin tätig und hat bereits einige Projekte für lokale Unternehmen wie das Konzert- und Medienhaus Styriarte, die Genderwerkstätte Graz sowie den Verein Prenninger Gespräche umsetzen dürfen. Der Fokus ihrer Arbeit liegt in der Zusammenarbeit mit lokalen Kleinunternehmen und einem breiten Angebot an Dienstleistungen.

Claudia Volberg
Claudia Volberg ist stellvertretende Büroleiterin bei Baumschlager Hutter Partners in Zürich. Nach ihrem Architekturstudium an der RWTH Aachen, ETSA in Madrid und Barcelona sammelte sie in internationalen Büros ein breites Spektrum an Erfahrung. Nach zwölfjähriger Planungspraxis promovierte sie an der TU Graz. In ihrer weiteren Tätigkeit als Architektin liegt ihr Fokus auf langlebigen Raumstrukturen, die durch Entwurf und Konstruktion facettenreichen Lebensraum schaffen.

Anselm Wagner
Anselm Wagner studierte Kunstgeschichte und Philosophie in Salzburg und München und war zunächst als Galerieleiter und Kunstkritiker tätig. Gastprofessuren führten ihn an die TU Wien, die TU Graz und die University of Minnesota. Seit 2010 ist er Professor für Architekturtheorie am akk, TU Graz. Seine Forschungsgebiete umfassen kritische Architekturtheorie sowie Architektur und Kunst des 20. Jahrhunderts und der Gegenwart.

IMPRESSUM

Dieses Buch erscheint als Band 9 der Reihe architektur + analyse,
herausgegeben von Anselm Wagner,
akk Institut für Architekturtheorie, Kunst- und Kulturwissenschaften der TU Graz

© 2022 by jovis Verlag GmbH
Das Copyright für die Texte liegt bei den Autor:innen.
Das Copyright für die Abbildungen liegt bei den Fotograf:innen/Inhaber:innen der Bildrechte.
Falls nicht anders angegeben, liegen die Bildrechte bei der Werkgruppe Graz.

Alle Rechte vorbehalten.

Weiterführende Informationen über die Werkgruppe Graz sowie die Terrassenhaussiedlung finden sich unter www.werkgruppe-graz.at

Korrektorat: Katharina Freisinger
Grafisches Konzept: Susanne Rösler, jovis
Gestaltung und Satz: Elisabeth Strametz
Collagen zur Zeitschrift *Wohnbau*: Ally Schober
Coverfoto: Andrea Singer

Gedruckt in der Europäischen Union.

Bibliografische Information der Deutschen Nationalbibliothek:
Die Deutsche Nationalbibliothek verzeichnet diese Publikation in der Deutschen Nationalbibliografie; detaillierte bibliografische Daten sind im Internet über http://dnb.d-nb.de abrufbar.

jovis Verlag GmbH
Lützowstraße 33
10785 Berlin
www.jovis.de

jovis-Bücher sind weltweit im ausgewählten Buchhandel erhältlich. Informationen zu unserem internationalen Vertrieb erhalten Sie in Ihrer Buchhandlung oder unter www.jovis.de.

ISBN 978-3-86859-740-0 (Softcover)
ISBN 978-3-86859-804-9 (PDF)